චතුරාර්ය සත්‍යාවබෝධයට ධර්ම දේශනා....

ගෞතම සසුනේ
පිහිට ලබන්නට...

පූජ්‍ය කිරිබත්ගොඩ ඤාණානන්ද ස්වාමීන් වහන්සේ

චතුරාර්ය සත්‍යාවබෝධයට ධර්ම දේශනා....

ගෞතම සසුනේ පිහිට ලබන්නට...
පූජ්‍ය කිරිබත්ගොඩ ඤාණානන්ද ස්වාමීන් වහන්සේ

© සියලුම හිමිකම් ඇවිරිණි.
ISBN : 978-955-8865-59-0

ප්‍රථම මුද්‍රණය : ශ්‍රී බු.ව. 2554 ක් වූ මැදින් මස පුන් පොහෝ දින
දෙවන මුද්‍රණය : ශ්‍රී බු.ව. 2556 ක් වූ වෙසක් මස පුන් පොහෝ දින
තෙවන මුද්‍රණය : ශ්‍රී බු.ව. 2556 ක් වූ දුරුතු මස පුන් පොහෝ දින

- සම්පාදනය -
මහමෙව්නාව භාවනා අසපුව
වඩුවාව, යටිගල්ඔළුව, පොල්ගහවෙල.
දුර : 037 2244602
info@mahamevnawa.lk | www.mahamevnawa.lk

- පරිගණක අකුරු සැකසුම, පිටකවර නිර්මාණය සහ ප්‍රකාශනය -
මහාමේඝ ප්‍රකාශකයෝ
වඩුවාව, යටිගල්ඔළුව, පොල්ගහවෙල.
දුර : 037 2053300, 0773216685
mahameghapublishers@gmail.com | www.mahameghapublishers.com

- මුද්‍රණය -
ලීඩ්ස් ග්‍රැෆික්ස් (පුද්.) සමාගම,
අංක 356 E, පන්නිපිටිය පාර, තලවතුගොඩ.

චතුරාර්ය සත්‍යාවබෝධයට ධර්ම දේශනා....

ගෞතම සසුනේ පිහිට ලබන්නට...

පූජ්‍ය කිරිබත්ගොඩ ඤාණානන්ද ස්වාමීන් වහන්සේ

විසින් පවත්වන ලද සදහම් වැඩසටහන් වලදී දේශනා කරන ලද සූත්‍ර දේශනා ඇසුරෙනි.

මහාමේඝ
MAHAMEGHA

ප්‍රකාශනයකි

පෙළගැස්ම....

01. බුදුරජාණන් වහන්සේ කෙරෙහි
නොසෙල්වෙන පැහැදීම 07

(සංයුත්ත නිකාය 5 - අභිසන්ද සූත්‍රය)

02. ශ්‍රී සද්ධර්මය කෙරෙහි
නොසෙල්වෙන පැහැදීම 55

(සංයුත්ත නිකාය 5 - අභිසන්ද සූත්‍රය)

03 ආර්ය මහා සංඝරත්නය කෙරෙහි
නොසෙල්වෙන පැහැදීම 98

(සංයුත්ත නිකාය 5 - අභිසන්ද සූත්‍රය)

04 ආර්යකාන්ත සීලය 153

(සංයුත්ත නිකාය 5 - අභිසන්ද සූත්‍රය)

"දසබලසේලප්පභවා නිබ්බානමහාසමුද්දපරියන්තා
අට්ඨංග මග්ගසලිලා ජිනවචනනදී චිරං වහතූති"

දසබලයන් වහන්සේ නමැති ශෛලමය පර්වතයෙන් පැන නැගී
අමා මහා නිවන නම් වූ මහා සාගරය අවසන් කොට ඇති
ආර්ය අෂ්ටාංගික මාර්ගය නම් වූ සිහිල් දිය දහරින් හෙබි
උතුම් ශ්‍රී මුඛ බුද්ධ වචන ගංගාව
(ලෝ සතුන්ගේ සසර දුක නිවාලමින්)
බොහෝ කල් ගලාබස්නා සේක්වා!

(සළායතන සංයුත්තය - උද්දාන ගාථා)

නමෝ තස්ස භගවතෝ අරහතෝ සම්මාසම්බුද්ධස්ස
ඒ භාග්‍යවත් අරහත් සම්මා සම්බුදුරජාණන් වහන්සේට නමස්කාර වේවා!

01.
බුදුරජාණන් වහන්සේ කෙරෙහි නොසෙල්වෙන පැහැදීම

(සංයුත්ත නිකාය 5 - අභිසන්ද සූත්‍රය)

ශ්‍රද්ධාවන්ත පින්වතුනි,

අද අපි ඔබට කියා දෙන්නේ සංයුත්ත නිකායේ පස් වෙනි කොටසට අයිති බුද්ධ දේශනාවක්. මේ දේශනාවේ නම 'අභිසන්ද සූත්‍රය.' අභිසන්ද කියලා කියන්නේ ගංගාවට. බුදුරජාණන් වහන්සේ මේ දේශනාව දේශනා කළේ සැවැත් නුවර ජේතවනාරාමයේදී...

බුදුරජාණන් වහන්සේ දේශනා කරනවා, "පින්වත් මහණෙනි, සැප ලබාදෙන පුණ්‍ය ගංගාවල්, සැප ලබා දෙන කුසල ගංගාවල් හතරක් තියෙනවා." අපි හැමෝමත් සැප කැමති අයනේ. ඒ නිසා අපට මේක හොඳ වැදගත් පණිවිඩයක්. ඒ තමයි, සැප ලබාදෙන පුණ්‍ය ගංගාවල් හතරක් තියෙනවා.

බුදුරජාණන් වහන්සේ මේ පුණ්‍ය ගංගාවල් හතර ගැන දේශනා කරනවා, "ඉධ භික්ඛවේ, අරියසාවකෝ

බුද්ධේ අවෙච්චප්පසාදේන සමන්නාගතෝ හෝති) මහණෙනි, ආර්ය ශ්‍රාවකයා බුදුරජාණන් වහන්සේ කෙරෙහි ස්ථිර වූ පැහැදීමකින් සමන්විතයි.” එහෙනම් අපට පෘථග්ජන වෙලා මේක කරන්න බැහැ. අපට මේක කරන්න තියෙන්නේ ආර්ය ශ්‍රාවකයන් හැටියටයි.

පරඬැලක් වන් අමූලිකා ශ්‍රද්ධාව...

‘අවෙච්චප්පසාද’ කියලා කියන්නේ මේ වගේ එකක්. අපි දැකලා තියෙන සමහරුන්ගේ ප්‍රසාදය තියෙන්නේ එක වෙලාවකට විතරයි. ඒක ස්ථිරව පිහිටපු එකක් නොවෙයි. ඔන්න වෙලාවකට පැහැදීමෙන් කතා කරනවා. ඊළඟට කවුරුහරි කෙනෙක් බැන්නොත්, ඒ බනින පැත්තට යනවා. ගිහිල්ලා බනින්න පටන් ගන්නවා. ආයේ තව කෙනෙක් පැහැදීමෙන් කතා කළොත් ආයෙමත් ප්‍රශංසා කරනවා. එයා වෙලාවකට බනිනවා, වෙලාවකට ප්‍රශංසා කරනවා. ඒකට ‘අවෙච්චප්පසාද’ කියන්නේ නෑ.

බුදුරජාණන් වහන්සේ ඒ පැහැදීමට ‘පරඬැල’ කියලා වචනයක් පාවිච්චි කළා. පරඬැල කියන්නේ සුළඟේ පාවෙලා යන එකක්. පරඬැල හැම තිස්සේම සුළං හමන පැත්තටයි යන්නේ. සමහරුන්ගේ පැහැදීමත් ඒ වගේ කියලා බුදුරජාණන් වහන්සේ පෙන්වා දුන්නා.

හමාගෙන යන පැත්තට යන්නේ ස්ථිරව පිහිටි එකක් නොවන නිසයි. දකුණින් සුළඟ හමනවා නම් පරඬැල උතුරට යනවා. උතුරෙන් සුළඟ හමනවා නම් දකුණට යනවා. නැගෙනහිරින් සුළඟ හමනවා නම් බටහිරට යනවා. බටහිරින් සුළඟ හමනවා නම් නැගෙනහිරට යනවා. බුදුරජාණන් වහන්සේ වදාළා, ස්ථිර පැහැදීමක් නැති කෙනාගේ ශ්‍රද්ධාවත් ඒ වගේ කියලා.

උපදවා ගත යුතු සැබෑම ශ්‍රද්ධාව...

බුදුරජාණන් වහන්සේ ස්ථිරව පැහැදුණ කෙනා ගැන විස්තර කිරීමට උපමාවට ගත්තේ 'ඉන්ද්‍රඛීලය.' ඒ කාලයේ නගරවල 'ඉන්ද්‍රඛීලය' කියලා එකක් තිබිලා තියෙනවා. ඉන්ද්‍රඛීල කියලා කියන්නේ පොළොවේ අඩි දහයක් පහළොවක් ගැඹුරට හාරලා, ඒ වගේම පොළොවෙන් උඩටත් අඩි 10ක් 15ක් තියෙන ලොකු ගල් කණුවකට. ඒක තමයි ශ්‍රද්ධාවට උපමාව.

ඔබට මතකද ඒ ගැන **රතන සූත්‍රයේ** සඳහන් වෙනවා. **(යථින්දඛීලෝ පඨවිංසිතෝ සියා)** පොළොවේ ගැඹුරට හාරලා ඉන්ද්‍රඛීලයක් හිටෙව්වද, **(චතුබ්භි වාතේහි අසම්පකම්පියෝ)** හතර දිශාවෙන්ම හුළඟ හැමුවත් ඒ ඉන්ද්‍රඛීලය සොලවන්න බැහැ. බුදුරජාණන් වහන්සේ කෙරෙහි පහදින්න ඕනෙත් අන්න ඒ වගේ තමයි. ධර්මය කෙරෙහි පහදින්න ඕනෙත් ඒ විදිහටයි. ශ්‍රාවකයන් වහන්සේලා කෙරෙහි පහදින්න ඕනෙත් ඒ විදිහටයි. ඒ පැහැදීම ලෝකයේ කාටවත් වෙනස් කරන්න බැරි එකක්. යමෙකුට අන්න ඒ වගේ පැහැදීම ඇතිවුණා නම්, ඒක තමයි **(පුඤ්ඤාභිසන්ද)** පුණ්‍ය ගංගාව. ඒ පැහැදීම තමයි **(කුසලාභිසන්ද)** කුසල ගංගාව. ඒක තමයි **(සුඛස්සාහාරා)** සැපය ඇතිකරලා දෙන දේ.

සැපය ගලා යන ජීවිතයක්...

බුදුරජාණන් වහන්සේ කෙරෙහි පැහැදීම ඇතිකර ගන්නේ කොහොමද කියලා බුදුරජාණන් වහන්සේම අපට පෙන්වා දී තියෙනවා. **ඉතිපි සෝ භගවා** (මේ ආකාරයෙන් ඒ භාග්‍යවතුන් වහන්සේ) **අරහං, සම්මාසම්බුද්ධෝ, විජ්ජාචරණ සම්පන්නෝ, සුගතෝ, ලෝකවිදූ, අනුත්තරෝ**

පුරිසදම්ම සාරථී, සත්ථා දේවමනුස්සානං, බුද්ධෝ, භගවා... වන සේක. එතකොට එතැන ගුණ නවයයි. එයාගේ හිතේ ඉන්ද්‍රඛීලයක් වගේ පැහැදීම තියෙන්නේ මේ ගුණ නවය පිළිබඳවයි. එයාගේ ඒ පැහැදීම කාටවත් වෙනස් කරන්න බෑ. යමෙකුට බුදුරජාණන් වහන්සේ ගැන අන්න ඒ වගේ පැහැදීමක් ඇතිවුණා නම්, ඒක පළවෙනි පුණ්‍ය ගංගාවයි, කුසල් ගංගාවයි. ඒ හේතුවෙන් එයාට සැපය ගලාගෙන එන ජීවිතයක් ලැබෙනවා.

කෙලෙස් දුරු කළ නිකෙලෙස් ජීවිතය...

අපි දැන් ඒ බුදුරජාණන් වහන්සේගේ ගුණ නවය තේරුම් ගනිමු. පළවෙනි බුදුගුණය **'අරහං.'** බලන්න, උන්වහන්සේ මීට අවුරුදු 2600 කට කලින් සම්මා සම්බුද්ධත්වයට පත්වුණා. ඒ සම්මා සම්බුද්ධත්වය පවා දෙවැනියට ගිහින් **'අරහං'** කියන ගුණය ඉස්සරහට ඇවිල්ලා තියෙනවා. **'අරහං'** කියන වචනයේ තේරුම උන්වහන්සේ රහතන් වහන්සේ නමක් කියන එකයි.

රහතන් වහන්සේ නමක් කියන්නේ, උන්වහන්සේ හිතේ හටගත් කෙලෙස් ප්‍රහාණය කරපු කෙනෙක්. කෙලෙස් කියලා කියන්නේ අපේ සිත කිලිටි කරන දේවල් වලට. යම් වෙලාවක අපේ සිත කිලිටි වුණොත් කිලිටි වෙන්නේ එක්කෝ රාගයෙන්, එහෙම නැත්නම් ද්වේෂයෙන්, එහෙමත් නැත්නම් මෝහයෙන්. මේ තුන සම්බන්ධ වෙලා තමයි අනෙක් කෙලෙස් ඔක්කෝම හටගන්නේ.

යම් වෙලාවක අපේ සිත ඒ වගේ ක්ලේශයකින් අපිරිසිදු වුණොත් ඊට පස්සේ අපේ වචනත් අපිරිසිදු වෙනවා. අපේ ක්‍රියාත් අපිරිසිදු වෙනවා. ඒක හරි

පැහැදිලිව දකින්න පුළුවන්. ලෝකයේ යම් කෙනෙකුගේ කටින් අපිරිසිදු වචනයක් පිටවෙනවාද, ඒ හිත කිලිටි වූ වෙලාවක්. යම්කිසි කෙනෙකුගේ කයින් අපිරිසිදු ක්‍රියාවක් සිදුවෙනවාද, ඒ සිත කිලිටි වූ වෙලාවක්. යම්කිසි කෙනෙක් යම් මොහොතක අපිරිසිදු දෙයක් හිතනවාද, එයත් හිතට අපිරිසිදු දෙයක් එකතු වූ වෙලාවක්. යම්කිසි කෙනෙක් මේ සියලු අකුසල් සහමුලින්ම නැතිකළාද, උන්වහන්සේට **'රහතන් වහන්සේ'** කියලා කියනවා. ඒ විදිහට ගුරුපදේශ නැතුව, තමන් තනිවම සොයාගත් වැඩපිළිවෙල තුළින් සම්මා සම්බුද්ධත්වයට පත්වීම නිසා, උන්වහන්සේ ඉස්සර වෙලාම අරහත්වයට පත්වුණා.

රහතුන්ගේ ජීවිතය නෙළුම් පතක් වගෙයි...

අරහත්වයට පත්වූ ජීවිතය සුවිශේෂී වූවක්. අපි අපේ ජීවිත ගනිමු. අපි ඇහෙන් රූප බලනවා. කණින් ශබ්ද අහනවා. නාසයෙන් ආඝ්‍රාණය කරනවා. දිවෙන් රස විඳිනවා. කයින් පහස ලබනවා. හිතින් හිතනවා. අපේ ජීවිත තුළ සිදුවෙන මෙම සිද්ධි දාමය බුදුරජාණන් වහන්සේ වදාළේ, වැලි ගොඩකට තෙල් වත්කළා වගේ කියලයි. ඒ කියන්නේ අපේ හිතට මේවා උරාගන්නවා. ඇහින් රූප බලන කොටත් එහෙමයි. කණින් ශබ්ද ඇහුණත් එහෙමයි. ඒ දේවල් අපේ ජීවිතයේ රැස්වෙන්නේ මතකයක් හැටියට විතරක් නෙවෙයි, කෙලෙස් හදන අරමුණු හැටියටයි.

රහතන් වහන්සේගේ ජීවිතය ඊට හාත්පසින්ම වෙනස්. බුදුරජාණන් වහන්සේ රහතන් වහන්සේගේ සිත උපමා කළේ නෙළුම් පතකටයි. නෙළුම් කොළේට වතුර බිංදුවක් දැම්මොත් එය නෙළුම් කොළේට උරාගන්නේ නෑ. ඒ වතුර බිංදුව නෙළුම් කොලයේ එහෙට මෙහෙට කරන

කොට ඔහේ යනවා. ඇල කළොත් වැටෙනවා. බුදුරජාණන් වහන්සේ පෙන්වා දෙනවා රහතන් වහන්සේගේ සිතත් ඒ වගෙයි කියලා.

නිකෙලෙස් බව දිවිය පුරාම...

රහතන් වහන්සේ ඇහෙන් රූප දැක්කා කියලා ඒ රූපය කෙලෙස් හටගන්න අරමුණක් හැටියට හිතට යන්නේ නෑ. කණින් ශබ්ද ඇහුවා කියලා ඒ ශබ්දය කෙලෙස් හටගන්න අරමුණක් හැටියට හිතට යන්නේ නෑ. නාසයෙන් ආඝ්‍රාණය කළා කියලා කෙලෙස් හටගන්න අරමුණක් හැටියට ඒ ගඳ සුවඳ හිතට යන්නේ නෑ. දිවෙන් රස වින්දා කියලා කෙලෙස් හටගන්න අරමුණක් හැටියට ඒ රස හිතට යන්නේ නෑ. කයට පහස ලැබුණා කියලා ඒ පහස, කෙලෙස් හටගන්න අරමුණක් හැටියට හිතට යන්නේ නෑ. හිතට අරමුණු හිතුණා කියලා කෙලෙස් හටගන්න අරමුණකට සම්බන්ධ නෑ.

ඒ තමයි අරහත්වයට පත් වූ සිතක ස්වභාවය. බුදුරජාණන් වහන්සේ අවුරුදු 45 පුරාම වැඩසිටියේ මේ ස්වභාවයෙන්. උන්වහන්සේගේ ජීවිතය පුරාම තියෙන්නේ ඒ නිකෙලෙස් බවයි.

විල අත්හැර යන හංසයෙකු සේ...

අනාථපිණ්ඩික සිටුතුමා පනස් හතර කෝටියක් වියදම් කරලා බුදුරජාණන් වහන්සේ උදෙසා ජේතවනාරාමය හැදුවනේ. එහි බුදුරජාණන් වහන්සේට වැඩඉන්න, වහලවල් හතක් තියෙන සුදු හඳුන් කුටියක් හැදුවා. බුදුරජාණන් වහන්සේ අනාථපිණ්ඩික සිටුතුමා කෙරෙහි කරුණාවෙන් මේ කුටියේ වැඩසිටියා. නමුත් වස් කාලය අවසන් වුණාම උන්වහන්සේ ඒ කුටියෙන් එළියට බැහැලා

චාරිකාවේ වඩින්නේ හංසයෙක් විල අත්හැරලා යනවා වගෙයි. නැවත ඒ දිහා හැරිලවත් බලන්නේ නෑ.

සමහර දවස්වලට උන්වහන්සේ වැඩඉන්නේ ගහක් යට. සමහර දවස්වලට ගල් ලෙනක. උන්වහන්සේට මේ කිසිම තැනක වෙනසක් නෑ. බලන්න, ධර්මය අවබෝධ කරපු කෙනාගේ ස්වභාවය. ධර්මය අවබෝධ නොකරපු කෙනෙක් නම් ඒ සුදු හඳුන් කුටියට ගිහිල්ලා නිතර අතගායි, බිත්ති ඉඹියි, අත ගගා 'හරි අගෙයි' කියයි. නමුත් බලන්න, කෙලෙස් කිසිවක් නැති අපගේ ශාස්තෘන් වහන්සේ කොයිතරම් පිරිසිදු පිවිතුරු බවකින් ජීවත් වුණාද?

බුදුවරුන්ට ලෝකයෙන් අභියෝගයක් නෑ...

අනිත් කාරණය තමයි, උන්වහන්සේ ඒ විදිහට අරහත්වයට පත්වුණා කියලා ලෝකයට හෙළිදරව් කළාම ඒක සාමාන්‍ය ලෝකයාට අභියෝගයක් වුණා. ඉන්දියාව වගේ රටක 'මම අරහත්වයට පත් වූ කෙනෙක්' කියලා ප්‍රසිද්ධියේ කියන එක කොච්චර අභියෝගයක්ද? උන්වහන්සේ අරහත් නෙවෙයි කියලා කියන්න අනිත් අය කොච්චර මහන්සි ගන්න ඇද්ද? දැන් අපට ඒක තේරෙන්නේ නෑ.

මං ඒකට උදාහරණයක් කියන්නම්. බුදුරජාණන් වහන්සේට කෙලෙස් තියෙනවා කියලා කියන්න දේවදත්ත කොච්චර මහන්සි ගත්තද? දේවදත්ත නාලාගිරි ඇතාට හොඳටම රා පොවලා දරුණු කරලා එව්වා. සමහර විට දේවදත්ත මිනිසුන්ට කියන්න ඇති "දැන් බලාපල්ලා... ඔන්න ඇතා එනවා. අඩියක් හරි පස්සට ගියොත් මෙයා රහතන් වහන්සේ නමක් නෙවෙයි! එහෙනම් හිතේ භය හටගන්නවා. මම ඒක ඔප්පු කරල පෙන්වන්නම්" කියලා. හිස් මිනිස්සු මේ වගේ දේවල් කරනවනේ.

දැන් මේ ඇතා කුලප්පු වෙලා බඩුමුට්ටු පොළොවෙ ගහගෙන, කඩවල් කඩාගෙන, ගස් කොළන් උදුරාගෙන පාර දෙවනත් කරගෙන වේගයෙන් ඉදිරියට එනවා. (අපි පාරේ යන කොට ඇතෙක් නිකං හොඬේ වැනුවත් අපි ගැස්සෙනවානේ) බුදුරජාණන් වහන්සේ ස්වාමීන් වහන්සේලා සමඟ ඒ පාරේ ඉස්සරහට වඩිනවා. ආනන්ද ස්වාමීන් වහන්සේ 'මේ ඇතා බුදුරජාණන් වහන්සේට අනතුරක් කරන්න කලින් මම මගේ ජීවිතය පූජාකරනවා' කියලා කල්පනා කරලා ඉස්සරහට පැන්නා. (බලන්න බුදුරජාණන් වහන්සේට කොච්චර ප්‍රශ්නවලට මුහුණ දෙන්න වුණාද?) ඒ වෙලාවේ බුදුරජාණන් වහන්සේ "ආනන්ද, පිටිපස්සට වෙන්න... පිටිපස්සට වෙන්න..." කිව්වා. බුදුරජාණන් වහන්සේ එක පියවරක් පිටිපස්සට තිබ්බේ නෑ.

නිකෙලෙස් සිතක අසිරිය...

මේ සිද්ධියෙන් අපට පේන්නේ උන්වහන්සේගේ නිකෙලෙස් ස්වභාවයයි. බුදුරජාණන් වහන්සේගේ ජීවිතය පුරාම ඒ අරහත්වය දකින්න තියෙනවා. අද අපට එය දකින්න ලැබෙන්නේ බුද්ධ දේශනාවලින් පමණයි.

බුදුරජාණන් වහන්සේ පහළ වුණාට පස්සේ බ්‍රාහ්මණ සමාජය කඩාගෙන වැටුණා. ඒගොල්ලන්ගේ බල ඔක්කෝම බිඳිලා ගියා. ඒ නිසා ඒගොල්ලෝ හැමතිස්සේම කැමති වුණේ විනාශයක් කරන්නයි. නමුත් බුදුරජාණන් වහන්සේ හැමතිස්සේම, ඒ සෑම දේකටම කිසි බියක්, තැතිගැනීමක්, ඇලීමක්, ගැටීමක්, ශෝකයක් නැතුව මුහුණ දුන්නා. අපි ඒ කාරණයෙන් සිත පහදවා ගන්න ඕන, 'අපි සරණ ගිය බුදුරජාණන් වහන්සේ ඒකාන්තයෙන්ම රහතන් වහන්සේ නමක්' කියලා. ඒකට තමයි 'ශ්‍රද්ධාව' කියන්නේ.

අපට මේ ධර්මය පෙන්වා දෙන අපගේ ශාස්තෘන් වහන්සේ නිකෙලෙස් හිතකිනුයි ජීවත් වුණේ කියලා අපි බුදුරජාණන් වහන්සේ ගැන හිත පහදවාගන්න ඕන. ඒ හිත පහදවාගැනීම තමයි අපේ ජීවිතයේ පුණ්‍ය ගංගාව බවට පත්වෙන්නේ.

සියල්ල අවබෝධ කළේ ගුරුඋපදෙස් නැතුවයි..

බුදුරජාණන් වහන්සේගේ දෙවැනි සම්බුදුගුණය **'සම්මා සම්බුද්ධ.'** බුදුරජාණන් වහන්සේ සම්මා සම්බුද්ධයි. බුදුරජාණන් වහන්සේට සම්මා සම්බුද්ධයි කියන්නේ ගුරූපදේශ නොමැතිව ධර්මාවබෝධ කළ නිසයි. මේකේ විශේෂත්වය බලන්න, අද වන විට සූත්‍ර පිටකයේ බුදුරජාණන් වහන්සේගේ බුද්ධ දේශනා දහ අටදාහක් පමණ තියෙනවා. ඔබට කවුරුහරි දේශනයකට ආරාධනා කළොත් ඔබ පොත් කීයක් බලනවද? ඊට පස්සේ ඔබ ඒකට වුවමනා සටහන් ගහගෙන සූදානම් වෙනවනේ.

නමුත් කිසිම දෙයක් නැති, පොතක් පැන්සලක් ළඟ නැති බුදුරජාණන් වහන්සේ පාරේ ඇවිදගෙන යනවා. මහා පඬිවරු, වේදයේ කෙළ පැමිණි බ්‍රාහ්මණයෝ, එක එක විෂයන් දන්න අය ප්‍රශ්න හදාගෙන උන්වහන්සේ ළඟට එනවා. උන්වහන්සේ බොහොම සුළුවෙන් කතා කරලා බොහොම පහසුවෙන් ඒවා විසඳනවා. උන්වහන්සේ අපට හිතන්න බැරි විදිහේ කල්පනාවලින් උත්තර දෙනවා. ඒකයි මේකෙ විශේෂත්වය.

ශ්‍රද්ධාව නැතිකම වහගන්න දඟලන දඟලිල්ලක්...

එක දවසක් බුදුරජාණන් වහන්සේ ළඟට තාපසයෙක් ආවා. ඇවිල්ලා මෙයා කියනවා "ස්වාමීනී, මම මෙන්න මේ

දෘෂ්ටියෙන් යුක්තයි. මම කිසිම දෘෂ්ටියක් රුචි කරන්නේ නෑ..” ඒ වෙලාවේ බුදුරජාණන් වහන්සේ අහනවා “කිසිම දෘෂ්ටියක් රුචි කරන්නේ නෑ’ කියන ඔය දෘෂ්ටියට ඔබ රුචි කරනවා නේද?” කියලා. බලන්න කොච්චර මානසික කල්පනාවට එනවද කියලා. එතැනින් තමයි එයාට ධර්මය විවෘත වුණේ.

බුදුරජාණන් වහන්සේගේ බුද්ධ දේශනාවලින් අපි ඉගෙනගන්න දේවල් ලෝකයේ වෙන කිසිම විෂයක නෑ. කිසිම විෂයකින් හොයන්නත් බෑ. වර්තමානයේ නම් ඔය එක එක්කෙනා බුදුදහමයි, විද්‍යාවයි එකයි කිය කියා දඟලනවා අපට පේනවා. ඒ දඟලන දඟලිල්ල හරි අසරණ දඟලිල්ලක්. ඒක තමන්ට ශ්‍රද්ධාව නැතිකම වහගන්න දඟලන දඟලිල්ලක්.

මේ බුද්ධ දේශනා තුළින් තමයි බුදුරජාණන් වහන්සේ සම්මා සම්බුද්ධත්වයට පත්වෙලා අවබෝධ කරපු චතුරාර්ය සත්‍යය අපට ඉගෙනගන්න ලබෙන්නේ. ඊළඟට හැම බුද්ධ දේශනාවකම හරිම විශේෂයක් තියෙනවා. ඒ තමයි හරිම අලුත්. අලුත් කියන්නේ බුදුරජාණන් වහන්සේගේ ධර්මය ලෝකයේ කලින් අහපු නැති දේටයි අයිති. ඒකට හේතුව තමයි, බොහෝ විට සාමාන්‍ය ලෝකයාට වැටහෙන දේවල් හැම එකක්ම සම්බන්ධ වෙන්නේ මොකක් හරි මතයක් සමඟයි. නමුත් බුදුරජාණන් වහන්සේගේ ධර්මය සම්පූර්ණයෙන් සම්බන්ධ අවබෝධයක් සමඟයි. එතකොට මතවාදයත් එක්ක සම්බන්ධ එකයි, අවබෝධයක් එක්ක සම්බන්ධ එකයි දෙකක්.

සියල්ල අවබෝධ කළ විට රහසක් කොයින්ද..?

එක දවසක් කෙනෙක් බුදුරජාණන් වහන්සේ ළඟට

ඇවිල්ලා "ස්වාමීනී, භාග්‍යවතුන් වහන්ස, භාග්‍යවතුන් වහන්සේ ලෝකයේ ඕනෑම කෙනෙක්, ඕනෑම ප්‍රශ්නයක් ඇහුවොත් දෙන්න තියෙන හරිම උත්තරේ දෙනවා. ඒක කොහොමද කරන්නේ? 'මගෙන් මේක ඇහුවොත් මම මේ උත්තරේ දෙනවා' කියලා භාග්‍යවතුන් වහන්සේ කලින් කල්පනා කරලා තියාගෙන ඉඳලද එහෙම උත්තර දෙන්නේ?" කියලා අසා සිටියා.

බුදුරජාණන් වහන්සේ ඒ වෙලාවේ හරි ලස්සන උපමාවක් වදාළා,

"ඔබ වාහන හදන බාස්ලා ගැන දන්නවාද?"

"දන්නවා."

"වාහනයේ හැම කෑල්ලක්ම හදපු බාසුන්නැහේ ඒ වාහනය ඔක්කොම සකස් කළාට පස්සේ කෙනෙක් 'අනේ බාසුන්නැහේ, අර අතන ප්‍රශ්නයක් තියෙනවා. මොකක්ද ඒ?' කියලා ඇහුවොත් ඒකට උත්තර දෙන්න එයාට පොත් බලන්න ඕනද? කල්පනා කර කර ඉන්න ඕනද?"

ඒ අහන හැම ප්‍රශ්නයකටම තථාගතයන් වහන්සේට විසඳුම එන්නෙත් ඒ විදිහටයි. ඒ, හැම දෙයක්ම අවබෝධ කළ නිසයි. මේ හැම දෙයකින්ම මතුවෙන්නේ බුදුරජාණන් වහන්සේගේ සම්මා සම්බුද්ධත්වයයි.

අත්දැකීමෙන් කියන කතාවක්...

එක තැනක තියෙනවා, බුදුරජාණන් වහන්සේ යම රජ්ජුරුවො හිතපු එකක් දේශනා කරනවා. බුදුරජාණන් වහන්සේ දේශනා කරනවා, "මහණෙනි, යම රජ්ජුරුවන්ට හිතුණා, 'මේ සත්වයන් පව්කරලා මෙහෙ ඇවිල්ලා දුක් විඳිනවා. අනේ... මට මෙතැනින් චුතවෙලා, බුදු කෙනෙක්

පහළ වුණ අවස්ථාවක මනුෂ්‍යයෙක් වෙලා ඉපදිලා, ඒ බුදුරජාණන් වහන්සේ ගාව මහණ වෙලා, ධර්මය අවබෝධ කරන්න ඇත්නම් කොයිතරම් හොඳද..?' කියලා.

ඉතින් ඒ විදිහට නිරයේ විස්තර කියලා බුදුරජාණන් වහන්සේ දේශනා කරනවා "මහණෙනි, මම කාගෙන්වත් අහලා නෙවෙයි මේ කියන්නේ. මම අවබෝධයෙන්ම මේගොල්ලන්ගේ මේ තත්වය දැක්කා" කියලා. එතකොට බුදුරජාණන් වහන්සේගේ දේශනාවල තියෙන්නේ තව කෙනෙකුගෙන් අහලා කියන කතාවක් නෙවෙයි, අත්දැකීමෙන් කියන කතාවක්. ඒක මේ දේශනා පුරාම දකින්න ලැබෙන දෙයක්.

බුදුකෙනෙක් පහළවීමේ ඉලක්කය...

බුදුරජාණන් වහන්සේ නමක් පහළ වුණේ මොකටද කියන කාරණය අපි ඒ ඇසුරෙන් තේරුම් ගන්න ඕන. බුදුරජාණන් වහන්සේ නමක් පහළ වුණ කාරණය තමයි, උන්වහන්සේගේ පළමුවෙනි ගුණයෙන්ම මතුවෙන්නේ. ඒ තමයි නිකෙලෙස් වීම... අරහත්වයට පත්වීම... සසර දුකින් මිදීම...

බුදු කෙනෙක් පහළ වෙන්නේ ලෝකයට චතුරාර්ය සත්‍යය ධර්මය ලබාදෙන්නයි. ඒ චතුරාර්ය සත්‍යය ධර්මය අවබෝධ කිරීමේදී 'සෝවාන්, සකදාගාමී, අනාගාමී, අරහත්' කියලා පියවර හතරක් තියෙනවා. බුදුරජාණන් වහන්සේ, "පළමු පියවරේදී මෙන්න මෙහෙම හිතේ දියුණුව ඇතිවෙනවා. දෙවැනි පියවරේදී මෙහෙම වෙනවා. තුන්වැනි පියවරේදී මෙහෙම වෙනවා. හතරවැනි පියවරේදී මෙහෙම වෙනවා" කියලා මේ ඔක්කෝම දේශනා කළේ අවබෝධයෙන්මයි. උන්වහන්සේගේ සම්බුද්ධත්වය

මේ සෑම දේශනාවකම දකින්න ලැබෙනවා. ඒ නිසා "අනේ මගේ ශාස්තෘන් වහන්සේ ඒකාන්තයෙන්ම සම්මා සම්බුද්ධයි" කියලා අපි ඒ බුදුරජාණන් වහන්සේ ගැන පහදින්න ඕන.

අවබෝධයට අනුකූල ජීවන පැවැත්ම...

බුදුරජාණන් වහන්සේගේ තුන්වැනි ගුණය **'විජ්ජාචරණ සම්පන්න.'** **'විජ්ජා'** කියන්නේ විද්‍යාව. **'චරණ'** කියන්නෙ හැසිරීම. එතැන විද්‍යාව කියලා කියන්නේ බුදුරජාණන් වහන්සේගේ ඥාණවලට කියන නමක්. ඒ කියන්නේ බුදුරජාණන් වහන්සේ පර්යේෂණයක් කළා. ඒ පරීක්ෂණයට කියන්නේ 'ආර්ය පර්යේෂණය.' උන්වහන්සේ පරීක්ෂණ කළේ සිත පිරිසිදු කරලා ශ්‍රේෂ්ඨත්වයට පත්වෙන්නේ කොහොමද කියන එක පිළිබඳවයි. ඒ පරීක්ෂණය කරගෙන යනකොට උන්වහන්සේට විද්‍යාව පහළ වුණා. දම්සක් පැවතුම් සූත්‍රයේ **(විජ්ජා උදපාදි)** 'විද්‍යාව පහළ වුණා' කියලා තියෙන්නේ ඒකයි. විද්‍යාවන් අතර බුදුරජාණන් වහන්සේ සොයාගත් විද්‍යා තුනක් තියෙනවා. ඒකට කියන්නේ **'ත්‍රිවිද්‍යා'** කියලයි.

පළමුවෙනි විද්‍යාව තමයි, **'පුබ්බේනිවාසානුස්සති ඥාණය.'** ඒ කියන්නේ පෙර ජීවිත දකිනා නුවණ. අපි ඔක්කොගේමත් ඒ ස්මරණය තියෙනවා. අපට ඒක මතුවෙලා නැත්තේ මතුවෙන ආකාරයට අපේ නුවණ දියුණුවෙලා නැති නිසයි. බුදුරජාණන් වහන්සේගේ කාලයේ සිටි සමහරුන්ට කල්ප ගණන් ආපස්සට බලන්න පුළුවන්. සමහර දෙවිවරුන්ට තමන් හිටපු අතීත ජීවිතය මතක් වෙනවා. හතරවැනි ධ්‍යානයට හිත දියුණු කරලත් කල්ප ගණන් ආපස්සට බලන්න පුළුවන්. බොහෝ

දෙනෙකුට ඒ විදිහට බලන්න පුළුවන් තමන්ගේ ජීවිතය ගැන විතරයි. නමුත් බුදුරජාණන් වහන්සේට ඕනෑම කෙනෙකුගේ ජීවිතයක් බලන්න පුළුවන්.

එකම තැන දහහතරදහස් වතාවක් වල දාලා...

බුදුරජාණන් වහන්සේගේ කාලයේ මහා ආඩම්බරකාර බ්‍රාහ්මණයෙක් හිටියා. එයා කල්පනා කළා, "හැමෝම වළලන තැන්වල මාව මැරුණම වළලන්නේ නෑ. මාව විශේෂ තැනක වළලන්න ඕන" කියලා. (මෝඩකමට එහෙම හිතන අය ඉන්නවනේ...) ඉතින් මෙයා "කොහෙද මාව වළලන්න සුදුසු තැන..?" කියලා වත්තේ බලාගෙන බලාගෙන යද්දී අතු මුල් බැහැපු විශාල නුග ගහක් තියෙනවා දැක්කා. දැන් මෙයා සේවකයෝ දාලා නුග ගහ කප්පවනවා. මෙයා මේ ලෑස්ති කරන්නේ කවුරුවත් වළලපු නැති පිරිසිදු තැනක්.

ඒ වෙලාවේ බුදුරජාණන් වහන්සේ මෙතැනට වැඩියා.

"පින්වත මොකද මේ?"

"ස්වාමීනී, මම කල්පනා කළා කවුරුවත් නොකරපු දෙයක් කරන්න. මම කල්පනා කළා මළාට පස්සේ හොඳ ශුද්ධ වූ තැනක මගේ මිනිය වළලන්න."

"ඔයාගේ නම මොකක්ද?"

ඉතින් මේ කෙනා නම කිව්වා. බුදුරජාණන් වහන්සේ දේශනා කරනවා "ඔයා ඔය නමින්ම මෙතැනම දාහතරදහස් වතාවක් වළලලා තියෙනවා." බලන්න එක පාරටම අතීතය හොයනවා. ඒක තමයි නියම විද්‍යාව.

සසර පුරුදු පැමිණෙන හැටි...

බුදුරජාණන් වහන්සේගේ කාලයේ 'පිළින්දිවච්ඡ' කියලා රහතන් වහන්සේ නමක් හිටියා. උන්වහන්සේට මිනිසුන්ගේ හිත රිදෙන විදිහේ වචන කතා කිරීමේ පුරුද්දක් තිබුණා. උන්වහන්සේ මිනිස්සුන්ට කතා කරන්නේ "කොහෙද වසලය යන්නේ..?" ආදී වශයෙන්. මිනිස්සුන්ට මේක හරිම කම්පනයක් වුණා. ඉතින් "මේ ස්වාමීන් වහන්සේ කතා කරන්න දන්නේ නෑ" කියලා බුදුරජාණන් වහන්සේට පැමිණිල්ලක් ගියා. බුදුරජාණන් වහන්සේ වදාළා, "පින්වත් මහණෙනි, ඒ පිළින්දිවච්ඡ භික්ෂුව පිරිසිදු හිතින්මයි ඔය කතා කරන්නේ. තරහක් නෑ. එකම හේතුවක් තියෙනවා, එයා ආත්මභාව 500ක්ම එක දිගට උසස් කුලයේ ඉපදුණ කෙනෙක්. ඒ පුරුද්ද තමයි මේ." ඒ විදිහට බුදුරජාණන් වහන්සේට ක්ෂණයෙන් තව කෙනෙකුගේ ජීවිතය සම්බන්ධයෙන් හොයලා කියන්න පුළුවන්.

ඒ වගේම ගොඩක් වළඳන ස්වාමීන් වහන්සේ නමක් හිටියා. උන්වහන්සේත් රහතන් වහන්සේ නමක්. සමහරු අතර "මේ ස්වාමීන් වහන්සේ හරිම පෙරේතයි" කියලා කතාවක් ගියා. ඉතින් බුදුරජාණන් වහන්සේ ඒ ස්වාමීන් වහන්සේව ගෙන්නලා "ඇත්තද භික්ෂුව, කොච්චර වැළඳුවත් මදි කියන්නේ?" කියලා ඇහුවා "අනේ ස්වාමීනී, මං ඔය වැළඳුවේ ටිකයි" කිව්වා. බුදුරජාණන් වහන්සේ දේශනා කළා "මහණෙනි, මේ භික්ෂුව රහතන් වහන්සේ නමක්. ආත්මභාව 500 ක් අලියෙක් වෙලා ඉඳලා තියෙනවා."

බලන්න පුරුද්ද පස්සෙන් එන හැටි. අපි ඒක දන්නේ නෑනේ. සමහර විට මිනිස්සුන්ගේ දුර්වලකම් එනකොට අපි ඒ දුර්වලකම්වලට හිනාවෙනවා. නමුත් අපේ ජීවිතයේ සංසාරෙන් ගෙනාපු දුර්වලකම් කොච්චර ඇද්ද? බුදුරජාණන් වහන්සේට මේ සියල්ල එක ක්ෂණයකින් දකින්න පුළුවන්. අන්න ඒවට තමයි විද්‍යාව කියන්නේ.

චුතිය උපත දකින නුවණ...

ඒ වගේම උන්වහන්සේට **'චුතූපපාත ඤාණය'** තිබුණා. ඒ කියන්නේ සත්වයන්ගේ චුතවීම, ඉපදීම දක්නා නුවණ. උන්වහන්සේගේ දේශනා තුළ දිව්‍යලෝක, බ්‍රහ්මලෝක, අපාය, නිරය ගැන සම්පූර්ණ විස්තර තියෙනවා. "අසවල් තැන ගියොත් මෙච්චර කල් ජීවත් වෙනවා... අසවල් නිරයේ උපන්නොත් මෙච්චරකල් ඉන්නවා... අසවල් නිරයේ උපන්නොත් මෙච්චරකල් ඉන්නවා... මේ නිරයට කියන්නේ මේ නම... අසවල් නිරයට කියන්නේ මේ නම..." කියලා උන්වහන්සේ මේ ඔක්කෝම විස්තර කරලා තියෙනවා. ඒකට කියන්නේ 'චුතූපපාත ඤාණය.'

ඊළඟ විද්‍යාව **'ආසවක්ඛය ඤාණය.'** 'ආසවක්ඛය ඤාණය' කියන්නේ ආශ්‍රවයන් ක්ෂය කිරීමේ නුවණ. අපේ හිතේ ඕනෑම ස්වරූපයකින් හොයන්න බැරි විදිහට කෙලෙස් සැඟවිලා තියෙන්න පුළුවන්. බුද්ධ දේශනාවේ සඳහන් වෙනවා සමහරු භාවනා කරලා, ධ්‍යාන වඩලා, බඹලොව ගිහිල්ලා උපදිනවා. එහේ කල්ප ගණන් ඉඳලා ඒ ආයුෂ ඉවර වුණාට පස්සේ කර්ම විපාක අනුව ආයෙමත් උපතක් කරා යනවා. ආශ්‍රව වලින් කරන්නේ කර්මයත් එක්ක සම්බන්ධ වෙලා උපතක් කරා අරගෙන යන එකයි. කර්මයෙන් කරන්නේ විඳවන එකයි.

ආශ්‍රවයෙයි, කර්මයෙයි වෙනස...

බුදුරජාණන් වහන්සේ දේශනා කරනවා "**(අත්ථි භික්ඛවේ, ආසවා නිරයගාමිනියා)** මහණෙනි, සමහර ආශ්‍රව තියෙනවා, ඒ ආශ්‍රවයෙන් කරන්නේ පුද්ගලයාව නිරයට අරගෙන යන එක. ඒ වගේම **(අත්ථි භික්ඛවේ, කම්මං නිරය වේදනීයං)** කර්ම විපාකයෙන් කරන්නෙ විඳවන එක." ආශ්‍රවයෙයි, කර්මයෙයි වෙනස ඔතැනින් මතක තියාගන්න. '**නිබ්බේධික**' කියන සූත්‍රයේ ඒ කාරණය ලස්සනට විස්තර වෙනවා. එතකොට සමහර ආශ්‍රව පුද්ගලයාව නිරයට අරගෙන යනවා. තිරිසන් ලෝකයට ගෙනියනවා. ප්‍රේත ලෝකයට ගෙනියනවා. අපායට ගෙනියනවා. අපට මේ ආශ්‍රව පේන්නේ නෑ. මේ ආශ්‍රව දැකලා ඒවා ප්‍රහාණය කිරීමේ ඤාණයටයි 'ආසවක්ඛය ඤාණය' කියලා කියන්නේ. මේවා තමයි විද්‍යාව.

බුදුරජාණන් වහන්සේගේ විද්‍යාව පටන් ගන්නේ සම්මා දිට්ඨියෙන්. උන්වහන්සේගේ විද්‍යාව ඉවර වෙන්නේ අරහත්වයෙන්. ඒ කියන්නේ ආරම්භයක් තියෙනවා, මැදක් තියෙනවා, අවසානයක් තියෙනවා. ඒ විද්‍යාව ශ්‍රාවකයන්ටත් එහෙමයි. අරහත්වයට පත්වීමෙන් ඉවර වෙනවා. කෙනෙක් සෝවාන් වෙලා, සකදාගාමී වෙලා, අනාගාමී වෙලා, අරහත්වයට පත්වුණොත් එතැනින් ඒ විද්‍යාව සම්පූර්ණයි.

කොණක් පොටක් නැති නූතන විද්‍යාව...

අද පවතින නූතන විද්‍යාව එහෙම එකක් නෙවෙයි. ඒ විද්‍යාවේ කොණක් පොටක් නෑ. කොටි වලිගය වගෙයි. ඉවර වෙන තැනක් නෑ. විද්‍යාඥයෝ සොයාගෙන යන මාර්ගය කවදා කොතැනකදී කොයි විදිහට අවසන් වෙයිද

කියලා කවුරුවත් දන්නේ නෑ. එබඳු අවිද්‍යා සහගත විද්‍යාවක්, ගෞතම බුදුරජාණන් වහන්සේ සොයාගත් විද්‍යාවත් එක්ක සමාන වෙන්නේ කොහොමද? කිසිසේත්ම සමාන වෙන්නේ නෑ.

බුදුරජාණන් වහන්සේගේ විද්‍යාව දැන් ඔය කියපු විද්‍යා තුනයි. ඒ විද්‍යාවෙන් කරලා දෙන්නේ අවබෝධය ඇති කරලා නිකෙලෙස් බවට පත් කිරීමයි. එකේ අවසානයක් තියෙනවා. සෝවාන් වුණොත් උපරිම වශයෙන් ජීවිත හතකින් ඒක ඉවර වෙනවා. සකදාගාමී වුණොත් කාම ලෝකයේ එක වතාවක් ඉපදිලා ඉවර වෙනවා. අනාගාමී වුණොත් සුද්ධාවාස බ්‍රහ්ම ලෝකයේ ඉපදිලා ඉවර වෙනවා. අරහත් වුණොත් මේ ජීවිතයේදීම පිරිනිවන් පානවා. මේක තමයි නියම විද්‍යාව.

ගුණධර්ම නැති උගත්කම මොකටද...?

ඒ වගේම බුදුරජාණන් වහන්සේට විද්‍යාවෙන් යුතු චරණ ධර්මයනුත් තිබුණා. ඒ කියන්නේ ඒ අවබෝධයට අනුව තමයි උන්වහන්සේ ජීවත් වුණේ. දැන් අපි ගනිමු මෙහෙම. ප්‍රොෆෙසර් කෙනෙක් ඉන්නවා කියමු. එයා ප්‍රොෆෙසර් විශ්ව විද්‍යාලයට විතරනේ. ගෙදරට ප්‍රොෆෙසර් නෙවෙයිනේ. ඔන්න එයා ක්ලබ් එකකට ගිහිල්ලා බොනවා. ඊට පස්සේ එයා කවුද? බේබද්දා. ඊට පස්සේ එයා වල් වැඩ කරන්න යනවා. එතකොට එයා සල්ලාලයා. එතකොට අපට පේනවා එයාගේ උගත්කමත් එක්ක හැම තිස්සේම ක්‍රියාව බද්ධවෙලා නෑ. අවබෝධයත් එක්ක ක්‍රියාව බද්ධවෙලා නෑ. ඒ විදිහට විජ්ජාචරණ නැති විද්‍යාවක් තමයි මේ නූතන විද්‍යාව.

නමුත් බුදුරජාණන් වහන්සේගේ ශ්‍රාවකයෙක්

සෝවාන් මාර්ගයට පැමිණි වෙලාවේ ඉඳන් ඒ අවබෝධයත් එක්ක හැසිරීම තියෙනවා. බලන්න වෙනස. ශ්‍රාවකයන්ටත් ඒක එහෙමයි. අපගේ ශාස්තෘන් වහන්සේ උන්වහන්සේ ඇති කරගත් විද්‍යාව තුළයි හැම ක්ෂණයක්ම ගත කළේ. උන්වහන්සේගේ ජීවිතය හරිම ආශ්චර්යයි. උන්වහන්සේ ජීවිතයේ නිදිකිරා වැටුණු අවස්ථාවක් නෑ. උන්වහන්සේ ගෙන් වචනයක් වැරදිලා පිට වූ අවස්ථාවක් නෑ. උන්වහන්සේගේ ගමනක් වැරදිලා හරි ගස්සපු අවස්ථාවක් නෑ. අපි නම් ගිහිල්ලා 'ආ මට ඒක අමතක වුණා..' කියලා ආයෙත් එනවනේ. බුදුරජාණන් වහන්සේගේ ජීවිතය තුළ එහෙම මොකුත් නෑ.

ලෝකයේ අංග සම්පූර්ණ මනුෂ්‍ය රත්නය...

යමෙකුට මේ ලෝකයේ අංග සම්පූර්ණ මනුෂ්‍යයාව හොයාගන්න ඕන නම්, සියල්ලෙන් අග තැන්පත් ඒ කෙනා බුදුරජාණන් වහන්සේයි. ඒ අංග සම්පූර්ණ බව, උන්වහන්සේගේ ජීවිතය පුරාම දකින්න ලැබෙනවා. උන්වහන්සේ සම්බුද්ධත්වයට පත්වුණේ වයස අවුරුදු තිස්පහේදී. පිරිනිවන් පෑවේ වයස අසූවේදී. සාමාන්‍යයෙන් අපේ නම් වයස තිස්පහේ ඉඳලා අසූව වෙනකම් හිටියොත්, ලෝකයේ තොරතුරු අරගෙන අපේ දැනුම ටික ටික වැඩිවෙනවනේ. එතකොට සමහර විට අවුරුදු තිස්පහේදී අපි දැරුව මත අසූව වෙනකොට වෙනස් වෙනවා. 'මීට අවුරුදු හතළිස් පහකට කලින් මං කල්පනා කළේ මේ විදිහටයි. දැන් මං ඒවා වෙනස් කළා' කියලා අපි කියනවානේ. අපි හිතන තීරණ වෙනස් කරන්න එච්චර වයසක් යන්න ඕන නෑ. අපි මේ කියපු දේවල් මේ වෙනස් කරනවනේ. අපේ දැනුම ඒ විදිහට කොච්චර වෙනස් වෙනවද?

නමුත් බුදුරජාණන් වහන්සේ අවුරුදු තිස්පහේදී දැනුමෙන් සම්පූර්ණ වෙලා ඉවරයි. උන්වහන්සේ සම්බුද්ධත්වයට පත්වෙලා වැඩසිටි අවුරුදු හතළිස් පහ තුළ කළේ ඒ දැනුම බෙදපු එක මිසක් ඒ දැනුම වර්ධනය වීමක් නෙවෙයි. ඒකයි විශේෂත්වය. අවුරුදු තිස්පහේදී උපදවාගත් අවබෝධය අවුරුදු හතළිස් පහක් බෙදුවා. අපට වෙන්නේ ඒක නෙවෙයිනේ. අපි හැම තිස්සේම ඊළඟට එන දැනුමට දැන් ගන්න තීරණ වෙනස් කරනවා. නමුත් අප සරණ ගිය බුදුරජාණන් වහන්සේ එහෙම නෙවෙයි. උන්වහන්සේ ඒකාන්තයෙන්ම **විජ්ජාචරණ සම්පන්නයි.**

'විජ්ජාචරණ සම්පන්න' වූ ශාස්තෘන් වහන්සේ නමක් සරණ යන්න ලැබීම ගැන අපි කොයිතරම් සන්තෝෂ වෙන්න ඕනද? ඔබ '**බුද්ධං සරණං ගච්ඡාමි**' කියපු කෙනෙක්. සමහර විට ඔබ මේ කියපු පැතිවලට හිතලවත් නැතුව ඇති. මේ විදිහට බුදුරජාණන් වහන්සේගේ එක එක ගුණයක් පාසා හිතලා නැතුව ඇති. එහෙම වුණොත් අපිට ශ්‍රද්ධාව පිහිටන්නේ කොහොමද?

දහම දකින්නා බුදුන් දකී...

අපි ළඟ රත්තරන් තියෙනවා කියලා හිතමු. නමුත් මේ රත්තරන් ටික ඔප දැම්මොත් තමයි දිළිසෙන්නේ. ඒ වගේ අපි බුදුරජාණන් වහන්සේගේ ධර්මය කියවද්දී කියවද්දී තමයි අපට උන්වහන්සේව හම්බ වෙන්නේ. ඒකයි උන්වහන්සේ දේශනා කළේ "**(යෝ ධම්මං පස්සති සෝ මං පස්සති)** යමෙක් ධර්මය දකිනවා නම් එයා තමයි මාව දකින්නේ" කියලා. උන්වහන්සේ විජ්ජාචරණ සම්පන්නයි. උන්වහන්සේගේ ජීවිතය පුරාම ඒක අපට දකින්න ලැබෙනවා.

ලෝකයේ ආගමික නායකයින් විතරක් නෙවෙයි, සියලු මනුෂ්‍යයින්, දෙවියන් ගත්තත් ඒ වගේ විජ්ජාචරණ සම්පන්න කෙනෙක් මේ ලෝකයේ කොහේවත් නෑ. හිටියා නම් වාර්තාවක් තියෙන්න ඕන. දකින්න ලැබෙන්න ඕන. කොහේ හරි විස්තරයක් තියෙන්න ඕන. අපි වෙන ආගමක් හැදෑරුවොත් එහෙම හම්බ වෙන්නේ නෑ. මොකද, අපි ඒ පොත් පත් කියවලා තියෙනවා. බුදුරජාණන් වහන්සේ හැර විජ්ජාචරණ සම්පන්න කෙනෙක් වෙන හම්බවෙන්නේ නෑ. බුදුරජාණන් වහන්සේගේ ජීවිතය පුරාවටම ඒ විජ්ජාචරණ සම්පන්න ගුණය තිබුණා. හරි පුදුමයි... උන්වහන්සේ ගත්ත තීරණ, කතා කරපු දේවල්, පණවපු නීති සෑම දෙයක් තුළම ඒ විජ්ජාචරණ සම්පන්න බව තියෙනවා. හරිම පුදුමයි!

සොඳුරු මග වැඩි සුගත තථාගතයාණෝ...

ඊළඟ ගුණය 'සුගත.' සුගත කියලා කියන්නේ ආර්ය අෂ්ටාංගික මාර්ගය සම්පූර්ණ කිරීම නිසා, නිවන අවබෝධ වීමට කියන නමක්. ඔන්න ගෙදරක ළමයෙක් ඉන්නවා. මේ ළමයා නරක යාළුවෝ ටිකක් එක්ක ක්ලබ් ගානේ ගිහින් රෑ වෙලා එනවා කියමු. දෙමව්පියෝ කියයි "පුතා ඔයා ඔය යන පාර නම් හොඳ නෑ" කියලා. එතැන 'පාර' කියලා කිව්වේ එයාගේ වැඩපිළිවෙලටනේ. ඔන්න කෙනෙක් බොහෝම හොඳට ජීවත් වෙනවා. එතකොට අපි කියනවා "ඔයා හොඳ ගමනක් යන කෙනෙක්" කියලා. එතැනත් ගමන කියලා කිව්වේ එයා ජීවත්වෙන පිළිවෙලට. මේකෙත් තියෙන්නේ ඒ අර්ථය.

සුගත කියලා කිව්වේ 'සුන්දර ගමනක් ගිය' කියන අර්ථයෙන්. සුන්දර ගමන තමයි ආර්ය අෂ්ටාංගික මාර්ගය. ඒ ආර්ය අෂ්ටාංගික මාර්ගය සම්පූර්ණ කරගෙන

නිවන කරා වැඩම කළා කියන අර්ථය තමයි 'සුගත' කියන එකේ තියෙන්නේ. බුදුරජාණන් වහන්සේ ආර්ය අෂ්ටාංගික මාර්ගයේ ගමන් කරලා රාග, ද්වේෂ, මෝහ ප්‍රහාණය කළ නිසා 'සුගත' කියලා කියනවා. අපේ ශාස්තෘන් වහන්සේ 'සුගත' ගුණයෙන් යුතු බව අපි අවබෝධ කරගන්න ඕන.

සියලු ලෝකයන් අවබෝධ කළා...

ඊළඟ එක 'ලෝකවිදූ.' 'විදූ' කියන්නෙ සම්පූර්ණයෙන්ම අවබෝධ කරගත් කියන අර්ථයෙන්. 'ලෝකවිදූ' කියන්නේ සියලු ලෝකයන් අවබෝධ කරගත් කියන අර්ථයෙන්. බුදුරජාණන් වහන්සේ භෞතික ලෝක විතරක් නෙවෙයි, සත්ව ලෝකත් අවබෝධ කරගත්තා. බුදුරජාණන් වහන්සේ අග්ගඤ්ඤ සූත්‍රයේදී මේ පෘථිවිය හැදෙන හැටි පිළිබඳව විස්මිත කරුණු දේශනා කරලා තියෙනවා. බුදුරජාණන් වහන්සේ එහිදී දේශනා කළා, පෘථිවිය විනාශ වෙද්දී සත්වයන් ආලෝක බවට පත්වෙනවා කියලා. ඒකෙ තේරුම තමයි, සත්වයන් නැති වෙන්නේ නෑ. කර්මානුරූපව මොන විදිහකින් හරි පවතිනවා. කාලයක් ගියහම නැවතත් මේ ලෝකය හැදෙනවා. ඊට පස්සේ අර ආලෝක බවට පත්වූ සත්වයන් නැවතත් මේ ලෝකයට පාත් වෙනවා. පාත් වෙලා නිල් ආකාසේ ඉන්නවා.

එළකිරි උණුකරලා දුම් දදා තිබිලා නිවෙන්න තිබ්බාම කිරෙන් උඩ යොදයක් හැදෙනවනේ. ඒ වගේ මේ පෘථිවියෙත් යොදයක් හැදෙනවා. මේ යොදයෙන් ඉමිහිරි සුවඳක් එනවා. (මේ කියන්නේ පෘථිවියේ එක්තරා අවස්ථාවක්) ඒ යොදයේ තියෙන්නේ මී පැණි වගේ රහක්. පෘථිවිය ආශ්‍රයෙන් ආකාසේ ඉන්න මේගොල්ලන්ට

මේ සුවඳ දැනෙනවා. එයින් එක්කෙනෙක් ආයාසයකින්, උත්සාහයක් අරගෙන මේ යොදය ඇඟිල්ලේ ගාලා දිවේ ගාගෙන "ෂා... රස..." කියලා කියනවා. එතකොට අනිත් අයට 'මොකක්ද මේ..?' කියලා දැනගන්න උනන්දුවක් ඇතිවෙනවා. අපට වුණත් එහෙමනේ. අපි ඔක්කොම ඉන්න තැනකට අපි නොදකපු, නොකාපු දෙයක් ගෙනල්ලා "ෂා... රස...." කියලා කිව්වොත් අපටත් 'ඒක බලන්න ඇත්නම්...' කියලා හිතෙනවානේ.

අද කාලයේ නම් පොසිල වලින්නේ එක එක කතන්දර හදන්නේ. නමුත් මේ බලන්න, ලෝකය ගැන කවුරුවත් දන්නේ නැති විස්තර බුදුරජාණන් වහන්සේ දේශනා කරන අපූරුව. මෙහෙම දිව ගාලා රස කියපු නිසාලු මේ වර්තමාන මනුෂ්‍යයා රසවත් කෑමක් හම්බවුණාම ඉස්සෙල්ලා චුට්ටක් රස බලලා "ෂා.... හරි අගෙයි" කියලා කියන්නේ. ඒක අපි ඒ වගේ තත්වවලට පත්වෙලා ආපු පුරුද්දලු. මේ වගේ බුදුරජාණන් වහන්සේ ලෝක ගැන විස්මිත කාරණා පෙන්වා දෙනවා.

විශ්වය පිළිබඳ විස්මිත අවබෝධය...

දවසක් ආනන්ද ස්වාමීන් වහන්සේ බුදුරජාණන් වහන්සේගෙන් අහනවා,

"ස්වාමීනී භාග්‍යවතුන් වහන්ස, කකුසඳ බුදුරජාණන් වහන්සේගේ ශ්‍රාවකයන් වහන්සේ නමක් මේ සහස්සී ලෝක ධාතුවට ඇහෙන්න කතා කරලා තියෙනවා කියලා භාග්‍යවතුන් වහන්සේ වදාළා."

"ඔව්, මං එහෙම කිව්වා තමයි."

"අනේ ස්වාමීනී භාග්‍යවතුන් වහන්ස, ඔබවහන්සේට ලෝක කීයකට ඇහෙන්න කතා කරන්න පුළුවන්ද?"

"ආනන්දය, තථාගතයන් වහන්සේලාගේ කුසලතාවය මනින්න බැහැ."

ආනන්ද ස්වාමීන් වහන්සේ දෙවැනි වතාවෙත් ඒ කාරණයම අසා සිටියා. ඒ වතාවෙත් බුදුරජාණන් වහන්සේ "මනින්න බෑ" කිව්වා. තුන්වැනි වතාවෙත් අහනකොට ලස්සන කතාවක් කිව්වා.

"ආනන්දය, හිරු සඳු එළිය කරන මේ ලෝකය තියෙනවනේ. මේ වගේ ලෝක දාහක් එකතු වුණාම ඒකට 'චූළනිකා සහස්සී ලෝක ධාතුව' කියලා කියනවා. ඒ දාහ වගේ ඒවා දාහක් එකතු වුණාම 'මජ්ඣිමා සහස්සී ලෝක ධාතුව.' ඒ වගේ ඒවා දාහක් 'තිසහස්සී මහා සහස්සී ලෝක ධාතුව. ආනන්දය, තථාගතයන් වහන්සේට ඕන නම් මේ ඔක්කොම ලෝකවලට ඇහෙන්න කතා කරන්න පුළුවන්. ඒ ලෝකවලින් එහාට වුණත් ඇහෙන්න කතාකරන්න පුළුවන්."

"ස්වාමීනී, භාග්‍යවතුන් වහන්ස, කොහොමද ඕක කරන්නේ? කොහොමද මේ ලෝකවලට කතා කරන්නේ?"

මීට අවුරුදු 2600 කට කලින් බුදුරජාණන් වහන්සේගේ අවබෝධය බලන්න. බුදුරජාණන් වහන්සේ වදාළා,

"ආනන්දය, මම ඉස්සර වෙලාම ඒ ලෝකවලට යවන්නේ ආලෝකය. (අපට ඒක නම් පොඩ්ඩක් තේරෙනවා) ආලෝකය යැව්වට පස්සේ ඒ ආලෝකය යවපු දිශාවට ඒ අය යොමු වෙනවා. ඊට පස්සේ මම ශබ්දය යවනවා."

කැමති පාරක් තෝරා ගත හැකියි...

අපගේ බුදුරජාණන් වහන්සේ ඒකාන්තයෙන්ම 'ලෝකවිදූ' වන සේක. බුදුරජාණන් වහන්සේ නිරය, තිරිසන් අපාය, ප්‍රේත ලෝකය ආදී ලෝක ගැන තවත් ලස්සන උපමාවක් දේශනා කළා. උපමාව තමයි, ඔන්න කෙනෙක් කාන්තාර මාර්ගයක ගමන් කරනවා. හැබැයි, ඒ පාර වැටිලා තියෙන්නේ ගිනි අඟුරු වලකට. මේක නුවණැති කෙනෙක් බලාගෙන ඉන්නවා. බලාගෙන ඉඳලා කල්පනා කරනවා 'අනේ මේ පුද්ගලයා යන පාර නම් හරි අමුතු පාරක්. මෙයා මේ යන පාර වැටිලා තියෙන්නේ ගිනිඅඟුරු වලකට. මෙයා මේ පාරේ ගියොත් ගිනිඅඟුරු වලේ තමයි නතර වෙන්නේ.' එයාට පස්සේ කාලෙක දකින්න ලැබෙනවා, මෙයා ඒ පාරේ ගිහිල්ලා ගිනිඅඟුරු වලේ වැටිලා ඉන්නවා.

ඒ වගේ බුදුරජාණන් වහන්සේ මනුෂ්‍යයන් දිහා බලද්දී උන්වහන්සේට මේ මනුෂ්‍යයන්ව පේනවා. 'මෙයා මේ ක්‍රියාවල් කරමින් ඉන්නේ. මෙයා මේ විදිහට වචන කතා කර කර ඉන්නේ. මෙයා මේ විදිහට හිත හිත ඉන්නේ. මෙයා මේ යන මාර්ගයේ ගියොත් නිරයේ උපදිනවා' කියලා. ඒ විදිහට එයා නිරයේ ඉපදිලා දුක් විඳ විඳ ඉන්නවා උන්වහන්සේට පස්සේ කාලෙකදී දකින්න ලැබෙනවා.

අසූචි වළක් කෙළවර කර ගත් මගක්...

ඊළඟට බුදුරජාණන් වහන්සේ තව උපමාවක් දේශනා කරනවා. ඔන්න මනුෂ්‍යයෙක් පාරක යනවා. ඒ පාර වැටිලා තියෙන්නේ අසූචි වලකට. ඒ පාර ඉවර වෙන්නේ අසූචි වලකින්. ඉතින් ඈත ඉඳලා කෙනෙක් මේක බලාගෙන ඉඳලා "අනේ මේ මනුෂ්‍යයා මේ පාරේ ගියොත් අර අසූචි

වලේ තමයි වැටෙන්නේ' කියලා කල්පනා කරනවා. ඒ විදිහටම මෙයා පස්සේ කාලෙක වැසිකිලි වලේ වැටිලා ඉන්නවා දකින්න ලැබෙනවා. සමහරු ජීවත්වෙන පිළිවෙල බලද්දී බුදුරජාණන් වහන්සේටත් 'මෙයා දූන් කරන දේවල්, කියන දේවල්, හිතන දේවල්වලින් ඊළඟ ආත්මයේ තිරිසනෙක් වෙලයි නවතින්නේ...' කියලා පේනවා. ඒ වගේම බුදුරජාණන් වහන්සේට පස්සේ කාලෙක එයා තිරිසනුන් අතරේ ඉපදිලා ඉන්නවා දකින්න ලැබෙනවා.

ඊළඟට බුදුරජාණන් වහන්සේ දේශනා කළා "කෙනෙක් කාන්තාර මාර්ගයක යනවා. (කාන්තාර මාර්ග යක යන කොට පිහිටක් නෑනේ) මේ කෙනා පිපාසෙන්, බඩගින්නෙන් යනකොට මෙයාට යන්තම් කොළ දෙක තුනක් තියෙන ගස් හම්බවෙනවා. මෙයා මේ ගහක් යට වාඩිවෙලා මහන්සි අරිනවා. ඒ වගේ සමහරු ජීවත්වෙන පිළිවෙල දිහා බලද්දී මට 'මෙයා නම් මරණින් මත්තේ පෙරේත ලෝකයේ තමයි උපදින්නේ කියලා පේනවා. අන්තිමට එයා මරණින් මත්තේ පෙරේත ලෝකයේ ඉන්නවා දකින්න ලැබෙනවා."

කාන්තාරයේ කොළ තියෙන ගහක්...

බුදුරජාණන් වහන්සේ මනුෂ්‍ය ලෝකය ගැනත් උපමාවක් දේශනා කළා. මනුෂ්‍යයෙක් කාන්තාර මාර්ගයක ගමන් කරද්දී එයාට හොඳට කොළ තියෙන, හෙවන තියෙන ගහක් දකින්නට ලැබෙනවා. ඒ ගහ තියෙන පාරේ තමයි මෙයා යන්නේ. ඉතින් කෙනෙක් මේක බලාගෙන ඉඳලා කල්පනා කරනවා 'මේ යන පාරේ දිගටම ගියොත් මෙයාට මේ ගහ හම්බවෙනවා. එයා මේ ගහ යට ටිකක් විවේක ගනියි' කියලා. ඒ වගේ තමයි, සමහරු ජීවත්වෙන පිළිවෙල දිහා බලලා බුදුරජාණන්

වහන්සේ "මෙයා ආයෙමත් මරණින් මත්තේ මනුෂ්‍ය ලෝකයේ ඉපදේවි" කියලා දකිනවා. පස්සේ කාලෙකදී එයා මනුෂ්‍ය ලෝකයට ඇවිල්ලා ඉන්නවා දකින්න ලැබෙනවා. උන්වහන්සේ මනුෂ්‍ය ලෝකය දැක්කේ කාන්තාර මාර්ග යක තියෙන සෙවන ඇති ගහක් ලෙසටයි.

එහෙම නම් අපි අද ඉන්නේ කාන්තාර මාර්ගයක සෙවන තියෙන ගහක් යට. අපි සෙවන තියෙන ගහ යට ඉඳලා වෙන වෙන පාරවල් තෝරා ගන්නවා. කෙනෙක් ගිනි අඟුරුවලට යන පාර තෝරා ගන්නවා. කෙනෙක් අසූචි වලට යනවා. තව කෙනෙක් සෙවන නැති ගස් තියෙන පැත්තට යනවා. මේ උපමා හරි වටිනවා. මේවා මතක තියාගන්න. මේක තියෙන්නේ මහා සීහනාද සූත්‍රයේ. මේ කියපු උපමා ටික අපේ ජීවිතවලට හරි වැදගත්.

දෙව්ලොව, කතරක මාළිගාවක් වගෙයි...

ඊළඟට බුදුරජාණන් වහන්සේ දේශනා කරනවා, "ඔන්න තවත් කෙනෙක් කාන්තාර මාර්ගයේ යනවා. එයා යන පාර වැටිලා තියෙන්නේ හොඳ ගෙයක් තියෙන තැනකට. පස්සේ කාලයේ එයා ඒ ගෙදර ඉන්නවා. ඒ වගේ තමයි, සමහර අය මේ ජීවිතයෙන් පස්සේ දිව්‍ය ලෝකවල සැපසේ වාසය කරනවා." බුදුරජාණන් වහන්සේ දිව්‍ය ලෝකය දැක්කේ කාන්තාර මාර්ගයේ තියෙන හොඳ ගෙයක් හැටියට.

බුදුරජාණන් වහන්සේ දේශනා කළා "ඔන්න පිපාසයෙන් ඉන්න තවත් මනුෂ්‍යයෙක් කාන්තාර මාර්ගයක යනවා. හැබැයි, ඒ පාර වැටිලා තියෙන්නේ වනාන්තරයක් තියෙන දිශාවකට. හොඳ පැන් පොකුණු තියෙන දිශාවට. එයා ඒ පාරේ ගිහිල්ලා, පැන් වළඳලා,

පිපාසය නිවාගෙන හොඳට හාන්සිවෙලා ඉන්නවා. ඒ වගේ තමයි, සමහරු ආර්ය අෂ්ටාංගික මාර්ගයේ ගමන් කරලා කෙලෙස් පිපාසය බැහැර කරලා, පිපාසයක් නැති සිතින් සැනසිල්ලේ වාසය කරනවා. උන්වහන්සේ මෙන්න මේ විදිහට මේ සියලු ලෝක දැක්කා.

තෝරාගැනීම ඔබේ අතේ...

උන්වහන්සේ දේශනා කළා "මේ මේ දේවල් කිරීම හේතුවෙන් නිරයේ යනවා... මේ මේ දේවල් කිරීම හේතුවෙන් තිරිසන් අපායේ යනවා... මේ මේ දේවල් කිරීම හේතුවෙන් පෙරේත ලෝකයට යනවා... මේ මේ දේවල් කිරීම හේතුවෙන් මනුෂ්‍ය ලෝකයට එනවා... මේ මේ දේවල් කිරීම හේතුවෙන් දිව්‍ය ලෝකයේ යනවා... මේ මේ දේවල් කිරීම හේතුවෙන් නිවන අවබෝධ කරනවා...' කියලා. ඒ වගේම උන්වහන්සේ ඒ පාරවලුත් පෙන්වා දුන්නා.

එහෙම නම් කෙනෙකුට නිරයේ යන්න ඕන නම් කරන්න තියෙන්නේ අනුන්ට උගුල් අටව අටවා, අනුන්ට නින්දා අපහාස කර කර ඉන්න එකයි. එතකොට එයා කෙලින්ම නිරයේ තමයි. තිරිසන් අපායේ යන්න ඕන නම් එයාට තියෙන්නෙත් ඒ විදිහට ඉන්න. බුද්ධ දේශනාවේ තියෙනවා, සමහරු හොඳට දානේ දෙනවා. හැබැයි, සිල් රකින්නේ නෑ. අනුන්ට උගුල් අටවනවා. නින්දා අපහාස කරනවා. කරදර කරනවා. වචනයෙන් පව් කරනවා. බුදුරජාණන් වහන්සේ දේශනා කරනවා එයා ගිහිල්ලා කන්න තියෙන සත්තු අතර උපදිනවා කියලා. බලන්න මේ මනුෂ්‍යයින්ට වෙන දේවල්. බල්ලෝ වෙලා, අලි වෙලා, අශ්වයෝ වෙලා උපදිනවා. හැබැයි, උන්ට හොඳට සැළකිලි. ඒ ලැබෙන්නේ සංසාරේ දන් දීලා තියෙන නිසයි.

නමුත් තිරිසන් ලෝකයේ උපදින්නේ කයෙන්, වචනයෙන්, සිතින් අයහපතෙහි හැසිරීම නිසයි. බුදුරජාණන් වහන්සේ ඒ හැමදේම දේශනා කරලා තියෙනවා.

දන්දීමේ ආනිශංස...

දවසක් බුදුරජාණන් වහන්සේ 'සුමනා' කියන කුමාරියට දානය ගැන ලස්සන දහම් කාරණාවක් කියා දුන්නා. සුමනා කුමාරිය බුදුරජාණන් වහන්සේගෙන් හොඳ ප්‍රශ්නයක් අසා සිටියා.

"ස්වාමීනී, භාග්‍යවතුන් වහන්ස, දෙන්නෙක් ඉන්නවා. මේ දෙන්නම ශ්‍රද්ධාවෙන් සමානයි. සීලයෙනුත් සමානයි. ප්‍රඥාවෙනුත් සමානයි. නමුත් එක්කෙනෙක් දන් දෙනවා. එක්කෙනෙක් දෙන්නේ නෑ. මේ දෙන්නම මරණින් මත්තේ දිව්‍ය ලෝකයේ උපදින්න පුළුවන්ද?" "පුළුවන්" කිව්වා. "එතකොට දිව්‍ය ලෝකයේදී මේ දෙන්නගේ වෙනසක් තියෙනවද?"

"වෙනසක් තියෙනවා. අර දන් දීපු කෙනා දන් දීපු නැති කෙනාට වඩා දිව්‍ය ආයුෂයෙන්, දිව්‍ය වර්ණයෙන්, දිව්‍ය සැපයෙන් බලවත් වෙනවා."

"ස්වාමීනී, මේ දෙන්නා දිව්‍ය ලෝකයෙන් චුතවෙලා මනුෂ්‍ය ලෝකයේ උපදිනවා. එතකොට වෙනසක් නැද්ද?"

"ඒත් වෙනසක් තියෙනවා. මනුෂ්‍ය ලෝකයේදීත් අර දන් දීපු කෙනා මනුෂ්‍ය ආයුෂයෙන්, වර්ණයෙන්, සැපයෙන් වැඩියි."

පැවිදි වුණත් වෙනසක්...

"ස්වාමීනී, භාග්‍යවතුන් වහන්ස, මේ දෙන්නා මහණ

වුණොත් මහණ වුණාට පස්සෙත් වෙනසක් තියේවිද?"

"වෙනසක් තියෙනවා. මහණ වුණාට පස්සෙත් සංසාරේ දන් දීපු කෙනාට අග්‍ර වශයෙන් සිව්පසය ලැබෙනවා. දන් දීපු නැති කෙනාට එහෙම ලැබෙන්නේ නෑ."

"ස්වාමීනී, මේ දෙන්නා නිවන් දැක්කොත්..? නිවන අවබෝධ කළොත් ඒකෙත් වෙනසක් තියේවිද?"

"ඒකෙ නම් වෙනසක් නෑ. ඒ විමුක්තිය ඔක්කෝටම එකයි" කිව්වා.

සියලු තතු දැන සියල්ලෙන් මිදුණු සේක...

මේ ලෝක ගැන, සත්වයන් ගැන බුදුරජාණන් වහන්සේගේ තියෙන අවබෝධය හරිම පුදුමයි. සමහර තැන්වල බුදුරජාණන් වහන්සේ 'ලෝකාන්තරික' කියලා නිරයක් ගැන විස්තර කරලා තියෙනවා. ඒ නිරය තනිකරම කලුවරයි. තව 'සීත නිර' කියලා නිරයක් තියෙනවා. ඒ නිරයේ තියෙන්නේ සීතල විතරයි. ඒ ලෝකාන්තරික නිරය එළිය වෙන්නේ බුදු කෙනෙක් පහළ වූ දවසක, බුදු කෙනෙක් දහම් දෙසන වෙලාවක, පිරිනිවන් පාන වෙලාවක වගේ වෙලාවක විතරයි. ඒ විදිහට බුද්ධ දේශනාවල උපදින තැන් ගැන බොහෝ විස්තර තියෙනවා. බුදුරජාණන් වහන්සේ තමයි මේ සියල්ලම අවබෝධ කරගෙන මේ සියල්ලෙන්ම මිදුණ එකම ශාස්තෘන් වහන්සේ. උන්වහන්සේ ඒකාන්තයෙන්ම 'ලෝකවිදූ' වන සේක.

සමහර අය 'ඔය අපාය තියෙනවද? දිව්‍ය ලෝක තියෙනවද? ඕවා තියෙන්නේ කොහේද?' කිය කියා අහන්නේ මේවා ගැන දන්නේ නැතුවයි. මීට අවුරුදු

සියයකට කලින් කවුරුහරි ලංකාවේ කෙනෙකුට කැනඩාව කියලා රටක් තියෙනවා කියලා කිව්වා නම්, 'කොහෙද ඕක තියෙන්නේ?' කියලා අහයි. කැනඩාව කියලා රටක් තියෙනවා කියලා දන්නේ අපි දන්නේ.

ලොව දමනය කළ මුනිඳාණෝ...

බුදුරජාණන් වහන්සේගේ ඊළඟ බුදුගුණය තමයි, **'අනුත්තරෝ පුරිසදම්මසාරථී.'** මේ ලෝකයේ ඉන්න සමහරු එක එක දේ පුහුණු කරනවා. සමහරු අශ්වයෝ පුහුණු කරනවා. සමහරු අලි පුහුණු කරනවා. සමහරු බල්ලන්ව පුහුණු කරනවා. සමහරු මිනිසුන්ට උගන්වනවා. මේ ලෝකයේ පුහුණු කරන අය අතරේ අග්‍ර කෙනාටයි **'අනුත්තරෝ පුරිසදම්ම සාරථී'** කියන්නේ. පුහුණු කරන එකට තමයි දමනය කරනවා... හික්මවනවා... කියන්නේ.

බුදුරජාණන් වහන්සේ තමයි, 'මෙන්න මේ විදිහට සීලය දියුණු කරන්න... මේ විදිහට සමාධිය දියුණු කරන්න.. මේ විදිහට ප්‍රඥාව දියුණු කරන්න... දැන් මේ විදිහට කරන්න...' කියලා ලස්සනට පුහුණු කරන්නේ. එතකොට ඒ විදිහට කළාම එයා සෝවාන් වෙනවා, සකදාගාමී වෙනවා, අනාගාමී වෙනවා, අරහත් වෙනවා. **'අනුත්තරෝ පුරිසදම්මසාරථී.'** ලෝකයේ පුහුණු කරන අය අතර අග්‍රයි. ඒක පුදුම එකක්.

බුදු කරුණාවේ පිහිට ලැබූවෙක්...

අපිත් සමහර විට සමහර අයව 'මෙයා මේකට දක්ෂයි. එයා මේ පැත්තට පුරුදු කරන්න ඕන' කියලා තෝරනවනේ. බුදුරජාණන් වහන්සේගේ කාලයේ අයියයි, මල්ලියි දෙන්නෙක් මහණ වුණා. අයියට හොඳට ධර්මය

පාඩම් හිටිනවා. මල්ලිට බණ පාඩම් හිටින්නේ නෑ. අයියා මල්ලිට අඬගහලා "නුඹට පාඩම් හිටින්නේ නෑ. ගෙදර ගිහිල්ලා වගා කරපන්" කියලා කිව්වා. නමුත් මල්ලි ගෙදර යන්න කැමති නෑ.

ඉතින් බැරිම තැන පොඩි ස්වාමීන් වහන්සේ ගිහිල්ලා ගේට්ටුව ලඟ අඬ අඬා සිටියා. මොකද, ගෙදර යන්න කියලා එලවලානේ. ඊට පස්සේ බුදුරජාණන් වහන්සේ මෙයා ලඟට වඩිනවා.

"ආ... මොකද මේ චූල පන්ථක අඬ අඬා?"

"අනේ ස්වාමීනී, අයියා මාව එලෙව්වා."

"ඇයි ඒ?"

"මට පාඩම් හිටින්නේ නෑ. ඒ නිසා ගෙදර යන්නලු. සිවුරු ඇරලා ගෙදර ගිහිල්ල කුඹුරු කොටන්නලු."

"නෑ... එහෙම කරන්න බැහැනේ. මේක එයාගේ ශාසනයක් නෙවෙයිනේ. යමු මාත් එක්ක" කියලා ඔළුව අතගාලා අතින් අල්ලගෙන එක්කගෙන ගියා.

රජෝ හරණං...

බුදුරජාණන් වහන්සේ මේ පොඩි ස්වාමීන් වහන්සේගේ අතට රෙදි කෑල්ලක් දුන්නා. දීලා "කිලිටි අත්හරිනවා... කිලිටි අත්හරිනවා... (රජෝ හරණං) කියලා රෙදි කෑල්ල අත ගගා ඉන්න" කියලා කිව්වා. දැන් මේ පොඩි ස්වාමීන් වහන්සේ එහෙම කර කර ඉන්නවා. නමුත් කිලිටි අත්හරිනවා කියනකොට කිලිටි වෙනවා. "කිලිටි අත්හරිනවා කිය කියානේ මං අතගෑවේ. හැබැයි මේක

කිලිටි වෙනවානේ." මෙයාගේ සිත දැඩිලෙස මේකට යොමු වුණා. ඒ වෙලාවේ බුදුරජාණන් වහන්සේ එයාගේ සිත දියුණු වෙන ආකාරයට දහම් කරුණු දේශනා කළා. සුළු වෙලාවකින් රහතන් වහන්සේ නමක් බවට පත්වුණා. බලන්න, අවබෝධ කිරීමේ හැකියාව වැහිලා තිබුණ හැටි. වෙන කාටද ඒක මතුකරලා ගන්න පුළුවන්?

අපටත් මේ ජීවිතය අවබෝධ කරන්න තියෙන අවස්ථා, කුසලතා කොච්චර නම් වැහිලා ඇද්ද? කවුරු නම් දනිත්ද මේක අවුස්සලා ගන්න? ඔන්න වෙනස.

මේ චූල පන්ථක ස්වාමීන් වහන්සේ තමයි මනෝමය ශරීර මවන භික්ෂූන් අතරින් අග්‍ර වුණේ. අයියා ස්වාමීන් වහන්සේ මේක දන්නේ නෑ. අයියා හිතුවේ ගෙදර ගිහිල්ලා කියලයි. ඉතින් එදා ස්වාමීන් වහන්සේලා ඔක්කොම දානෙකට වැඩියා. බුදුරජාණන් වහන්සේ වදාළා "එක නමක් අඩුයි..." දැන් කවුරුවත් මෙයා ඉන්න බව දන්නේ නෑ. එක පුද්ගලයෙකුට කිව්වා "ගිහිල්ලා බලන්න විහාරයේ ඉන්නවා තව ස්වාමීන් වහන්සේ නමක්."

එක නමකට දහස් නමක්...

දැන් ඉතින් මෙයා බලන්න ගියා. යනකොට එකම වගේ හාමුදුරුවරු දාහක් ඉන්නවා. අතු ගානවා, සක්මන් කරනවා, භාවනා කරනවා. අරයා ආයේ හති දාගෙන දුවගෙන ආවා. ඇවිල්ලා "ස්වාමීනී භාග්‍යවතුන් වහන්ස, මේ දැන් දහස් නමක් වැඩලා ඉන්නවා" කියලා කිව්වා. බුදුරජාණන් වහන්සේ වදාළා, "ඔබ ආයෙත් ගිහිල්ලා නම අහන්න. නම අහලා ඉස්සර වෙලාම නම කියන කෙනාගේ සිවුරු පොට අල්ලන්න." ඉතින් මෙයා ගිහිල්ලා "කවුද චුල්ලපන්ථක ස්වාමීන් වහන්සේ?" කියලා ඇහුවා. ඒ

වෙලාවේ දහස් නමම "මමයි... මමයි..." කියලා ඉස්සරහට ආවා. ඉස්සර වෙලාම 'මමයි' කියපු ස්වාමීන් වහන්සේගේ සිවුරෙන් ඇල්ලුවා. අල්ලපු ගමන් අනිත් නමසිය අනූනව නමම නැතුව ගියා.

"අනේ ස්වාමීනී, දානෙට වඩින්න" කිව්වා. "හා හොඳයි. මං එන්නම් උපාසක මහත්මයා යන්න" කිව්වා. බුදුරජාණන් වහන්සේ මේ ස්වාමීන් වහන්සේට ආසනයක් වෙන් කරලා තිබුණා. ඔන්න භික්ෂුවක් පොළොවෙන් උඩට මතුවෙලා වාඩිවුණා.

මේ අපි කතා කළේ ශ්‍රාවකයෙකුගේ ඉර්ධියක්නේ. එහෙම නම් ශාස්තෘන් වහන්සේගේ ඉර්ධිබලය කොහොම ඇද්ද? අපට නම් වර්තමානයේ කවුරු හරි අළු චුට්ටක් මැව්වත් මහා හාස්කමක්නේ. කවුරු හරි කෙනෙක් ඒ වගේ අළු ටිකක් මැව්වොත්, මලක් වැටුණොත් අපට නිකං මහා අද්භූත දෙයක්. නිකං කරකෝලා දම්මා වගෙයි. නමුත් මේ වගේ ඍද්ධි බලන්න ඒ කාලයේ මිනිස්සු කොච්චර වාසනාවන්තද? මේ කියන්නේ ශාස්තෘන් වහන්සේගේ ඍර්ධියක් නෙවෙයිනේ. ශ්‍රාවකයන් වහන්සේ නමක්. බලන්න, පුහුණු කරන ලස්සන.

සැබෑ හික්මීම කියන්නේ මේවාටයි...

එක තැනක සඳහන් වෙනවා ස්වාමීන් වහන්සේලා තිස් නමක් වනාන්තරේ ඉඳලා බුදුරජාණන් වහන්සේ ළඟට වඩිනවා. උන්වහන්සේ හිතනවා "මේ තිස් නමගේ මනස දැන් හොඳට මෝරලා තියෙන්නේ. මේ වාඩිවෙලා ඉන්න තැනම අරහත්වයට පත්වෙන්න දේශනාවක් කරන්න ඕන." දැන් උන්වහන්සේ මේ හැම කෙනෙකුගේම හිත දකිමින් තමයි දේශනාව කරන්නේ.

දේශනාව ඉවර වෙනකොට ඒ තිස් නමම අරහත්වයට පත්වුණා. 'අනුත්තරෝ පුරිසදම්මසාරථී.' අන්න ඒවටයි හික්මවනවා කියන්නේ.

සමහර විට අපි බුදුරජාණන් වහන්සේ ජීවමානව වැඩහිටපු කාලයේ හිටියා නම් මෙතැනින් කී දෙනෙක් නම් රහතන් වහන්සේලා වෙලා ඇද්ද? අපි ඒක දන්නේ නෑ. දැන් අපේ වාසනාව වැහිලා තියෙන්නේ. මේ ජීවිතේදීවත් අපි මේ පොඩ්ඩ අල්ල ගත්තේ නැත්නම්, ආයේ කවදා නම් මේ වගේ අවස්ථාවක් ලැබෙයිද කියලා කියන්න බෑ.

දෙව් මිනිසුන්ගේ උත්තම ශාස්තෲන් වහන්සේ...

ඊළඟට **'සත්ථා දේවමනුස්සානං.'** බුදුරජාණන් වහන්සේ දෙවියන්ගේත් මිනිසුන්ගේත් ශාස්තෲන් වහන්සේ. 'සත්ථා' කියන වචනයත්, 'ශාස්තෲ' කියන වචනයත් පැරණි ඉන්දියානු වචන. ඔබ ගැල් කියන වචනය අහලා තියෙනවා නේද? ගැල් කියන්නේ කරත්තවලට. ඒ කාලයේ රාත්‍රී කාලයේ ගැල් පන්සීය දාහ යනවා. දවල් කාලයේ යන්න බැහැ, රස්නෙ වැඩියි. ඉස්සර වෙලාම කරත්තේ යන කෙනා ආකාසේ තරුවලින් තමයි පාර සලකුණු කරගන්නේ. එතකොට එයාට හරියටම කරන්න පුළුවන්. ඒ ගැල් මෙහෙයවන කෙනාට 'ශාස්තෲ' කියලා කියනවා. එයා හිටියේ නැත්නම් කාන්තාරයෙන් එතෙර වෙන්න බැහැ. ඒවා දන්න බොහෝම දක්ෂ මිනිස්සු ඉන්නවා. ඒ වගේ කෙනෙක් ගමන මෙහෙයවන්නේ. (සත්පු) ගැල් නායකයා තමයි ඒක කරන්නේ.

බුදුරජාණන් වහන්සේත් 'සසර' නැමැති කතරින් එතෙර වෙන්න පාර කියනවා. ඒකටයි 'ශාස්තෲන් වහන්සේ' කියලා කියන්නේ. සසරින් එතෙර වෙන්න පාර පෙන්නූ

නිසයි අපි අපේ ශාස්තෘන් වහන්සේ කියන්නේ. එතකොට උන්වහන්සේ දෙවියන්ටයි, මිනිසුන්ටයි ශාස්තෘන් වහන්සේ. එහෙම නම් අපි මතක තියාගන්න ඕන, බුදුරජාණන් වහන්සේ නමක් පහළ වෙන්නේ මිනිස්සුන් විතරක් සසර දුකින් මුදවන්න නෙවෙයි. මිනිස්සු, දෙවියන්... ඒ සියලු දෙනාම සසර දුකින් මුදවන්නයි.

දෙව්ලොව ගිහින් ඵලක් නැති වේද...?

එහෙම නම් අපට තේරුම් ගන්න පුළුවනි, ආර්ය අෂ්ටාංගික මාර්ගයේ හැසිරෙන්න මනුෂ්‍යයන්ටත් පුළුවන්කම තියෙනවා, දෙවියන්ටත් පුළුවන්කම තියෙනවා. මේක දන්නේ නැති අය තමයි 'දිව්‍ය ලෝකයේ ගිහින් වැඩක් නෑ' කියලා කියන්නේ. 'ඇයි ඒ?' කියලා ඇහැව්වම එක්කෝ 'සැප වැඩියි' කියනවා. ඊළඟට 'පින් කරන්න බැහැ' කියලා කියනවා. හරියට මෙහෙ පින් කරනවා වගේ. ඔය ඔහේ මොකක් හරි කියවනවා. ඒකේ තේරුම දන්නේ නැතිකම.

චාතුම්මහාරාජික දිව්‍ය ලෝකයේ ඉඳලා අකණිට්ඨා බඹලොව දක්වා ඉන්න සියලු දෙවියන්ට මාර්ගඵල ලබන්න පුළුවන්. දැනුත් ගණනින් කියන්න බැරි මාර්ගඵල ලාභීන් පිරිසක් ඉන්නවා. ධම්මචක්ක පවත්තන සූත්‍රයේ තියෙනවානේ ඒ දිව්‍ය ලෝක විසි දෙකකින් දෙවිවරු ඇවිල්ලා බණ අහල මාර්ගඵල ලැබුවා කියලා. අදටත් දෙවිවරුන්ට මාර්ගඵල ලබන්න පුළුවන්. මනුස්ස ලෝකයේ ඒ වාසිය නැති තරමයි. මොකද, අද මනුෂ්‍ය ලෝකයේ ධර්මය කියන අය ඇත්තෙත් නෑ. කියන කෙනෙකුට කියන්න දෙන්නෙත් නෑ. ඒකටත් අකුල් හෙලනවා. ඒ නිසා මනුස්ස ලෝකයේ හරිම කරදරයි. මේක කරන්න අමාරුයි. ඒකට හේතුව තමයි, සම්මා දිට්ඨිය තියෙන අය, පින් පව්

විශ්වාස කරන අය අඩුයි. එහෙම අය දිව්‍ය ලෝකයේ යන්නේ නෑනේ. දිව්‍ය ලෝකයේ යන්නේ හොඳට පින් කරපු අය.

සුගති උපත අති දුෂ්කරයි...

ඔබට හිතෙනවා ඇති දිව්‍ය ලෝකයේ යන එක ලේසියි කියලා. නෑ.... මනුෂ්‍ය ලෝකයට එන්නත් ලේසි නෑ. දිව්‍ය ලෝකයට යන්නත් ලේසි නෑ. දෙකම අමාරුයි. එතකොට මනුෂ්‍ය ලෝකයේ හෝ දිව්‍ය ලෝකයක ඉපදුණොත් ඒ මනුෂ්‍යයන්ටයි, දෙවියන්ටයි සංසාරෙන් එතෙර වෙන්න පුළුවන්. මාර්ගඵල අවබෝධ කරන්න පුළුවන්. ඒ වගේම ඔබට හිතෙන්න පුළුවන් 'ඒ වුණාට දිව්‍ය ලෝකයේ සැප වැඩියිනේ...' කියලා. එහෙම එකක් නෑ. මේ මනුෂ්‍ය ලෝකයෙත් සැප තියෙනවානේ. මිනිස්සු මනුෂ්‍ය ලෝකයේ සැපට මුලාවෙනවා වගේම දෙවියන් දිව්‍ය සැපයටත් මුලාවෙනවා.

මනුෂ්‍ය ලෝකය තුළ බුදුරජාණන් වහන්සේගේ ධර්මය කතා කළාම නුවණ තියෙන කෙනා අවබෝධ කරගන්නවා. (දුක් විඳින කෙනා නෙවෙයි, නුවණ තියෙන කෙනා අවබෝධ කරගන්නවා.) දිව්‍ය ලෝකයෙත් බුදුරජාණන් වහන්සේගේ ධර්මය කතා කළාම නුවණ තියෙන දෙවියන් අවබෝධ කරගන්නවා. බුදුරජාණන් වහන්සේට දෙවියන්ගේත්, මිනිසුන්ගේත් ශාස්තෘන් වහන්සේ කියලා කියන්නේ ඒ නිසයි.

බුදුසසුනේ පිහිට ලද දෙව්ලොව අසිරිය...

බුදුරජාණන් වහන්සේ දෙවිවරුන්ට කළ ධර්ම දේශනා සංයුත්ත නිකායේ මුල් කොටසේ හරි ලස්සනට තියෙනවා. ශක්‍ර දෙවියන්ට ධර්මය දේශනා කරපු

ආකාරය 'සක්කපඤ්හ' සූත්‍රයේ තියෙනවා. ශක්‍ර දෙවියෝ බුදුරජාණන් වහන්සේ ළඟට පැමිණිලා, ධර්මය අහලා තෙරුවන් සරණ ගියා. ඒ මොහොතේම චුතවුණා. ඒ මොහොතේම ආයෙමත් ශක්‍රයා වෙලා උපන්නා. ඊට පස්සේ ශක්‍ර දෙවියෝ කියනවා "මම භාග්‍යවත් බුදුරජාණන් වහන්සේ සරණ ගියපු නිසා මම මෙතැන චුතවෙලා, ආයෙමත් මෙතැනටම ආවා" කියලා. ඒ කියන්නේ මේ කතා කර කර ඉන්දැද්දි චුතවෙලා ඒ වෙලාවේම එතැනම ඕපපාතිකව ඉපදිලා.

බිම්බිසාර රජ්ජුරුවෝ මරණයට පත්වෙලා උපන්නේ 'ජනවසභ' කියලා දිව්‍යරාජයෙක් වෙලයි. පස්සේ බුදුරජාණන් වහන්සේව මුණ ගැහුණා. ඒ වගේම අනාථපිණ්ඩික සිටුතුමත් දිව්‍ය රාජයෙක් වෙලයි ඉන්නේ.

පින් කළ කෙනා පරලොවත් සතුටු වෙයි...

එක තැනක තියෙනවා, විශාඛා මහෝපාසිකාව කළ පූර්වාරාම පූජාව බලාගෙන සතුටුවෙලා එයාගේ යෙහෙළියක් 'තව්තිසා' කියන දිව්‍ය ලෝකයේ උපන්නා. දවසක් මුගලන් මහරහතන් වහන්සේ එයාගෙන් ඇහුවා "ඔයා කොහොමද මේ දිව්‍ය ලෝකයේ උපන්නේ?" කියලා.

"අනේ ස්වාමීනී, විශාඛාව මගේ යෙහෙළියක්. ඇය බුදුරජාණන් වහන්සේ ප්‍රමුඛ මහා සංඝයාට ආරාමයක් හදලා පූජා කළා. මට හරි සතුටුයි. මම ඒක අනුමෝදන් වුණා. මට වෙන පිනක් කරගන්න හම්බ වුණේ නෑ. මම මේ දිව්‍ය ලෝකයේ උපන්නේ ඒ පිනෙන්." බලන්න පින අපේ ජීවිතවලට සම්බන්ධ වෙන හැටි.

එහෙම නම් දිව්‍ය ලෝකයේ ඉන්නේ මනුෂ්‍ය ලෝකයේ ඉද්දී ගොඩාක් පින් කරපු අය. බුදුරජාණන්

වහන්සේ දිව්‍ය ලෝකවල ආයුෂ පවා විස්තර කරනවා. මට මතක හැටියට මිනිස් ආයුෂ අවුරුදු හාරසියයක් තුසිත දිව්‍ය ලෝකයේ එක දවසයි. එතකොට ඒ ලෝකයට බුදුරජාණන් වහන්සේ පිරිනිවන් පාලා තවම දවස් හයයි හතයි.

ආත්මභාව හතකින් නිදහස් වෙන්න පුළුවන්...

අපි නුවණින් කල්පනා කරල බැලුවොත්, කෙනෙකුට ගෞතම බුද්ධ ශාසනය මුණගැසුනට පස්සේ එයාට ආත්මභාව තුන හතරකින් සංසාරයෙන් මිදෙන්න පුළුවන්. ඒ වගේ උතුම් අවස්ථාවක් තමයි අපි අපේ මේ පණ්ඩිතකම් නිසා අහිමි කරගන්නේ. එහෙම නැතුව අපි මේ අවස්ථාව හරියටම අල්ලා ගත්තොත්, බුදුරජාණන් වහන්සේ ගැන සිත පහදවා ගත්තොත් කවුරු මොනවා කිව්වත් තමන් ඒ මාර්ගයේ යනවා. ඒක තමයි වැදගත්ම කාරණය. දැන් අපි කතා කළේ (**සත්ථා දේවමනුස්සානං**) දෙවියන්ගේත්, මිනිසුන්ගේත් ශාස්තෲන් වහන්සේ කියන බුදු ගුණය ගැනයි.

ඊළඟ සම්බුදු ගුණය 'බුද්ධ.' බුද්ධ කියන්නේ අවබෝධ කරගත් දේ අන් අයටද අවබෝධ කරවන නිසයි. බුදුරජාණන් වහන්සේ චතුරාර්ය සත්‍යය ධර්මය අවබෝධ කරගත්තා. පළමු වෙනි දේශනාවේ ඉඳලාම ප්‍රතිඵල ලැබුණා. පළමු වැනි දේශනාවේදී දිව්‍ය ලෝක විසි දෙකක දෙවිවරු අවබෝධ කරගත්තා. මනුෂ්‍ය ලෝකයෙන් කොණ්ඩඤ්ඤ ස්වාමීන් වහන්සේ සෝවාන් වුණා. එතැන ඉඳලාම ප්‍රතිඵල ලැබුණා.

කෝටි පහක් මගඵල ලාභීන්...

උන්වහන්සේගේ දෙවැනි දේශනාව තමයි 'අනාත්ම

ලක්ඛණ සූත්‍රය.' ඒ දේශනාව අහලා අර පස් නමම අරහත්වයට පත්වුණා. ඊට පස්සේ මේ ධර්මය ටික ටික පැතිරෙන්න පටන් ගත්තා. විශාල පිරිස්, දහස් ගණනින් එනවා. ධර්මය අහගෙන ඉන්න කොට අවබෝධ වෙනවා. සැවැත් නුවර විතරක් ඒ කාලයේ හත් කෝටියක ජනකායක් ඉඳලා තියෙනවා. ඒකෙන් කෝටි පහක් මාර්ගඵල ලාභීන්.

ලංකාවේ සුනාමියක් වුණා. ලක්ෂයක් විතර එකපාර මැරුණනේ. මාර්ගඵල ලාභීන් එක්කෙනෙක් සොයාගන්න පුළුවන්ද? බලන්න තත්වය. ශාසනය පිරිහීම කියන්නේ ඒකයි. බුද්ධ ශාසනය බබලනවා කියන්නේ සෝවාන් වූ අය, සකදාගාමී වූ අය, ඒ වගේ මාර්ග ඵලලාභීන් සිටීමයි. වෙන කිසිම ක්‍රමයකින් බුද්ධ ශාසනය බබලනවා කියලා කියන්න බැහැ.

එතකොට බුදුරජාණන් වහන්සේ අවබෝධ කරගත් ධර්මය අනිත් අයටත් දේශනා කළා. උන්වහන්සේ ධර්මය දේශනා කළේ හරි සරල පැහැදිලි සුන්දර වචනවලින්. උන්වහන්සේට බ්‍රාහ්මණ අය පවා හරියට ප්‍රශංසා කරලා තියෙනවා. දීඝ නිකායේ එවැනි සූත්‍ර බොහොමයක් හම්බවෙනවා. බුදුරජාණන් වහන්සේ ලස්සනට කතා කරන කෙනෙක්... කවුරුහරි උන්වහන්සේ ළඟට ආවාම උන්වහන්සේ ධර්ම කතා කරලා එයාව සතුටු කරනවා... කියලා ඒවායේ සඳහන් වෙනවා.

මානත්තද්ධගේ මාන්නය සිඳුණු හැටි...

'මානත්තද්ධ' කියලා බමුණෙක් හිටියා. මානත්තද්ධ කියන්නේ එයාට ලැබුණු අන්වර්ථ නාමයක් වෙන්න ඇති. ඒ කියන්නේ කිසි කෙනෙකුට ගෞරව කරන්නේ නෑ.

අම්මට, තාත්තට, යාළුවන්ට, නෑදෑයින්ට, කාටවත් ගෞරව කරන්නේ නෑ. අපි සාමාන්‍යයෙන් සිංහලෙන් කිව්වොත් 'මානත්තද්ධ' කියන ඒකේ තේරුම 'මානතදයා'. 'තද්ධ' කියන්නේ තද.

මෙයාට බුදුරජාණන් වහන්සේ තමන්ගේ ගමට වැඩියා කියලා ආරංචි වුණා. මෙයා කල්පනා කළා 'හරි, බුදු කෙනෙක් නම් මා එක්ක කතා කරන්නේ නැතැයි. මමත් යනවා බලන්න.' ඉතින් මෙයත් ගියා. මෙයා ගිහිල්ලා ඉණට අත්දෙක තියාගෙන බුදුරජාණන් වහන්සේ දිහා බලාගෙන ඉන්නවා.

දැන් බුදුරජාණන් වහන්සේ මෙයාව නොදැක්කා වගේ හිටියා. බලන්න ඒ දක්ෂකම... මිනිස්සු ඇවිල්ලා කතා කරනවා, ධර්මය අහනවා... දැන් මෙයත් අහගෙන ඉන්නවා. මිනිස්සු ඔක්කෝම ගියා. මෙයා හිතුවා "මෙයා විශේෂ කෙනෙක් නෙවෙයි. වෙන්න බැහැ" කියලා. මෙයා යන්න හැරුණා. වැන්දේ මුකුත් නෑ. බුදුරජාණන් වහන්සේ මෙයා හැරිලා පියවර දෙකක් විතර යනකම් හිටියා.

මඟ හැරී ගිය සුන්දර යුගය...

බුදුරජාණන් වහන්සේ අහනවා "ඔහොමද තමන් ආපු කාරණය ඉෂ්ට කරගෙන යන්නේ?" බලන්න ඒකෙ ලස්සන? අහපු ගමන් මෙයාට 'බුදුරජාණන් වහන්සේ මාව දැක්කා...' කියලා තේරුණා. එතැනම ඇදගෙන වැටුණා. බුදුරජාණන් වහන්සේගේ පැත්තට හැරිලා උන්වහන්සේගේ සිරිපතුල් අල්ලගෙන බිම දිගාවෙලා "ස්වාමීනී, මට තමයි මානතදයා කියන්නේ... මට තමයි මානතදයා කියන්නේ..." කියලා වඳින්න පටන් ගත්තා.

අනිත් කට්ටිය ඔක්කොමත් මොකක්ද මේ සිද්ධිය කියලා බලන්න ළඟට පිරුණා. බැලුවහම පුදුමයි. කාගෙවත් කීමක් අහපු නැති, කාටවත් දමනය වුණේ නැති මේ පුද්ගලයා දැන් බුදුරජාණන් වහන්සේ ඉදිරියේ කුඩා දරුවෙක් වගේ පෙරලිලා ඉන්නවා.

බුදුරජාණන් වහන්සේ "හා... හා... දැන් ඉතින් නැගිටින්න" කියලා ධර්මය කිව්වා. 'බුද්ධ' කියන්නේ ඒකයි. අවබෝධ කරගත් දේ අනිත් අයට අවබෝධ කරවනවා. මොකක් හරි අවාසනාවකට අපට ඒ යුගය මගහැරිලා ගියා. මේ අවස්ථාවේදීවත් අපි මගහැර ගන්නේ නැතුව ධර්මය චුට්ටක් හරි අල්ලා ගනිමු.

සියලු ගුණ දැරීමට තරම් භාග්‍යවන්තයි...

ඊළඟ බුදුගුණය තමයි '**භගවා.**' බුදුරජාණන් වහන්සේට ශ්‍රාවකයන් ආදරෙන් කතා කරපු වචනයක් තමයි, 'භාග්‍යවතුන් වහන්සේ' කියලා කියන්නේ. 'භගවා' කියන එක ඉන්දියාවේ සමාජයට කොච්චර වැදුණද කියන්නේ, ඉන්දියානුවෝ අදටත් හැම දෙවිවරුන්ටම කියන්නේ 'භගවාන්' කියලයි. (භගවාන් ක්‍රිෂ්ණ... භගවාන් ගනේෂ්... භගවාන් විෂ්ණු...) නමුත් 'භගවාන්' කියන්නේ බුදුරජාණන් වහන්සේට පාවිච්චි කරපු නමක්. භගවා කියන්නේ මේ සියලු ගුණ දරන්නට තරම් 'භාග්‍යවන්ත' වූ නිසයි. රාගාදී සියලු කෙලෙස් නැත්තට නැති කරපු නිසයි. මේ තුන් ලොව එළිය කරන ප්‍රඥාවෙන් යුක්ත නිසයි. මහා කරුණාවෙන් යුතුව මේ ලෝකයට යහපත සැලසූ නිසයි.

ඉතින් අපි බුදුරජාණන් වහන්සේගේ මේ බුදු ගුණ නවය දන්නේ නැතුව, "**බුද්ධං සරණං ගච්ඡාමි**" කියලා

දවස පුරාම ජප කළත් "මම මේ සරණ යන්නේ අසවල් අසවල් ගුණ තියෙන කෙනා" කියලා අපේ හිතට යන්නේ නෑනේ. ඉතින් එහෙනම් අපි මේවා දන්නේ නැත්නම් ශ්‍රද්ධාව ඇති කරගන්නේ කොහොමද?

ශ්‍රද්ධාව පිහිටියොත් සිහිය උපදිනවා...

මම තේරුම් ගත්ත දෙයක් තමයි, කෙනෙකුට ශ්‍රද්ධාව පිහිටියොත් එයාට ශ්‍රද්ධාව ගැන සිහිය තියෙනවා. ඒ කියන්නේ මොනම ප්‍රශ්නයක් සිදුවුණ වෙලාවකවත්, මොනම කරදරයක් සිදුවුණ වෙලාවකවත්, මොනම කලබලයක් සිදුවුණ වෙලාවකවත් එයාගේ කටින් ඒ ශ්‍රද්ධාවට හානි වෙන වචනයක් පිටවෙන්නේ නෑ. මොකද, එයාට ඒ ශ්‍රද්ධාව පිළිබඳ සිහිය තියෙනවා. ඒක තමයි ශ්‍රද්ධාවට පැමිණීමේ තියෙන විශේෂත්වය. එයා බුදුරජාණන් වහන්සේගේ ධර්මය තමන්ගේ දෙයක් හැටියට හුවා දක්වන්න යන්නේ නෑ. එයා මේ ධර්මය "බුදුරජාණන් වහන්සේගේ දෙයක්මයි" කියලා මතුකරලා දෙනවා. ඒක ශ්‍රද්ධාවන්තයා කරන එකක්මයි.

ශ්‍රද්ධාව නැතිකෙනා ධර්මය ඉගෙන ගෙන ඉවර වෙලා බුදුරජාණන් වහන්සේගේ ධර්මයේ නාමයෙන් තම තමන්ගේ මත කියාගෙන යනවා. එහෙම අය ඉන්නවා. ඒ ශ්‍රද්ධාව නැතිකම. ශ්‍රද්ධාව තියෙන කෙනා එහෙම කරන්නේ නෑ.

සියලු සුභාෂිත බුදුරජාණන් වහන්සේගෙයි...

දවසක් උත්තර කියන රහතන් වහන්සේ ශක්‍ර දෙවියොත් එක්ක ධර්ම සාකච්ඡාවක් කළා. ශක්‍ර දේවේන්ද්‍රයා මේ සාකච්ඡාවට හරියට පහදිනවා. පැහැදිලා "මේ

ස්වාමීන් වහන්සේ කියපු ධර්මය හරි අගෙයි. මේ ධර්මය ඔබවහන්සේටම අවබෝධ වුණ එකක්ද? නැත්නම් වෙන කෙනකුගේ එකක්ද?" කියලා අසා සිටියා. එතකොට මේ රහතන් වහන්සේ කියනවා "දේවේන්ද්‍රය, මේ ලෝකයේ යම්කිසි සුභාෂිත (යම් සුන්දර අදහස්, වචන) ඇද්ද, ඒ සියල්ල භාග්‍යවත් අරහත් සම්බුදුරජාණන් වහන්සේගේ වචනයි. අපි කතා කරන්නේ ඒවා උපුටා අරගෙනයි."

උත්තර රහතන් වහන්සේ ඒ සඳහා උපමාවක් කිව්වා. "ඔන්න තැනක ධාන්‍ය කන්දක් තියෙනවා. මනුෂ්‍යයෙක් භාජනයක් අරගෙන ගිහිල්ලා මේ ධාන්‍ය කන්දෙන් පුරවාගෙන අරගෙන එනවා. තව කෙනෙක් 'කොහෙන්ද ඔයාට මේවා?' කියලා අහනවා. එතකොට අර කෙනා නිහතමානීව 'අන්න අසවල් තැන ධාන්‍ය කන්දක් තියෙනවා. මං එකෙන් තමයි මේ අරගෙන එන්නේ' කියලා කියනවා. ඒ වගේ තමයි, බුදුරජාණන් වහන්සේ ජීවිතය ගැන කියන මේ ධර්මය. අපි කතා කරනවා නම්, ඒ කතා කරන්නේ ඒ බුදුරජාණන් වහන්සේගේ ධර්මය උපුටා අරගෙනයි." ශ්‍රද්ධාවන්ත කෙනෙකුට මේ ලක්ෂණය තියෙන්න ඕන.

අනේ වාසනාවන්...!

පිරිස තරහා වෙන නිසා අපි 'ශ්‍රද්ධාවන්ත පින්වතුනි' කියලා කියනවා තමයි. නමුත් නියම ශ්‍රද්ධාව එන්නේ මේවා තේරුම් ගැනීමෙන් විතරයි. එහෙම නැතුව නියම ශ්‍රද්ධාව ඇතිවෙන්නේ නෑ. නියම ශ්‍රද්ධාව ඇතිවෙන කෙනාට කොහෙන් හරි බුදුරජාණන් වහන්සේගේ නියම පිරිසිදු බුද්ධ වචනයක් ඇහෙනවාද, "අනේ! වාසනාවක්..." කියලා අනුමෝදන් වෙනවා.

අද අපි කතා කළේ 'අභිසන්ද' සූත්‍රයේ එක කොටසක්. අභිසන්ද සූත්‍රය බුදුරජාණන් වහන්සේ සැවැත් නුවර ජේතවනාරාමයේදී දේශනා කරපු සූත්‍රයක්. බුදුරජාණන් වහන්සේ ඒ සූත්‍රයේදී දේශනා කළා "පින්වත් මහණෙනි, සැපයට ආහාර වන, සැපය පෝෂණය වන කරුණු හතරක් තියෙනවා, එය (**පුඤ්ඤාභිසන්ද, කුසලාභිසන්ද, සුඛස්සාහාරා**) සැපය ඇතිකර දෙන පුණ්‍ය ගංගාවක්, කුසල ගංගාවක්."

සැපයට ආහාර වන පළමු කරුණ...

අද අපි ඉගෙන ගත්තේ එයින් පළමුවන කාරණය ගැනයි. ඒ තමයි "(**ඉධ භික්ඛවේ අරියසාවකෝ, බුද්ධේ අවෙච්චප්පසාදෙන සමන්නාගතෝ හෝති. ඉතිපි සෝ භගවා අරහං...**) මහණෙනි, ආර්ය ශ්‍රාවකයා බුදුරජාණන් වහන්සේ කෙරෙහි අවෙච්ච ප්‍රසාදයෙන් යුක්තයි." නොසැලෙන ප්‍රසාදයෙන් යුක්ත වෙන්නේ කොහොමද කියලා දැන් ඔබට තේරෙනවද?

අපි පිරිසිදු ධර්මය දන්නවා කියන්නේ ඒකටයි. බුද්ධානුස්සතිය වඩන කොට අපි මේ අර්ථ ටිකනේ කතා කළේ. අපි මේ අර්ථ ඔක්කෝම හිතට ගන්න ඕන. ඊට පස්සේ "මාගේ ස්වාමී වූ භාග්‍යවතුන් වහන්සේ අරහං වන සේක... සම්මා සම්බුද්ධ වන සේක... විජ්ජාචරණ සම්පන්න වන සේක... සුගත වන සේක.. ලෝකවිදූ වන සේක... අනුත්තරෝ පුරිසදම්මසාරථී වන සේක... සත්ථා දේවමනුස්සානං වන සේක.. බුද්ධ වන සේක... භගවා වන සේක..." ආදී වශයෙන් චිත්ත ප්‍රසාදයෙන් යුක්තව මේ ගුණ සිහිකරන්න ඕන. මේ විදිහට ගුණ සිහිකිරීම තමයි 'බුද්ධානුස්සති' වෙන්නේ.

අර්ථ මෙනෙහි නොකළොත් ඒක ජපයක්...

අපි අර්ථ ගැන මෙනෙහි කරන්නේ නැතුව බොහෝ වාරයක් "**ඉතිපි සෝ භගවා අරහං සම්මාසම්බුද්ධෝ**" කියලා කියනවා කියමුකෝ. ඒක ජපයක්. ඒ තුළින් වුණත් යම් යහපතක් වෙන්න පුළුවන්. එය සමහර විට අපේ සිත තැන්පත් වෙන්න උපකාර වෙන්න පුළුවන්. නමුත් හිත පහදින්න නම් එකක් එකක් ගානේ මෙනෙහි කරන්න ඕන. ඒකටයි 'බුද්ධානුස්සතිය' කියන්නේ. අනුස්සති කියන්නේ සිහිකිරීම. එතකොට බුදුරජාණන් වහන්සේ ගැන සිහිකිරීමටයි බුද්ධානුස්සති කියන්නේ.

ඒ විදිහට "මා සරණ ගිය බුදුරජාණන් වහන්සේ මේ මේ ගුණයන්ගෙන් යුක්තයි..." කියලා භගවා ගුණයට යනකම් සිහිකළ යුතුයි. ආයෙමත් මුලට අරගෙන ඉවර වෙනකම් හිතනවා. ආයෙමත් මුලට ගන්නවා. ආයෙමත් ඉවර වෙනකම් හිතනවා. අන්න ඒකට තමයි 'බුද්ධානුස්සති භාවනාව' කියලා කියන්නේ. යම් කෙනෙක් ඒ විදිහට බුද්ධානුස්සති භාවනාව වඩනවා නම් ඒ වෙලාවේ එයාට පවත්වන්නේ පිරිසිදු සිතක්. මේ හිත, හිතන දේට අනුව තමයි සකස් වෙන්නේ.

අපි මෙහෙම කියමු. ඔබට තරහාකාරයෙක් ඉන්නවා. ඔබ "මට අරයා මේක කළා... අරක කළා..." කියලා හිතනවා. මෙහෙම හිතන කොට ඔබට නූපන් තරහා උපදිනවානේ. උපන් තරහත් වැඩිවෙනවා. එහෙම නම් අපට පේනවා තරහා ඇතිවෙන අරමුණක් සිතුවොත් සිත කිලිටි වීම සිද්ධ වෙනවා. ඒ වගේම සංසිඳෙන අරමුණක් සිතුවොත් සිත සංසිඳෙනවා.

සිහිකිරීම් අතර අග්‍රම දෙය...

සිතන දේවල් අතරින් අග්‍රම දේ බුදුරජාණන් වහන්සේ ගැන සිතීමයි. අපි ක්‍රීඩකයෙක් ගැන, නළුවෙක් ගැන, නිළියක් ගැන, චිත්‍රපටියක් ගැන, සරාගී දෙයක් ගැන හිතුවොත් අපේ හිත ඒකට ඇලෙන්න පුළුවන්. ඒකම මතක් වෙන්න පුළුවන්. මතක් වුණා කියලා ඒ හේතුවෙන් අපේ සිතේ කිලිටි වීමක් මිසක් පිරිසිදු වීමක් ඇතිවෙන්නේ නෑ.

නමුත් අපි බුද්ධානුස්සති භාවනාව ගැන කල්පනා කරගෙන ඒ බුදු ගුණ ගැන හිතන්න හිතන්න අපට බුදුරජාණන් වහන්සේ කෙරෙහි පැහැදීමක් ඇතිවෙනවා. සංසිඳීමක් ඇතිවෙනවා. සැනසීමක් ඇතිවෙනවා. බුදුරජාණන් වහන්සේ පෙන්වා දෙනවා, ඒක පිනක් කියලා. ඒක නිකම් පිනක් නෙවෙයි, **(පුඤ්ඤාභිසන්ද)** පුණ්‍ය ගංගාවක්. **(කුසලාභිසන්ද)** කුසල ගංගාවක්. එහෙනම් අද අපි ඉගෙන ගත්තේ පුණ්‍ය ගංගාවක්, කුසල ගංගාවක් තමන්ගේ සන්තානයේ උපදවා ගන්නා ආකාරයයි. අපි මේ විදිහට පුණ්‍ය ගංගාවක්, කුසල ගංගාවක් අපේ සන්තානයේ උපදවා ගත්තොත්, ඒක අපිත් එක්ක යන එකක්.

සාදර ගෞරවයෙන් හදවතේ රැවාගන්න...

දැන් අපි ගත්තොත්, අපි මේ ලෝකයේ සම්බන්ධකම් පවත්වන්නේ මේ ශරීරයත් එක්කනේ. මේ ශරීරය අහිමි වුණ ගමන් අපට මේ ඔක්කෝම අහිමි වෙනවා. නෑදෑයෝ, යහළුවෝ, හිත මිත්‍රයෝ, රැකී රක්ෂා, තනතුරු, සම්මාන, පිළිගැනීම් මේ ඔක්කෝම තියෙන්නේ මේ කයත් එක්කනේ. අපි මරණයට පත්වෙන කොට මේ කය අහිමි වෙනවා. නමුත් අපගේ හදවතේ ඇති කරගන්න දේවල්

අපට හිමිවෙනවා. ඒ අතර අග්‍රම දෙයක් තමයි, බුදුරජාණන් වහන්සේගේ ගුණ ගැන තේරුම් අරගෙන අනුස්සති භාවනාවක් හැටියට සිහි කරන්න පුරුදු කිරීම.

ඒ නිසා අපටද බුදුරජාණන් වහන්සේව ගුණ වශයෙන් හඳුනාගෙන බුදුරජාණන් වහන්සේ කෙරෙහි නොසෙල්වෙන ආකාරයේ පැහැදීමක් ඇතිකර ගන්න වාසනාව උදාවේවා!

සාදු! සාදු!! සාදු!!!

නමෝ තස්ස භගවතෝ අරහතෝ සම්මාසම්බුද්ධස්ස
ඒ භාග්‍යවත් අරහත් සම්මා සම්බුදුරජාණන් වහන්සේට නමස්කාර වේවා!

02.
ශ්‍රී සද්ධර්මය කෙරෙහි නොසෙල්වෙන පැහැදීම

(සංයුත්ත නිකාය 5 - අභිසන්ද සූත්‍රය)

ශ්‍රද්ධාවන්ත පින්වතුනි,

සත්බුදු වන්දනාව බුදුරජාණන් වහන්සේගේ කාලයේ ඉඳලා තිබුණු වන්දනාවක්. මේ ගැන හොඳ සාක්ෂියක් ඔබට දඹදිව ගියපු කාලෙක දකින්න පුළුවනි. ඒ තමයි, සාංචියේ තොරණවල ඒ සත්බුදුරජාණන් වහන්සේලා සම්බුද්ධත්වයට පත් වූ බෝධීන් වහන්සේලා කැටයම් කරලා තියෙනවා. සත්බුදු වන්දනාව ඒ කාලයේ ඉඳලාම තෙරුවන් සරණ ගිය ශ්‍රාවක පිරිස වන්දනාවක් හැටියට පාවිච්චි කරලා තියෙනවා. වන්දනාවකින් කරන්නේ ගුණ සිහිකරලා ගෞරව දැක්වීම. අපි ඒ සත්බුදු වන්දනාවෙන් කරන්නෙත් ඒ බුදුරජාණන් වහන්සේලාගේ ගුණ සිහිකරලා ගෞරව දැක්වීමයි.

සත්බුදුරජාණන් වහන්සේලා කියලා කියන්නේ බුදුරජාණන් වහන්සේලා හත් නමක්. මේ ගැන තොරතුරු

බුදුරජාණන් වහන්සේ විසින්මයි දේශනා කළේ. බුදුරජාණන් වහන්සේලාගේ පහළවීම ඉතාමත්ම දුර්ලභ දෙයක්. ලෝකයේ මනුෂ්‍ය ජීවිතය ලැබීම කොච්චර දුර්ලභයිද කියන එක ගැන අපි දන්නවනේ. ඉතින් මනුෂ්‍ය ජීවිතයක් ලැබීමත් එච්චර දුර්ලභ එකේ, බුදු කෙනෙක් පහළ වීමේ දුර්ලභකම ගැන අපට කිය යුතු නැති තරම්.

බුදුකෙනෙක් පහළ වීමේ දුර්ලභකම ගැන තේරෙන්න නම් අපට ඉස්සෙල්ලා 'කල්පය' කියන වචනය ගැන ඉගෙන ගන්න වෙනවා. කල්පය කියන වචනය ගැන ඔබ අහලා තියෙනවාද? කල්පය කියලා කියන්නේ අති දීර්ඝ කාල පරිච්ඡේදයකට කියන නමක්.

කල්පයකට අවුරුදු කීයද...?

දවසක් ස්වාමීන් වහන්සේ නමක් බුදුරජාණන් වහන්සේගෙන් "ස්වාමීනී භාග්‍යවතුන් වහන්ස, කල්පයකට අවුරුදු කීයක් විතර තියෙනවාද?" කියලා අසා සිටියා. බුදුරජාණන් වහන්සේ පිළිතුරු දුන්නා "මහණෙනි, කල්පයකට අවුරුදු සීයක්, දාහක්, ලක්ෂයක්, කෝටියක් තියෙනවා කියලා අවුරුදුවලින් කියන්න බැහැ. කල්පය කියන කාලය ඒ තරම්ම දිර්ඝයි" කියලා.

"ස්වාමීනී, එහෙම නම් කල්පය කොයිතරම් දිර්ඝයිද කියලා උපමාවක් කියන්න පුළුවන්ද?" "උපමාවක් නම් කියන්න පුළුවන්. ඔන්න සැතපුම් හතක් දිග, සැතපුම් හතක් උස, සැතපුම් හතක් පළල, ලොකු කළු ගලක් තියෙනවා. කෙනෙක් අවුරුදු සියයකට වතාවක් මේ කළු ගල සිනිඳු රෙදි කෑල්ලකින් පිහදානවා. කාලයක් ගියහම ඒ කළු ගල පොළොව මට්ටමට ගෙවෙනවා. පින්වත් මහණෙනි, ඒත් කල්පය ඉවර නෑ."

සියල්ල අනිත්‍ය ධර්මතාවයට යටත්...

බුදුරජාණන් වහන්සේ කාලය ගැන ඔය කියන දේශනාව අපි තේරුම් ගන්නේ කොහොමද? අපට මේ අලුත් ලෝකයේ විස්තර හම්බ වෙන්නේ මිලියන ගණන් වලින්නේ. (පෘථිවිය අවුරුදු මෙච්චර පරණයි... ආදී වශයෙන්) අපට මේක තේරුම් ගන්න බැරි වෙන්නේ ලෝකයේ තියෙන එක දෙයක් නිසයි. ඒ තමයි අනිත්‍යය. ඒ කියන්නේ රොඩු කැල්ලක් පවා සෙයාගන්න බැරි වෙන්නම මේ ලෝකයේ හැමදෙයක්ම අනිත්‍යය වෙලා යනවා. ඒ නිසයි අපට මේ ඉතිහාසය ගැන තොරතුරු බොහොම සීමිත ඥාණයකින් ලැබෙන්නේ.

බුදුරජාණන් වහන්සේ පෙන්වා දෙනවා, "ඔය කියපු කල්පය කියන කාල වගේ ඒවා සියයක් ඇතුළත බුදුරජාණන් වහන්සේලා පහළ වුණේ හත් නමයි." ගෞතම බුදුරජාණන් වහන්සේ මීට අවුරුදු 2635 කට කලින් මිනිස් ලෝකයේ ඉපදුණා. ඒ පටන් මේ දක්වා කෝටි සංඛ්‍යාත ගාණක් මිනිස්සු ඉපදුණා. ඒත් මහා පුරුෂ ලක්ෂණ තිස් දෙකක් තියෙන එක් කෙනෙක් ඉපදුණාද? මිනිස්සු ඉපදිලා මැරිලා යනවා. අඩු ගාණේ සක්විති රජ කෙනෙක්වත් පහළ වෙලා නෑ. එතකොට අපට පේනවා, ඒ වගේ ශ්‍රේෂ්ඨ අයගේ පහළවීම කොයිතරම් දුර්ලභද කියලා. බුදුරජාණන් වහන්සේ තමයි මේ අතීතයේ විස්තර අපට දේශනා කරන්නේ.

අතීතයේ වැළලී ගිය බුද්ධ රාජ්‍යයන්...

බුදුරජාණන් වහන්සේ දේශනා කරනවා, "මීට කල්ප අනූ එකකට කලින් මේ ලෝකයේ '**විපස්සී**' කියලා බුදුරජාණන් වහන්සේ නමක් පහළ වුණා. ඒ බුදුරජාණන්

වහන්සේ පහළ වෙන කාලයේ මිනිසුන්ගේ ආයුෂ අවුරුදු අසූ දාහයි. ඒ විපස්සී බුදුරජාණන් වහන්සේ පහළ වෙලා උන්වහන්සේ පිරිනිවන් පෑවා. කාලයක් යනකොට මිනිස්සු ඒ ධර්මයත් අත්හැරියා. ඒ බුද්ධ ශාසනය නැතිවෙලා ගියා.

ඊට පස්සේ කල්ප හැටක් බුදුවරු නෑ. එතකොට බලන්න, එක කල්පයක බුදුවරයන් වහන්සේ නමක් පහළ වෙලා පිරිනිවන් පෑවා. ඊට පස්සේ කල්ප හැටක් ලෝකයේ බුද්ධ ධර්මය නෑ. බුදු කෙනෙක් විසින් අවබෝධයෙන්ම දේශනා කරන මේ ධර්මය ලෝකයේ නෑ. එහෙම නම් ලෝකයේ වැඩි ධර්මය තියෙන කාල නෙවෙයි, ධර්මය නැති කාලයි. ඒ කල්ප හැට තුළ මිනිස්සු කිසි කෙනෙකුට සතර අපායෙන් එතෙර වෙන්න පුළුවන් වෙන්නේ නෑ. ඒ ධර්මය නැති නිසයි.

බුදුසසුනක දුර්ලභ බව තේරුම් ගන්න...

ඊට කල්ප හැටකට පස්සේ, ඒ කියන්නේ මීට කල්ප තිස් එකකට කලින් '**සිඛී**', '**වෙස්සභූ**' කියලා බුදුරජාණන් වහන්සේලා දෙනමක් පහළ වුණා. සිඛී කියන බුදුරජාණන් වහන්සේ පහළ වෙලා ධර්මය දේශනා කරලා පිරිනිවන් පාලා කාලයක් ගියාම ඒ ශාසනය නැතුව ගියා. ඊට පස්සේ 'වෙස්සභූ' කියන බුදුරජාණන් වහන්සේ පහළ වුණා. උන්වහන්සේත් පහළ වෙලා ධර්ම දේශනා කරලා පිරිනිවන්පාලා කාලයක් ගියාම ඒ බුද්ධ ශාසනයත් නැතුව ගියා.

ආයෙමත් කල්ප තිහක් බුදුවරයන් වහන්සේලා නෑ. ඒ කල්ප තිහ ගෙවුණාට පස්සේ දැන් අපි මේ ගතකරන කල්පය ලෝකයට උදා වුණා. මේ කල්පයට කියන්නේ '**මහා භද්‍ර කල්පය**' කියලයි. මේ කල්පයේ ඉස්සර වෙලාම පහළ

වුණේ '**කකුසඳ**' කියන බුදුරජාණන් වහන්සේ. ඒ කකුසඳ බුදුරජාණන් වහන්සේ පහළ වූ කාලයේ මිනිසුන්ගේ ආයුෂ අවුරුදු හතලිස් දාහක්. ඒ ධර්මයත් අතුරුදහන් වෙලා ගියා. ඊට පස්සේ මේ කල්පයේම **කෝණාගමන** බුදුරජාණන් වහන්සේ පහළ වුණා. ඒ කකුසඳ, කෝණාගමන කියන බුදුරජාණන් වහන්සේලා දෙනමම ඉපදිලා තියෙන්නේ කපිලවස්තු ප්‍රදේශයේමයි. ධර්මාශෝක රජතුමා ඒ තැන්වල කුළුණු පිහිටෙව්වා. දැන් ඒ කුළුණු පැත්තකට කඩා වැටිලා තියෙනවා.

ඊට පස්සේ කාශ්‍යප කියලා බුදුරජාණන් වහන්සේ නමක් පහළ වුණා. කාශ්‍යප බුදුරජාණන් වහන්සේගේ කාලයේ මිනිසුන්ගේ ආයුෂ අවුරුදු විසිදාහයි. ඊට පස්සේ මිනිසුන්ගේ ආයුෂ අවුරුදු එකසිය විස්සට බහිනකම්ම බුදුවරයෙක් නෑ. මිනිසුන්ගේ ආයුෂ එකසිය විස්සේදී අපේ වාසනාවට **ගෞතම** බුදුරජාණන් වහන්සේ මේ ලෝකයට පහළ වුණා. ඒ ගෞතම බුදුරජාණන් වහන්සේත් ධර්ම දේශනා කරලා, පිරිනිවන්පෑවා. ඒ ධර්මයත් අල්ලගන්න අය අල්ල ගන්නවා. අත්හරින අය අත්හරිනවා.

මෛත්‍රී බුද්ධ ශාසනය බොහෝ ඈත...

නමුත් මේ කල්පය තවම ඉවර වෙලා නෑ. මේ ආයුෂ අඩු වේගෙන අඩු වේගෙන ගිහිල්ලා, ආයුෂ අවුරුදු දහයට අඩු වෙනවා. ඒත් කල්පය ඉවර වෙන්නේ නෑ. මේ කල්පය ඉවර වෙන්නේ **මෛත්‍රී** බුදුරජාණන් වහන්සේ පහළ වෙලා අවසන් වුණාට පස්සෙයි. වයස අවුරුදු දහයට අඩුවෙන කාලෙදී මිනිස්සු සත්තු වගේ මරා ගන්නවා. ඊට පස්සේ ඉතිරිවෙන මිනිස්සු ධර්මානුකූලව ජීවත්වෙලා ඒ හේතුවෙන් මිනිසුන්ගේ ආයුෂ ටික ටික වැඩිවෙනවා.

එහෙම වැඩිවෙලත් මිනිසුන්ගේ ආයුෂ අවුරුදු 80,000 වෙනකන් බුදු කෙනෙක් නෑ.

අපේ බුදුරජාණන් වහන්සේ පිරිනිවන්පාලා අවුරුදු 2550 වෙනකොට දැන් මිනිසුන්ට ගෞතම බුද්ධ ශාසනයේ ධර්මය අවබෝධ කරනවා කියන එකත් පුදුමයක්නේ. "ස්වාමීන් වහන්ස, සෝවාන් වෙන්න පුළුවන්ද? සෝවාන් වෙලා පවුල් කන්න පුළුවන්ද?" කියලා මිනිස්සු මගෙන් හරියට අහනවා. ඒ කියන්නේ තියෙන්නේ සැකයමයි. උන්වහන්සේ පිරිනිවන්පාලා 2555ක් වෙනකොට මෙච්චර විචිකිච්ඡා නම්, තවත් කාලයක් යනකොට මේක නිකන් විහිළුවක් වෙනවා. (මාර්ගඵල ලබන්න පුළුවන් කියන කතාව දැනටමත් ගොඩක් දෙනෙකුට විහිළුවක්නේ)

නුදුරේම සීඝ්‍ර පිරිහීමක්...

බෞද්ධයි කියාගෙන, ශ්‍රාවක වේශයෙන් ඉන්න අයම මේක විහිළුවට ලක්කරනවා නම්, තව කාලයක් යනකොට මේ ගැන කතා කිරීමත් මිනිසුන්ට විහිළුවක් වෙනවා. ඊට පස්සේ මිනිස්සු මේවා අත්හැරලා "නෑ... මේ ඔක්කොම ජීවත් වෙලා ඉන්නකම්නේ. අපි හොඳ දේවල්නේ කරන්නේ. මොකෝ අපි වැරදි කරනවැයි? ඒ නිසා අපි හොඳට ජීවත් වෙලා කාලා බීලා සතුටින් ඉඳලා, අනුන්ට උදව් කරලා අපි මැරිලා යනවා" කියලා තනිකරම ලෞකික වෙනවා. ඒ යුගය වැඩි ඈත නෑ. ඊට පස්සේ ලෝකයාට ආයෙමත් අවස්ථාව නැති වෙලා යනවා. ඊට පස්සේ අවුරුදු 80,000ක් වෙනකම් ලෝකයේ ධර්මය නෑ.

මෛත්‍රී බුදුරජාණන් වහන්සේ පහළ වෙන කාලෙ වෙනකොට අපට කොච්චර ඉපිද... ඉපිද, මැරි... මැරි ඉන්න වෙයිද අපි දන්නේ නෑ. ඒ 'මෛත්‍රී' බුදුරජාණන් වහන්සේ

තමයි මේ මහා භද්‍රකල්පයේ පස්වෙනි බුදුරජාණන් වහන්සේ. ඒ මෛත්‍රී බුදුරජාණන් වහන්සේත් පහළ වෙලා පිරිනිවන්පාලා ඒ බුද්ධ ශාසනයත් අතුරුදහන් වුණා කියමු. ඊට පස්සේ ආයේ බුදු කෙනෙක් පහළ වෙන්නේ කවදාද කියලා කවුරුවත් දන්නේ නෑ. සමහර විට කල්ප සීයක්, දාහක් බුදුවරයෙක් නැතිවෙන්න පුළුවන්. මේ ලෝකය ඒ වගේ අපට හිතන්න බැරි තරම්ම පුදුම සහගත ලෝකයක්.

සත්බුදු වන්දනාව මහානුභාව සම්පන්නයි...

ඉතින් ඒ නිසා අපි මේ බුදුරජාණන් වහන්සේලා ගැන දැනගන්න ඕන. ඒ උත්තමයන් වහන්සේලාටයි අපි මේ වඳින්නේ. සත්බුදුරජාණන් වහන්සේලා ගැන ගෞතම බුදුරජාණන් වහන්සේ දේශනා කරපු තැනක් හැටියට මේ විස්තර තියෙන්නේ දීඝ නිකායේ 'මහා පදාන' කියන සූත්‍ර දේශනාවේ. ඒ සූත්‍රය බලලා ඕන කෙනෙකුට මම මේ කියන කාරණයේ ඇත්ත තත්වය, සත්‍යය විස්තරේ තහවුරු කරගන්න පුළුවන්. ඒ බුදුරජාණන් වහන්සේලා ගැන නම් වශයෙන් හරි සිහිකරලා වන්දනා මාන කරන්න ලැබෙනවා නම් ඒක අපට ලොකු ලාභයක්.

සාමාන්‍ය ජීවිතයේ තෙරුවන් වැඳලා, සත් බුදුරජාණන් වහන්සේලාට වන්දනා කරන සිරිතක් අපේ බෞද්ධ සමාජයේ තියෙන බවක් මම නම් දන්නේ නෑ. ඔබ එහෙම එකක් දන්නවාද? එතකොට අපි 'බෞද්ධ බෞද්ධ' කිව්වට ප්‍රායෝගිකව අපි කොයිතරම් බුදු දහමින් ඈත් වූ පිරිසක්ද? ඒ නිසා අපට බුදු දහමට ළංවෙන්න අනිත් බුදුරජාණන් වහන්සේලා ගැනත් මේ විදිහට දැනගෙන, අපේ ගෞතම බුදුරජාණන් වහන්සේ හෙළිදරව් කරපු කරුණු කෙරෙහි සිත පහදවාගෙන තිබීම ප්‍රයෝජනයි.

සැපසේ ගලා බසින කුසල් ගංගාව...

අපි කතා බස් කරගෙන ආ සූත්‍ර දේශනාවේ නම "අභිසන්ද සූත්‍රය." අපි තවමත් ඉගෙන ගන්නේ ඒ සූත්‍රයමයි. අභිසන්ද කිව්වේ ගලාගෙන යන ගංගාවට. බුදුරජාණන් වහන්සේ දේශනා කළා **(චත්තාරෝ මේ භික්ඛවේ, පුඤ්ඤාභිසන්දා කුසලාභිසන්දා සුඛස්සාහාරා)** "මහණෙනි, සැපයට හේතුවන්නා වූ පුණ්‍ය ගංගාවල්, කුසල ගංගාවල් හතරක් තියෙනවා" කියලා.

සාමාන්‍යයෙන් 'පින' කියන වචනයට වඩා ලොකු අර්ථයක් 'පුණ්‍ය ගංගාව' කියන කොට තියෙනවා. ගංගාවක් කිව්වාම ඒක ඉවරයක් නැනේ. ගංගාව ඉවරයක් නැතුව ගලනවා. ඒ වගේ ඉවරයක්, අවසන් වීමක් නැතුව කරුණු හතරකින් කුසල් ගලන බවයි අපි ඉගෙන ගත්තේ. ඒ හතරෙන් එකක් අපි කලින් ඉගෙන ගත්තා. ඒ තමයි **"(ඉධ භික්ඛවේ, අරියසාවකෝ බුද්ධේ අවෙච්චප්පසාදේන සමන්නාගතෝ හෝති)** මහණෙනි, ආර්ය ශ්‍රාවකයා බුදුරජාණන් වහන්සේ කෙරෙහි නොසෙල්වෙන චිත්ත ප්‍රසාදයකින් යුක්තව සිටියි." ඒක තමයි පළවෙනි පුණ්‍ය ගංගාව. ඒ විදිහට නොසෙල්වෙන චිත්ත ප්‍රසාදය ඇතුව සිටින්නේ කොහොමද කියන වග අපි උපමාවකින් ඉගෙන ගත්තා. අවබෝධයක් නැති ශ්‍රද්ධාව පරඬැලක් වගේ කියලත් අවබෝධයකින් යුතු ශ්‍රද්ධාව ඉන්ද්‍රඛීලයක් වගේ කියලත් අපි ඉගෙන ගත්තා. අපි බුදුරජාණන් වහන්සේ කෙරෙහි ශ්‍රද්ධාව ඇති කරගන්න ඒකට පාළි වචනයකුත් ඉගෙන ගත්තා. **"සද්ධහති තථාගතස්ස බෝධිං"**

පිපාසිත කෙනෙක් පැන් බොනවා වගේ...

අපි ධර්මය ඉගෙන ගන්න ඕන පිපාසිත මනුෂ්‍යයෙක්

වතුර බොනවා වගෙයි. ඔබ හොඳටම පිපාසයෙන් ඉන්න වෙලාවකට වතුර එකක් හම්බවුණාම ඒක බොන ආකාරයේ, අනිත් වෙලාවට වතුර බොන ආකාරයට වඩා විශේෂයක් නැද්ද? එවැනි වෙලාවට අපි වේගයෙන් බීගෙන බීගෙන යනවනේ. ධර්මය කියන එක හැම තිස්සේම ලැබෙන එකක් නෙවෙයි. හැමදාම ලැබෙන එකකුත් නෙවෙයි. හැමතැනම ලැබෙන එකකුත් නෙවෙයි. හැමකාලෙම ලැබෙන එකකුත් නෙවෙයි. ලෝකයේ බහුලව තියෙන්නේ ධර්මය ලැබෙන්නේ නැති, ධර්මය අතුරුදහන් වූ කාලයි.

ඔබ දන්නවද ධර්මය අතුරුදහන් වූ එවැනි කාලයක අපගේ බුදුරජාණන් වහන්සේ රජෙක් වෙලා ඉපදුණා. ඒ කාලයේ ලෝකයේ ධර්මය නෑ. ඒ කාලයේ අපේ බුදුරජාණන් වහන්සේ ඉන්දියාවේ රජ කෙනෙක්. 'මේ ලෝකයේ බුදුවරයන් වහන්සේලා පහළ වෙලා ධර්ම දේශනා කරලා තියෙනවා' කියලා කට කතාවලින් අහන්න ලැබුණා. නමුත් ඒ මොකක්ද කියලා කවුරුවත් දන්නේ නෑ. ඉතින් මේ රජ්ජුරුවන්ට ධර්මය ගැන දැනගන්න පුදුම විදිහට ආශාවක් ඇති වුණා. ඉතින් මේ රජ්ජුරුවෝ 'බණ පදයක් දන්න කෙනෙක් ඉන්නවා නම් කියන්න, කහවණු ලක්ෂයක් දෙනවා' කියලා අඬබෙර පැතිරෙව්වා. ඒත් කවුරුත් දන්නේ නෑ. ඊට පස්සේ ඒ ගාන වැඩි කළා. ඇතෙක් බරට වස්තුව දෙනවා' කිව්වා. ඒත් කවුරුවත් දන්නේ නෑ. රජ්ජුරුවන්ට දැන් ධර්මය අහන්න තියෙන ඕනකම වැඩියි. ඒ නිසා රජතුමාට 'දහම්සොඬ' කියලා නමකුත් වැටුණා. 'මට බණ පදයක් කියලා දෙන්න මම මේ රාජ්‍යයෙන් භාගයක් දෙනවා' කිව්වා. ඒ දන්නෙත් නෑ. ඊට පස්සේ "කවුරුහරි බුදුරජාණන් වහන්සේ නමකගේ බණ පදයක් කියල දෙන්න. මම මේ මුළු රාජ්‍යයම දෙනවා"

කිව්වා. ඒ දන්නෙත් නෑ. බලන්න.... බෝසතාණන් වහන්සේ පාරමී පුරාගෙන යන කාලයේ තිබුණු මානසිකත්වය.

බණ පදයක් නොඇසූ ජීවිතය කුමටද...?

ඊට පස්සේ දහම්සොඬ රජතුමා 'බුදුවරයෙකුගේ බණ පදයක්, බුදුවරයෙකුගේ වචනයක් අහන්න ලැබෙන්නේ නැති මේ ජීවිතය මොකටද? මම මේ ධර්මය හොයා ගෙන යනවා' කියලා රජකම අත්හැරියා. අත්හැරලා වනගත වුණා. වනගත වෙලා ඔහේ යනවා. දිව්‍ය ලෝකයේ දෙවිවරු පරම්පරාවෙන් එක ගාථාවක් කට පාඩමෙන් අරගෙන ආවා. ශක්‍ර දෙවියෝ මේ ගාථාව දන්නවා. මේ මනුෂ්‍ය ලෝකයේ මහා පුදුම මනුෂ්‍යයෙක් ඉපදිලා ඉන්නවා ශක්‍ර දෙවියන් දැක්කා. 'බුදුවරයන් වහන්සේ නමකගේ වචනයක් හොයාගෙන සියල්ලම අත්හැරපු කෙනෙක්.... ඊට පස්සේ ශක්‍ර දෙවියෝ 'මෙයාගේ මේ ධර්මය සෙවීමේ අවංකකම මම පරීක්ෂා කරන්න ඕන' කියලා කල්පනා කරලා මහ වනාන්තරය ඇතුළේ යක්ෂයෙකුගේ වේශයෙන් පෙනී සිටියා.

ඉතින් දහම්සොඬ රජ්ජුරුවන්ට මේ යක්ෂයාව මුණගැසුණා. 'මං මේ බුදුරජාණන් වහන්සේ නමකගේ ධර්මයක් සොයා ගෙන යන්නේ' කියලා කිව්වා. යකා 'මං එක බණ පදයක් දන්නවා. බුදුරජාණන් වහන්සේ නමකගේ ගාථාවක් දන්නවා' කිව්වා. 'අනේ! එහෙනම් මට කියා දෙන්න' කිව්වා. 'මට කියා දෙන්න වෙලාවක් නෑ... මට බඩගිනියි' කිව්වා. 'එහෙම නම් මට ඔය ගාථාව කියා දීලා ඉවරවෙලා ඕනෙ නම් මාව කන්න' කිව්වා. 'එහෙම බෑ. මට එතකන් ඉන්න බැහැ. මට බඩගිනි වැඩියි' කිව්වා. ඊට පස්සේ යකාම යෝජනාවක් කළා, 'ඔබ අර ගල් කන්දට

නගින්න. නැගලා පල්ලෙහාට පනින්න. ඒ පනින වෙලාවට මම ගාථාව කියන්නම්. ඒකත් අහගෙනම මගේ කටට පනින්න.' රජ්ජුරුවෝ කැමති වුණා. (මේ අපේ ගෞතම බුදුරජාණන් වහන්සේ අතීතයේ ධර්මය සොයාගෙන ගියපු ආකාරයයි) ඉතින් කන්දට නැගලා පනින කොට ශක්‍රදෙවියන් දේව වේශයෙන් මෙයාව අල්ලගෙන වාඩි කරවලා ධර්මය කියා දුන්නා.

දුලභ අවස්ථාවේ පමා නොවී ඵල නෙලමු...

බලන්න, මේ ලෝකයේ එක් බණ පදයක්වත් නැති කාල තිබුණා. දැන් ඉතින් අපට ධර්මය අහන්න ලැබෙන කොට අපි ඒ ධර්මය හරියට මතක තියාගන්න ඕන. (**සද්ධහති තථාගතස්ස බෝධිං**) තථාගත බුදුරජාණන් වහන්සේගේ අවබෝධය අදහා ගැනීම තමයි 'ශ්‍රද්ධාව' කියන්නේ. සමහර අවස්ථාවල ධර්මය ඉගෙන ගනිද්දී බැලූ බැල්මට නිකන් ලාභයක් නෑ වගේ පෙනෙයි. එතකොට උනන්දුවක් ඇති වෙන්නේ නෑ. නමුත් නුවණින් කල්පනා කරලා බැලුවොත්, ලාභය තියෙන්නේ මේකෙමයි. මේ ධර්මයේමයි ලාභය තියෙන්නේ. ලාභය තියෙන්නේ ඒ තථාගත බුදුරජාණන් වහන්සේගේ අවබෝධය ගැන පැහැදීමේමයි.

බණ පදයකට කහවණු පන්සීයක්...

අනේපිඬු සිටුතුමාට පුතෙක් සිටියා. යාලුවෝ කට්ටියත් එක්ක ඔහේ රංචු ගැහිලා යනවා, ඒත් ධර්මය අහන්න යන්නේ නෑ. සිටුතුමා 'මොකක්ද මේකට කරන්නේ?' කියලා කල්පනා කළා. "පුතේ... මං ඔයාට කහවණු 500ක් දෙන්නම්. ඔයා ජේතවනාරාමයට ගිහිල්ලා බණ අහලා එන්න." මෙයා "හොඳයි" කියලා යනවා. ඒත්

ජේතවනාරාමය ඇතුළට යන්නේ නෑ. වටේ රවුම ගහලා ගෙදර යනවා. ගිහිල්ලා "තාත්තේ මං ඔන්න ගියා..." කියලා කහවණු 500 ගන්නවා. ඒ කාලෙත් එහෙනම් ඒ වගේ ළමයි ඉඳලා තියෙනවා.

දවසක් අනාථපිණ්ඩික සිටුතුමා 'මේ ළමයා මම කිව්වහම යනවා. ගිහිල්ලා ඇවිල්ලා මගෙන් සල්ලිත් ගන්නවා. එහෙම නම් මෙයා දැන් පාඩම් කරල තියෙනවද කියලා බලන්න ඕන' කියලා කල්පනා කරලා "පුතේ, අද මං ඔයාට කහවණු දාහක් දෙනවා. ඔයා බුදුරජාණන් වහන්සේ ලඟට ගිහින් ඒ අහන බණ මට ඇවිල්ලා කියන්න. ඒ කිව්වම තමයි දාහ දෙන්නේ" කිව්වා. ඒ නිසා එදා එයාට යන්නම වුණා. මෙයා ඉතින් ජේතවනාරාමයට ගිහිල්ලා වාඩිවෙලා බුදුරජාණන් වහන්සේගේ ධර්මයේ බණ පදයක් අල්ලගන්න කල්පනා කරනවා. නමුත් අහන අහන එක මතක නැතුව යනවා. මෙයා කල්පනා කළා 'මට මේ හරි වැඩේ වුණේ. මේක මතක් කරගත්තේ නැත්නම් මට සල්ලි හම්බවෙන්නේ නෑ.' (නමුත් මතක නැතිවුණාට අර්ථය වැටහෙනවා) මෙයා මෙතැන වාඩිවෙලා ඉන්නේ සල්ලි හම්බ කරන්න කියලා බුදුරජාණන් වහන්සේ දැනගත්තා.

ධර්මය මුදලට තක්සේරු කරන්න බෑ...

ඒ නිසා බුදුරජාණන් වහන්සේ ඉර්ධි බලයෙන් තමයි එයාට අමතක වෙන්න සැලැස්සුවේ. ඒ කියන්නේ අර්ථය මතක් වෙනවා. ඒත් වචන මතක නැතුව යනවා. ඒ නිසා මෙයාට මතක හිටිනකම් දිගටම රැඳිලා ඉන්න සිද්ධ වුණා. අන්තිමේදී මෙයා සෝතාපන්න වුණා. ඊට පස්සේ ඉතින් එයාගේ කාරණය හරිනේ.

මෙයා ගෙදර ගියා. ඉතින් අනාථපිණ්ඩික සිටුතුමා

සල්ලි ටික අරගෙන ආවා. "කෝ බලන්න අද ඔයා අහපු බණ." "අනේ තාත්තේ, මට සල්ලි එපා! මෙච්චර කාලයක් ධර්මය ගැන දන්නේ නැතුවයි මගේ අතින් අඩුපාඩු වුණේ. බුදුරජාණන් වහන්සේගේ ධර්මය සල්ලිවලට තක්සේරු කරලා ඉවර කරන්න බැහැ" කිව්වා. ඉතින් ඒ නිසා අපි මේවායෙන් ඉගෙන ගන්න ඕන ඒ ධර්මයේ තියෙන වටිනාකමයි.

බොහෝ අයට තිබෙන්නේ මුලක් නැති ශ්‍රද්ධාව...

අපි මේ ඉගෙන ගනිමින් ඉන්නේ ශ්‍රද්ධාව ගැනයි. ශ්‍රද්ධා දෙකක් තියෙනවා. ඒ දෙක මතක තියාගන්න. ඒ තමයි, '**අමූලිකා ශ්‍රද්ධාව හා ආකාරවතී ශ්‍රද්ධාව.**' අමූලිකා ශ්‍රද්ධා කියලා කියන්නේ මුලක් නැති පැහැදීමට. ඒකට මුල් නෑ. සාමාන්‍යයෙන් සීයක් ගත්තොත් සීයටම වගේ තියෙන්නේ අමූලිකා ශ්‍රද්ධාව තමයි. ආකාරවතී ශ්‍රද්ධාවට එන්න නම් ගෞතම බුදුරජාණන් වහන්සේගේ ධර්මය අහලා, යෝනිසෝ මනසිකාරයේ යෙදිලා කරුණු කාරණා තේරුම් ගත යුතුයි.

එහෙම නැත්නම් අමූලිකා ශ්‍රද්ධාවට ආපු කෙනෙකුට, (ඒ කියන්නේ මුලක් නැති ශ්‍රද්ධාව තියෙන කෙනෙකුට) බුදුරජාණන් වහන්සේ කෙරෙහි සිතේ අපැහැදීමක් ඇතිවෙන්න වැඩි වෙලාවක් යන්නේ නෑ. ධර්මය ගැන සිතේ අපැහැදීමක් ඇතිවෙන්න වැඩි වෙලාවක් යන්නේ නෑ. ශ්‍රාවක සංඝයා ගැන හිතේ අපැහැදීමක් ඇතිවෙන්න වැඩි වෙලාවක් යන්නේ නෑ.

යමෙකුට ආකාරවතී ශ්‍රද්ධාව ඇතිවුණාට පස්සේ එයා තුළ බුදුරජාණන් වහන්සේ කෙරෙහි තිබෙන පැහැදීම

වෙනස් වෙන්නේ නෑ. ධර්මය කෙරෙහි තිබෙන පැහැදීම වෙනස් වෙන්නේ නෑ. ශ්‍රාවක සංඝයා කෙරෙහි තිබෙන පැහැදීම වෙනස් වෙන්නේ නෑ. ඒ නිසා අපට ඕන කරන්නේ අමූලිකා ශ්‍රද්ධාව නෙවෙයි, අපට ඕන කරන්නේ ආකාරවතී ශ්‍රද්ධාවයි. අපි මේ ධර්මය ඉගෙන ගන්නේ ඒ ආකාරවතී ශ්‍රද්ධාවට එන්නයි.

දහමේ ගුණ දැන දහමට පහදිමු...

අපි කලින් ඒ බුදුරජාණන් වහන්සේගේ ගුණ නවය ඉගෙන ගත්තා. දැන් අපි ඉගෙන ගන්න බලාපොරොත්තු වෙන්නේ ධර්මයේ ගුණ හය පිළිබඳව. බුදුරජාණන් වහන්සේ වදාළ ශ්‍රී සද්ධර්මයේ ගුණ පටන් ගන්නේ **"ස්වාක්ඛාතෝ භගවතා ධම්මෝ"** කියලයි. 'භගවතා' කියන්නේ 'භාග්‍යවතුන් වහන්සේ විසින්...' 'ධම්මෝ' කිව්වේ 'වදාරණ ලද ධර්මය...' **'ස්වාක්ඛාතෝ'** කියන වචනය හැදිලා තියෙන්නේ **'සු'**+**'අක්ඛාත'** කියන වචන දෙකෙන්. 'අක්ඛාත' කියන්නේ 'පවසන ලද්දේය...' 'සු' කියන්නේ 'මනාකොට...' 'මනාකොට පවසන ලද්දේය...' ඒ වගේ 'සු' යන්න දාලා විශේෂයෙන් අපි කියන දේවල් තියෙනවනේ. ගොඩාක් විශේෂ නම් 'සුවිශේෂ' කියනවා. ගොඩාක් සිල්වත් නම් 'සුසිල්වත්' කියනවා. හොඳ චරිතවත් නම්, 'සුචරිතවත්' කියනවා. 'ස්වාක්ඛාත' කියන්නෙත් ඒ වගේ වචනයක් තමයි.

මුල මැද අග පිරිසිදු වූ අරුතින් යුතු වන්නේ...

ඒක තමයි බුදුරජාණන් වහන්සේ වදාළ ධර්මයේ පළමුවෙනි ගුණය. 'ස්වාක්ඛාත' කියන එක විස්තර වෙන්නේ **"ආදි කල්‍යාණං, මජ්ඣෙ කල්‍යාණං, පරියෝසාන කල්‍යාණං, සාත්ථං, සබ්‍යංජනං, කේවලපරිපුණ්ණං,**

පරිසුද්ධං බ්‍රහ්මචරියං" කියලයි. ඒකට තමයි මනාකොට දේශනා කළා කියන්නේ. 'ආදි' කියන්නේ 'පටන් ගැනීම.' බුදුරජාණන් වහන්සේගේ ධර්මයේ ධර්ම දේශනාවන් පටන් ගැනීමත් සුන්දරයි (ආදි කළ්‍යාණං). සාමාන්‍යයෙන් සමහරුන් ලස්සනට පටන් ගන්නවා. නමුත් මැද අවුල්. බුදුරජාණන් වහන්සේගේ ධර්මයේ එහෙම නෑ. පටන් ගැනීමත් සුන්දරයි, මැදත් සුන්දරයි. සමහරුන්ගේ කතාවල්වල පටන් ගැනීමත් හොඳයි, මැදත් හොඳයි. ඉතුරු ටික අහගෙන ඉන්න බැහැ, එපා වෙනවා. එක්කො අවුල්, තේරෙන්නේ නෑ. බුදුරජාණන් වහන්සේගේ ධර්මයේ පටන් ගැනීමත් සුන්දරයි, මැදත් සුන්දරයි, අවසන් වීමත් සුන්දරයි.

බුදුරජාණන් වහන්සේගේ සෑම දේශනාවකම ඔය ලක්ෂණ තියෙනවා. ඒ කිව්වේ කළ්‍යාණ වූ සුන්දර ආරම්භයක් තියෙනවා. සුන්දර වූ මැදක් තියෙනවා. හොඳ අවසන් වීමක් තියෙනවා. සුන්දර නිමාවක් තියෙනවා. ධර්මයේ ඒ ලක්ෂණය තියෙන නිසා තමයි, ධර්මය අහගෙන ඉන්න කෙනා ඒ ධර්මය අවබෝධ කරන්නේ.

බැහැර කළ යුතු එක වචනයක්වත් නෑ...

බුදුරජාණන් වහන්සේගේ ධර්මයේ කොහේවත් අද එක කොටසක් දේශනා කරලා 'ඉතිරි කොටස පස්සේ කියන්නම්' කියලා නෑ. සම්පූර්ණ දේශනාව තියෙනවා. දේශනාව ඉවරවෙන කොට ඒ දේශනාව අහගෙන ඉන්න කෙනාට අවබෝධ වෙනවා. ඒක බුදුරජාණන් වහන්සේ නමකගේ ධර්මයේ තිබෙන විශේෂත්වයක්. මනාකොට දේශනා කරපු දේක තියෙන විශේෂත්වයක්.

ඊළඟට "සාත්ථං." සාත්ථං කියන්නේ 'ස'+'අත්ථං' අර්ථ සහිතයි. ඒ කියන්නේ අර්ථ නැති වචන නෑ.

ලෝකයේ අනෙක් සෑම භාෂාවකම නරක වචන තියෙනවා. කුණුහරුප තියෙනවා. නමුත් පාළි භාෂාවේ නෑ. බලන්න විශේෂත්වය. අනෙක් සෑම භාෂාවකම මිනිස්සුන්ට අපහාස කරන කෑලි, නින්දා කරන කෑලි, නරක වචන තියෙනවා. පාළි භාෂාවේ නෑ. බුද්ධ දේශනා එකකවත් එවැනි වචන නෑ. අර්ථ සහිතයි. ඒ හැම වචනයක්ම තියෙන්නේ සරු අර්ථ. 'මේ වචනය මෙතැනට වැඩක් නෑ' කියලා අයින් කරන්න කිසිම වචනයක් නෑ. ඒ නිසා අර්ථ සහිතයි. ඊළඟට '**සබ්‍යංජනං**' කියලා කියන්නේ පැහැදිලි ප්‍රකාශ කිරීම්වලින් යුක්ත නිසයි. '**කේවල පරිපුණ්ණං**' කියන්නේ මුළුමණින්ම පරිපූර්ණ. '**පරිසුද්ධං**' කිව්වේ පිරිසිදු. '**බ්‍රහ්මචරියං**' කිව්වේ නිවන් මග.

නොපහදින දෙයක් සරණ යන්න පුළුවන්ද...?

ඒ නිසයි බුදුරජාණන් වහන්සේ දේශනා කරන ධර්මයට 'ස්වාක්ඛාත' කියලා කියන්නේ. ස්වාක්ඛාත කියන්නේ ඇයි කියලා දූන් ඔබ තේරුම් ගත්තද? අපි හැමදාම "**ස්වාක්ඛාතෝ භගවතා ධම්මෝ**" කිය කියා කොච්චර වැන්දත් 'මොකක්ද මේ ස්වාක්ඛාත කියන්නේ..? කියලා තේරුම දන්නේ නැත්නම් අපේ හිත පහදිනවද? හිත නොපහදින ධර්මයක් 'සරණං ගච්ඡාමි' කිව්වට සරණ යන්න පුළුවන්ද? සරණ යන්න නම් අපි ඒ ධර්මය මොකක්ද කියලා දූනගෙන ඉන්න ඕන. නොදන්නා දෙයක් සරණ යන්නේ කොහොමද?

එතකොට ගෞතම බුදුරජාණන් වහන්සේ වදාළ ධර්මයේ ඔය ලක්ෂණ ටික තියෙනවා. "ආරම්භයත් සුන්දර වූ, මැදත් සුන්දර වූ, අවසානයත් සුන්දර වූ, අර්ථ

සහිත, පැහැදිලි ප්‍රකාශ කිරීම්වලින් යුතු, මුළුමණින්ම පරිපූර්ණ, පිරිසිදු නිවන් මග." එතකොට ඒ විදිහට 'මේකයි බුදුරජාණන් වහන්සේ වදාළේ' කියන අදහස අපේ හිතට ඇවිල්ලා නැත්නම් අපට ධර්මය සරණ යන්න බැහැ. නැත්නම් සරණ යනවා කියලා ගිරව් වගේ කියන්නන් වාලේ කියයි. ගිරව් "බත් කෑවද?" කියලා පුරුදු කළාම ඒකම කියනවනේ. ඉතින් අපටත් පුළුවන් එහෙම. අපි "පින්වත්නි, එහෙනම් අපි දැන් පන්සිල් ගමු" කියලා "**බුද්ධං සරණං ගච්ඡාමි**" කියන කොට ඔබත් කියනවා. "**ධම්මං සරණං ගච්ඡාමි**" කියන කොට ඔබත් කියනවා. නමුත් අපි ඇහැව්වොත් 'ධම්මං සරණං ගච්ඡාමි' කියලා ඔබ සරණ ගියේ මොකක්ද කියලා කියන්න බෑනේ. විය යුත්තේ එහෙම නෙවෙයි. 'අපි මේ සරණ ගියේ මෙන්න මේ මේ ලක්ෂණවලින් යුතු ධර්මයයි' කියලා අපට කියන්න පුළුවන් වෙන්න ඕන.

නිවනට නැඹුරු වූ දහම් කොටස් තිස් හතක්...

මුල මැද අග පිරිසිදු, අර්ථ සහිත, පැහැදිලි ප්‍රකාශ කිරීම්වලින් යුතු, මුළුමණින්ම පිරිපුන්, පිරිසිදු නිවන් මග කියන්නේ චතුරාර්ය සත්‍යය ධර්මයට. බුදුරජාණන් වහන්සේ අපට චතුරාර්ය සත්‍යය අවබෝධයට උපකාර වන, චතුරාර්ය සත්‍යය අවබෝධයට නැඹුරු වෙලා පවතින දහම් කොටස් තිස් හතක් විග්‍රහ කර දුන්නා. ඒවාට කියන්නේ '**සත්තිස් බෝධි පාක්ෂික ධර්ම.**'

ඒවා තමයි බුදුරජාණන් වහන්සේ දේශනා කළේ. ඒ තමයි සතර සතිපට්ඨානය, සතර සම්‍යක්පධාන වීර්යය, සතර ඉර්ධිපාද, පංච ඉන්ද්‍රිය, පංච බල, සප්ත බොජ්ඣංග,

ආර්ය අෂ්ටාංගික මාර්ගය. (එතැන එකක් එකක් ගානේ ඔක්කොම තිස් හතක් තියෙනවා). අවුරුදු හතළිස් පහක් මුළුල්ලේ බුදුරජාණන් වහන්සේ විසින් දේශනා කළ, මුල මැද අග සුන්දර, අර්ථ සහිත, පැහැදිලි ප්‍රකාශ කිරීම් වලින් යුතු ධර්මය තමයි ඒ. ඒ සත්තිස් බෝධි පාක්ෂික ධර්ම සම්පූර්ණයෙන්ම ඉලක්ක වෙලා තියෙන්නේ චතුරාර්ය සත්‍යය අවබෝධයටයි. එතකොට බුදුකෙනෙක් පහළ වෙලා ලෝකයට දේශනා කරන්නේ චතුරාර්ය සත්‍යය ධර්මයයි. මේකට තමයි 'ස්වාක්ඛාතෝ භගවතා ධම්මෝ' කියලා කියන්නේ.

මේ ජීවිතයේම අවබෝධ කළ හැකියි...

ඊළඟ ගුණය **"සන්දිට්ඨිකෝ."** සන්දිට්ඨිකෝ කියන්නේ මේ ජීවිතයේදීම අවබෝධ කළ හැකි දෙයක් යන්නයි. මේ ජීවිතයේදීම මේ ධර්මය අවබෝධ කළාම, මේ ජීවිතයේදීම සද්ධානුසාරී වෙනවා. ඊළඟට ධම්මානුසාරී වෙනවා. ඊළඟට සෝවාන් වෙනවා. ඊළඟට සකදාගාමී වෙනවා. ඊළඟට අනාගාමී වෙනවා. ඊළඟට අරහත් වෙනවා. බුදුරජාණන් වහන්සේගේ ධර්මය මෙන්න මේ කියන්නා වූ පියවරවල් මේ ජීවිතයේදීම ඇති කරලා දෙන නිසා ඒ ධර්මයට සන්දිට්ඨිකයි කියලා කියනවා.

බුදුරජාණන් වහන්සේ දේශනා කරපු ධර්මය සන්දිට්ඨික නැත්නම් මනුෂ්‍ය ලෝකයේ කවුරුවත් සෝවාන් වෙන්නේ නෑ. එහෙනම් කවුරුවත් සකදාගාමී වෙන්නෙත් නෑ. කවුරුවත් අනාගාමී වෙන්නෙත් නෑ. කවුරුවත් රහත් වෙන්නෙත් නෑ. නමුත් බුදුරජාණන් වහන්සේගේ පළමුවෙනි දේශනාවෙන්ම මිනිස් ලෝකයේ එක් කෙනෙක් සෝවාන් වුණා. උන්වහන්සේගේ දෙවැනි

දේශනාවෙන් මිනිස් ලෝකයේ පස් දෙනෙක් රහත් වුණා. එහෙම වෙන්නේ මේ ධර්මය සන්දිට්ඨික නිසයි. (මේ ජීවිතයේදීම අවබෝධය ඇති කරලා දෙන නිසයි)

කාලයක් ඇහුවේ වැරදි මතයක්...

අපි හිතාගෙන ඉන්නේ බුදුරජාණන් වහන්සේගේ ධර්මය මේ ජීවිතයේදී අවබෝධ කරන්න පුළුවන් එකක් හැටියට නෙවෙයිනේ. අපට කාලයක් තිස්සේ අහන්න ලැබිලා තියෙන්නේ 'බුදුකෙනෙකුගේ ධර්මයක් අවබෝධ කරගන්න අපට පින් නෑ, පින් මදි... ඒ නිසා පාරමී පුරාගෙන යමු' කියලනේ. අඩු ගණනේ පාරමී පුරනවා නම් කමක් නෑ. කවුරුවත් එහෙම පාරමිතා පුරන වග මට නම් පෙනිලා නෑ. වාද කරන්න කට කතාවට විතරක් කියාගෙන යනවා. ඒක වාදයට විතරයි, හැබෑවට නම් නෙවෙයි.

වත්මන් බෞද්ධ සමාජය තුළ තියෙන්නේ බුදුරජාණන් වහන්සේගේ ධර්මය මේ ජීවිතයේදී අවබෝධ කරන්න පුළුවන් කියන අදහසට වඩා සන්දිට්ඨික නෙවෙයි කියන අදහසයි. බොහෝ අය හිතාගෙන ඉන්නේ මේ ධර්මය සන්දිට්ඨික නෑ කියලා නේද? ඉතින් අපේ හිත පහදින්නේ කොහොමද? අපි ශ්‍රද්ධාවට එන්නේ කොහොමද? අපි ශ්‍රද්ධාවට එන්න නම් මේ ධර්මය සන්දිට්ඨිකයි කියලා අපේ හිත පහදින්න ඕන. එතකොට ගෞතම බුදුරජාණන් වහන්සේගේ ධර්මය මේ ජීවිතයේදීම අවබෝධ කරන එකක්, සන්දිට්ඨිකයි.

ධර්මය කාලයකට අයිති නෑ...

ඊළඟ ගුණය "අකාලිකෝ." 'අකාලිකෝ' කියන්නේ කාලයකට අයිති නෑ. ඒ කිව්වේ දැන් අපි ගත්තොත් අපි

රස්සාවක් කරනවා කියමු. රස්සාවක් කරන කොට ඒ රස්සාවෙන් පඩිගන්න, එක්කෝ මාසයක් බලන් ඉන්න ඕනනේ. ඒ විතරක් නෙවෙයි, ගහකින් ගෙඩියක් ගන්න, කුඹුරක අස්වැන්න ගන්නත් බලාගෙන ඉන්න ඕනනේ. බුදුරජාණන් වහන්සේගේ ධර්මය එහෙම නෙවෙයි. ධර්මය හරියටම ප්‍රගුණ වෙලා ආවොත් ඒ ආපු වෙලාවේම ප්‍රතිඵල තියෙනවා. ධර්මය අවබෝධ කරන අයගේ කාල වේලාවක් නෑ. සමහරු උදේ එනවා, හවස රහත් වෙනවා.

එක සිද්ධියක් තියෙනවා. ඒ පොඩි ළමයාගේ වයස අවුරුදු හතයි. අවුරුදු හතක පොඩි දරුවෙක්. හොඳට සැපට හැදුණු පින්වන්ත ළමයෙක්. එයාගේ නම භද්‍ර. භද්‍ර කියන නමේ තේරුම 'සුන්දර' කියන එකයි. ඉතින් මේ දරුවගේ දෙමව්පියන් 'අපේ මේ ළමයට සැපසේ ජීවත් වෙන්න නම් මොකක්ද කරන්න ඕන?' කියලා කල්පනා කළා. අම්මයි තාත්තයි කතා වුණා "අපි මේ ළමයව බුදුරජාණන් වහන්සේට බාර දෙමු. ළමයට කවදාවත් වරදක් වෙන්නේ නෑ." ඉතින් මේ දෙමව්පියෝ ළමයත් වඩාගෙන ගිහිල්ලා "ස්වාමීනී භාග්‍යවතුන් වහන්ස, අපි බොහෝම ආදරෙන් පතල පතල මේ දරුවා ලබාගත්තේ. අපි මේ දරුවව ඔබවහන්සේට පූජා කරනවා" කියලා දරුවව බුදුරජාණන් වහන්සේට බාර දුන්නා. උන්වහන්සේ පිළිගත්තා. පිළිඅරගෙන, ආනන්ද ස්වාමීන් වහන්සේට "ආනන්ද, මේ සිඟිති දරුවාව ඉක්මනට පැවිදි කරන්න. මෙයා මහා පුරුෂයෙක් වෙනවා" කියලා ප්‍රකාශ කළා. උදේ මහණ කළා, හවස රහත් වුණා. හවස් වෙන කොට රහතන් වහන්සේ නමක්. වයස අවුරුදු හතයි.

බලන්න එතකොට එයාගේ තියෙන කුසලතාවය උපරිමයට ගන්න පුළුවන් වුණේ බුදුරජාණන් වහන්සේගේ

ධර්මයටයි. මේ ධර්මය ගැන බුදුරජාණන් වහන්සේ දේශනා කරලා තියෙන උපමා ගැන බැලුවෝතින් මේවා හොඳ ලස්සනට තේරෙනවා.

පැතුමත්, ක්‍රියාවත් එකක් විය යුතුයි...

භූමිජ සූත්‍රයේ බුදුරජාණන් වහන්සේ ලස්සන උපමාවක් දේශනා කළා. මනුෂ්‍යයෙකුට එළදෙනකුගෙන් කිරි ගන්න ඕන නම්, එයා භාජනයක් තියලා එළදෙනගේ තන බුරුල්ලෙන් අදින්න එපැයි. නමුත් කෙනෙක් එළදෙනගේ හොම්බ ඉස්සරහින් බාල්දියක් තියනවා. ඔලුව ඒකට ඔබනවා. ඔබලා අං දෙකෙන් අදිනවා, 'අනේ පින්වත් එළදෙන, කිරි ලැබේවා! කිරි ලැබේවා!' කියලා. එහෙම උදේ ඉඳන් හවස් වෙනකම් පැතුවත්.. මුළු ජීවිත කාලයම පැතුවත්.. කිරි එරෙයිද? බලන්න බුදුරජාණන් වහන්සේගේ උපමා. අපේ පැතිල්ලත් ඒ වගේ තමයි. මොකද, පැතුවාට එතැන කිරි එරෙන ප්‍රතිපදාවක් නෑ. කිරි එරෙන්න නම් තන බුරුල්ලෙන් අදින්න ඕන. එතකොට තමයි කිරි වැක්කෙරෙන්නේ.

එතැනම තව උපමාවක් තියෙනවා. තලතෙල් ඕන කෙනෙක් සෙක්කුවකට තල දාලා කරකවන්න ඕන. එතකොටනේ තල තෙල් එන්නේ. එයා එහෙම නැතුව සෙක්කුවකට වැලි දාලා 'තල තෙල් එන්න' කියලා කරකැව්වොත් තලතෙල් එන්නේ නෑනේ. බුදුරජාණන් වහන්සේ ඒ උපමාවලින් පෙන්වා දෙන්නේ උන්වහන්සේගේ ධර්මය ප්‍රාර්ථනාවලින් ලබන දෙයක් නෙවෙයි, ප්‍රායෝගිකව ධර්මානුධර්ම ප්‍රතිපදාවකින් ලබන දෙයක් කියලයි. මේ ධර්මය **අකාලික** වන්නේ ඒකයි. මේ ධර්මය ඕනෑම කාලයක අවබෝධ කරන්න පුළුවන්. 'දැන් ඒ යුගය ඉවරයි.... දැන් අපට ධර්මය අවබෝධ කරන්න බැහැ'

කියලා කිසිවෙකුටත් කියන්න බැහැ. මොකද, පින් තියෙන අය ඕනතරම් ඉන්න පුළුවන්. පින් තියෙන අය ඕනතරම් ධර්මය මුණනොගැසීම නිසා අවබෝධ වෙන්නෙ නැතුව ඉන්න පුළුවන්. ඒ අයට පිරිසිදු ධර්මය අහන්න ලැබුණොත් මේ කාලයෙත් ධර්මය අවබෝධ කරන්න පුළුවන්. එහෙනම් බුදුරජාණන් වහන්සේගේ ධර්මය අකාලිකයි.

ඇවිත් බලන්න... හැබැයි තමන් තුළින්...

උන්වහන්සේගේ ධර්මයේ ඊළඟ ගුණය **ඒහිපස්සික.** 'ඒහි' කියන්නේ එන්න. ඒහිපස්සික කියන්නේ 'ඇවිත් බලන්න.' බුදුරජාණන් වහන්සේ වදාළ ධර්මය ඕනෑම බුද්ධිමත් කෙනෙකුට ඇවිදින් බලන්න කියන්න පුළුවන්.

බලන්න තියෙන්නේ (**ඕපනයිකෝ**) තමා තුළින්. අපේ රටේ අයට වෙලා තියෙන්නේ ඒක නෙවෙයිනේ. බොහෝ දෙනා බලන්නේ තමා තුළින් නෙවෙයි. බොහෝ දෙනා බලන්නේ 'අසවලාගේ සිල් කොහොමද? අසවලාගේ භාවනාව කොහොමද? අසවලාගේ දහම් දැනුම කොහොමද?' කියලයි. මේ ධර්මය එහෙම බලන්න බැහැ. බැලිය යුත්තේ තමා තුළින්.

දවසක් බුදුරජාණන් වහන්සේව මුණ ගැහෙන්න වයසක සීයා කෙනෙක් පැමිණියා. ඉතින් බුදුරජාණන් වහන්සේ ඒ සීයාගෙන් ඇහුවා,

"සීයා දානෙ දෙනවද?"

"එහෙමයි ස්වාමීනී, හැබැයි මම දානෙ දෙන්නේ අනෙක් අය වගේ නෙවෙයි, හොඳට හොයලා බලලා."

"ඒ කොහොමද?"

"මම සිල්වතුන්වම තෝර තෝර දන් දෙන්නේ."

බුදුරජාණන් වහන්සේ වදාළා, "ඔබ ගිහි කෙනෙක්නේ. ඔබ සිල්වතුන් එක්ක එකට ජීවත්වෙලා ඉඳලාද සිල්වතුන් හොයන්නේ? ඔබට ඒක කරන්න පුළුවන් වැඩක් නෙවෙයි. ඒ නිසා ඔබ දානේ දෙන කොට මෙහෙම හිතන්න, 'මම මේ දානෙ දෙන්නේ ශ්‍රාවක සංඝයාටයි' කියලා. නැතුව ඔබට ඔය විදිහට හොයන්න බැහැ." ඒකේ තේරුම මේ ධර්මය ඕපනයිකයි. ඒ නිසා බාහිරින් බලලා හොයන්න බැහැ.

ගුණධර්ම ඇතිකර ගැනීම පුද්ගලිකයි...

'ඕපනයික' කියන වචනයේ සාමාන්‍ය තේරුම පුද්ගලිකයි කියන එක. දැන් අපි ගත්තොත් මෙතැන අපි පිරිසක් ඉන්නවානේ. දැන් අපි අතරින් කෙනෙකුට ශ්‍රද්ධාවක් ඇතිවුණොත් ඒක එයාගේ පුද්ගලික එකක්. කාගේ හරි සිතක් සමාධිමත් වුණොත් ඒකත් පුද්ගලික එකක්. කවුරුහරි හොඳ සීලයක පිහිටලා ඉන්නවා නම් ඒකත් එයාගේ පුද්ගලික එකක්. කවුරුහරි හොඳට නුවණින් විමසනවා නම් ඒකත් පුද්ගලික එකක්. ඒ දේවල් තමා තුළ ඇති කරගන්නා පුද්ගලික දේවල්. ඒ නිසයි පින් තියෙන ඕනෑම කෙනෙකුට මේ ධර්මය දියුණු කරන්න පුළුවන් වෙන්නේ. ඒ සඳහා තව කෙනෙකුගේ අවසරයක් ගන්න ඕනෙ නෑ. ඒක තමන්ටම දියුණු කරගන්න පුළුවන්. තමන් හරියටම සතර සතිපට්ඨානය වඩනවා නම් ඒක බාහිර කෙනෙකුට වළක්වන්න බැහැ. ඒ මොකද මේ ධර්මය ඕපනයිකයි.

ධර්මයේ ආශ්චර්යය...

බුදුරජාණන් වහන්සේගේ කාලයේ ආච්චි කෙනෙක් හිටියා. ඒ ආච්චිට යන එන මං නැතිවෙලා කන්න බොන්න

පවා නැති වෙලයි හිටියේ. දවසක් මේ ආච්චි ඇවිදගෙන යනකොට පටාචාරා භික්ෂුණියගේ ආරාමයට ගියා. එදා දානයක් ගෙනල්ලා. දූන් ඉතින් ආච්චිටත් කන්න දුන්නා. කෑම රහයි. ආච්චි කල්පනා කළා 'මෙතැන හොඳට දානෙ හම්බවෙන තැනක්. මං මෙතැන අතු පතු ගාගෙන හිටියොත් මට හොඳට බඩපිරෙන්න කාලා ඉන්න පුළුවන්.' දූන් එතකොට ආච්චිගේ ඔළුවට වැටුණේ ධර්මය නෙවෙයි, කෑම. ඉතින් මේ ආච්චි පටාචාරා භික්ෂුණීන් වහන්සේ ළඟට ගිහින් "අනේ භික්ෂුණිය, මම මෙතැන උදව්පදව් කරගෙන ඉන්නම්" කිව්වා. "හොඳයි ඉන්න" කිව්වා.

දූන් මෙයා නැවතුණේ කෑමට. මේ ආච්චි කල්පනා කරනවා, 'දූන් මම වයසක කෙනෙක්. හැමදාම මෙතැන නවත්ත ගන්න එකක් නෑ. මම මහණ වුණොත් මීට ලේසියි. එතකොට මට කොහොමත් නිකන් හම්බවෙනවනේ' කියලා "අනේ භික්ෂුණිය, මම හරි කැමතියි පැවිදි වෙන්න. මාව පැවිදි කරන්න" කිව්වා. දූන් මේ පැවිදි වෙන්න හදන්නේ ධර්මය අවබෝධ කරන්න හිතාගෙන නෙවෙයි, කෑමට. ඔන්න පැවිදි වුණා.

කලණ මිතුරු ඇසුරේ ලද වාසනාව...

පැවිදි වුණාට පස්සේ කුස්සියේ ඉන්න බැහැනේ. දූන් පටාචාරා භික්ෂුණිය ධර්මය දේශනා කරමින් ඉන්න කොට මෙයත් කොනේ වාඩිවුණා. දූන් භික්ෂුණිය ධර්ම දේශනා කරනවා, "නුවණින් විමසලා බලන්න, ඇස අනිත්‍යයි... කණ අනිත්‍යයි... නාසය අනිත්‍යයි... දිව අනිත්‍යයි... කය අනිත්‍යයි... මනස අනිත්‍යයි... විමසලා බලන්න. මේ එකක්වත් තමාගේ වසඟයේ පවත්වන්න බැහැ. අපි මේ දේවල්වලට ආශා කරනවා. මේකට ආශා

කිරීම නිසා අපි දුක් විඳිනවා. බලන්න ඇත්තද නැත්තද?" මේවා කියන කොට අරයත් හිත යොමුකරගෙන අහගෙන ඉන්නවා. ටික දවසක් යනකොට මෙයා කල්පනා කරනවා, "මොකක්ද මේ ලාමක කැමට තියෙන ආශාව? මං මේ ධර්මයට ආස කරන්න ඕන" කියලා මෙයා ධර්මය ප්‍රගුණ කළා. සුළු කලකින් රහත් මෙහෙණින් වහන්සේ නමක් බවට පත්වුණා.

එතකොට බලන්න, එයා හිතපු නැති පැත්තකට ගියේ ධර්මයෙන් නේද? ධර්මය පුද්ගලිකයි කියන්නේ ඒකයි. තමා තුළට පමුණුවා ගන්න පුළුවන්. එයා ආවේ වෙන කාරණයකට. නමුත් එයා ධර්මයට ගියා. ඒක තමයි ධර්මයේ තියෙන මූලික ලක්ෂණය. බුදුරජාණන් වහන්සේගේ ධර්මයේ මේ ලක්ෂණය තියෙන බව අපි අවබෝධ කරගන්න ඕන.

බණ හොරකම් කරන්න පැවිදි වෙලා...

බුදුරජාණන් වහන්සේගේ කාලයේ අන්‍ය ආගම්වලට හරියට පහර වැදුණා. පහර වැදුණා කිව්වේ මිනිස්සු ගැහැව්වා, බැන්නා නෙවෙයි. මිනිස්සු ඒ තැන්වලට යන්නේ නැතුව ගියා. ඒ අයට ලාභ සත්කාර නැතුව ගියා. ඒ නිසා මේගොල්ලෝ බුදුරජාණන් වහන්සේ ගමකට වඩිනවාට හරි විරුද්ධයි. දවසක් තාපසයෝ ටිකක් කතා වුණා, "දැන් බලාපන්... අපට ජීවත් වෙන්න විදිහකුත් නෑ. මිනිස්සු ඔක්කෝම අතනට යනවා." එතැන සුසීම කියලා දක්ෂ තරුණයෙක් සිටියා. ඊට පස්සේ මේ අය සුසීමට කිව්වා, "නුඹ ගිහිල්ලා මහණ වෙයන්. මහණ වෙලා ඔය කියන බණ කෑලි ටිකක් හොරකම් කරගෙන වරෙන්. අපිත් ඒකම මෙහේ කියමු." (බලන්න ඒ කාලයේ වෙලා තියෙන දේවල්.)

ඉතින් මේ සුසීම ආනන්ද ස්වාමීන් වහන්සේ හම්බ වෙන්න ගියා. ගිහිල්ලා "අනේ ස්වාමීනී, මට මේ සංසාරෙන් මිදෙන්න ඕන. මට මේ ධර්මය ඉගෙන ගන්න ඕන. මාව පැවිදි කරන්න" කියලා කිව්වා. ඉතින් ආනන්ද ස්වාමීන් වහන්සේ සුසීමව බුදුරජාණන් වහන්සේ ගාවට එක්කන් ගියා. ගිහිල්ලා "ස්වාමීනී, මේ තරුණයෙක් ඇවිල්ලා ඉන්නවා, මහණ වෙන්න ඕනලු" කියලා කිව්වා. "හා... මහණ කරන්න" කිව්වා. ඉතින් මහණ කළා. මෙයා මහණ වුණේ ධර්මය සොරකම් කරන්නනේ. දැන් මෙයා මහණ වෙලා ධර්මය හොඳට අහගෙන ඉන්නවා. හොරකම් කරන්නත් මතකයට ගන්න එපැයි. ඒ කාලයේ ලියා ගන්න කියලා පොත්පත් තියෙනවැයි. මෙයා දැන් හොඳට අහගෙන ඉන්නවා. අහගෙන ඉන්න කොට ඔය අතරේ මෙයාට පේනවා, භික්ෂූන් වහන්සේලා බුදුරජාණන් වහන්සේ ළඟට ඇවිල්ලා "ස්වාමීනී භාග්‍යවතුන් වහන්ස, මම මහණ වුණ කාරණය සම්පූර්ණ කරගත්තා" කියලා කියනවා. ඒ කියන්නේ "මම දැන් කෙලෙසුන්ගෙන් මිදුණා" කියලා කියනවා. බුදුරජාණන් වහන්සේත් "බොහොම හොඳයි" කියනවා.

හරි ප්‍රශ්නයක්...

ඉතින් මෙයා ඒ භික්ෂූන් වහන්සේලා ළඟට දුවගෙන යනවා. ගිහිල්ලා "ඔබවහන්සේ කොහොමද මේක කරගත්තේ?" කියලා අහනවා. "දැන් ඔබවහන්සේ බුදුරජාණන් වහන්සේ ළඟට ඇවිල්ලා කිව්වනේ, ඔබවහන්සේ රහතන් වහන්සේ නමක් කියලා, එතකොට ඔබවහන්සේට ඉර්ධි ප්‍රාතිහාර්ය පාන්න පුළුවන්ද?" කියලා අහනවා. එතකොට සමහර භික්ෂූන් වහන්සේලා "බෑ" කියනවා. "එහෙනම් ඔබවහන්සේට දිවැස් තියෙනවාද?"

"නෑ" කියනවා. "එතකොට ඔබවහන්සේට අනෙක් අයගේ සිත් බලන්න පුළුවන්ද?" "ඒත් බැහැ" කියනවා. "ඔබවහන්සේට අතීත ජීවිත බලන්න පුළුවන්කම තියෙනවද?" "ඒත් නැහැ" කියනවා. "ඉතින් එහෙනම් මොකක්ද වුණේ?" කියල අහනවා. "අපි මේ පඤ්ඤාවිමුක්ත අය. අපි ප්‍රඥාවම දියුණු කරලා මේක අවබෝධ කරගත්තා" කියලා කියනවා. ඉතින් මෙයා "අනේ මට තේරෙන්නේ නෑ" කියනවා. "ඔබවහන්සේට තේරුණත් එකයි, නැතත් එකයි, අපි පඤ්ඤාවිමුක්ත."

ඊළඟ රහතන් වහන්සේ ලඟටත් යනවා. ඒකම කියනවා. දැන් මෙයාට මේක හරි ගැටලුවක්. මෙයා දවසක් බුදුරජාණන් වහන්සේ ලඟට ගිහින් "ස්වාමීනී භාග්‍යවතුන් වහන්ස, "මම මෙන්න මෙහෙම ඇහුවා, ඇහුවාම ඒගොල්ලෝ එහෙම නෑ කියනවා. නමුත් පඤ්ඤාවිමුක්ත අයලු. ප්‍රඥාව දියුණු කරලා කෙලෙසුන් ගෙන් නිදහස් වුණාලු" කියලා විස්තරේ කියා සිටියා. දැන් මෙයාගේ හිතේ තියෙන්නේ අරවත් එක්කම හොරකම් කරගෙන යන්නයි. අර මානසික හැකියාවන් ටිකත් ඔක්කෝම අරන් යන්නයි. බුදුරජාණන් වහන්සේත් අර උත්තරේම දුන්නා. "ඔබ මේක තේරුම් ගත්තත් නැතත් ඒ අය පඤ්ඤාවිමුක්ත තමයි." අන්න එතකොට තමයි එයාට මේක අල්ලන්න ඕන කියලා උනන්දුව ඇති වුණේ.

නුවණින් විමසීම ඇත්නම් ගැලවිය හැකියි...

බලන්න, බුදුරජාණන් වහන්සේගේ ප්‍රකාශවලින් පුද්ගලයා දන්නෙම නැතුව ඕන තැනට ගන්නවා. ඊට පස්සෙ "අනේ භාග්‍යවතුන් වහන්ස, මට මේක තෝරල දෙන්න. මට පැහැදිලි නෑ" කියලා ඉල්ලා සිටියා. බුදුරජාණන් වහන්සේ ධර්ම දේශනා කළා. දේශනාව

අවසන් වෙනකොට රහතන් වහන්සේ නමක් බවට පත්වුණා.

ඊට පස්සේ එතැනම වැඳ වැටිලා "අනේ ස්වාමීනී, මට සමාවෙන්න. මම මේ ධර්මය අවබෝධ කරන අදහසින් මහණ වුණා නෙවෙයි. මං මේ ධර්මය හොරකම් කරගෙන යන්නයි ආවේ. නමුත් මට දැන් තේරෙනවා... මට සමාවෙන්න..." කියලා කිව්වා.

මේකෙන් අපට පේන්නේ, කෙනෙකුට නුවණින් විමසීමේ හැකියාව තියෙනවා නම් ධර්මයේ අර ලක්ෂණ තියෙනවා. දැන් බලන්න 'ස්වාක්ඛාත' කියන්නේ මේ ධර්මය මනාකොට දේශනා කළා. 'සන්දිට්ඨික' කියන්නේ මේ ජීවිතයේදීම අවබෝධ කරන්න පුළුවන්. 'අකාලික' කියන්නේ ඕනෑම කාලයක අවබෝධ කරන්න පුළුවන්. ස්වාක්ඛාත, සන්දිට්ඨික, අකාලික කියන ඒ කරුණු තුන බාහිර වගේ පේන්නේ. ඉතිරි ටික ඔක්කෝම ශ්‍රාවකයා තමා තුළට ගන්න ඕන ඒවා. ඒ තමයි 'ඒහිපස්සික' (ඇවිත් බලන්න) ඊළඟට 'ඕපනයික' (පුද්ගලිකව තමා තුළට පමුණුවා ගන්න ඕන)

වෙන් වෙන්ව අවබෝධ කර ගත යුතුයි...

ඊළඟ එක 'පච්චත්තං වේදිතබ්බෝ විඤ්ඤූහි.' **'විඤ්ඤූහි'** කියන්නේ නුවණැති මනුෂ්‍යයින් විසින්, **'පච්චත්තං වේදිතබ්බෝ'** කියන්නේ වෙන් වෙන් වශයෙන් අවබෝධ කළ යුතුයි. මට ශ්‍රද්ධාව ඇතිවුණා කියලා ඒකෙන් කොටසක් තව කෙනෙකුට දෙන්න බැහැ. එයා ඒක වෙනම ඇති කරගන්න ඕන. තව කෙනෙකුට සීලය ඇතිවුණා කියලා ඒ සීලය වෙන කෙනෙකුට දෙන්න බැහැ. එයා ඒක වෙනම ඇති කරගන්න ඕන. තව කෙනෙක් සමාධිය ඇති

කරගත්තා කියලා ඒ සමාධිය වෙන කෙනෙකුට දෙන්න බැහැ. එයා ඒක වෙනම ඇති කරගන්න ඕන. ප්‍රඥාවත් එහෙමයි. මේ නිසා තමයි, පවුල් පිටින් නිවන් දකිනවා කියන එක කෙරෙන්නේ නැත්තේ.

අපි යශෝදරා දේවිය හිටපු පවුල ගනිමු. යශෝදරා දේවිය පැවිදිවෙලා රහත් භික්ෂුණියක් බවට පත්වුණා. රාහුල කුමාරයත් රහතන් වහන්සේ නමක් වුණා. යශෝදරාගේ අයියා, දේවදත්ත නිරයේ ගියා. යශෝදරාගේ තාත්තා සුප්‍රබුද්ධ, උන්දැත් නිරේ ගියා. එතකොට අපට මේකෙන් පේන්නේ අපට ඕන ඕන හැටියට පවුලේ කට්ටිය ගන්න බැහැ. සමහරු 'අනේ අපේ අම්මවත් මේකට ගන්න ඇත්නම්... අපේ මහත්තයවත් මේකට ගන්න ඇත්නම්... අපේ නෝනවත් ගන්න ඇත්නම්... අපේ ළමයිවත් ගන්න ඇත්නම්...' කියලා හිතනවා. නමුත් එහෙම ගන්න බැහැ. මොකද මේ ධර්මය '**පච්චත්තං වේදිතබ්බෝ විඤ්ඤූහි**' නුවණ තියෙන කෙනා තම තමාට ආවේණික උත්සාහයෙන්, වීරියෙන්, ධෛර්යෙන් අවබෝධ කරගන්න දෙයක්.

බුදුරජාණන් වහන්සේගේ ධර්මයේ තියෙන මේ ලක්ෂණ අපි ඉතිහාසයත් එක්ක ගලපලා බලන්න ඕන. මේ ධර්මයට අවුරුදු 2600ක ඉතිහාසයක් තියෙනවා. බුදුරජාණන් වහන්සේගේ දේශනා තුළ අපට හැම තිස්සේම පේන කාරණයක් තමයි, නුවණ තියෙන කෙනා මේ ධර්මය අවබෝධ කරගන්නවා කියන එක. පින්වත්නි, අපි අන්න ඒ ධර්මය කෙරෙහි පහදින්න ඕන.

ආර්ය සත්‍යයට පහදින්න...

ඒ ලක්ෂණ වලින් යුතු ධර්මය තමයි 'දුක' නම් වූ

ආර්ය සත්‍යය. ඒ දුක නම් වූ ආර්ය සත්‍යය බුදුරජාණන් වහන්සේ විවිධ ක්‍රමයට, විවිධ වචනවලින්, විවිධාකාරයෙන් විස්තර කර දෙනවා. එතකොට නුවණ තියෙන කෙනා දුක නම් වූ ආර්ය සත්‍යය අවබෝධ කරනවා.

ඊළඟට බුදුරජාණන් වහන්සේ '**දුක්ඛ සමුදය**' නම් වූ ආර්ය සත්‍යය ගැන වදාළා. දුක්ඛ සමුදය කියන්නේ **කාම තණ්හා, භව තණ්හා, විභව තණ්හාවට.** කාම තණ්හා කියන්නේ, රූප, ශබ්ද, ගන්ධ, රස, ස්පර්ශ කියන මේ පහට තියෙන ආශාව. කාම තණ්හාව තියෙන වෙලාවට, භව තණ්හාව හොයන්න බැහැ. විභව තණ්හාවත් හොයන්න බැහැ. මොකද, ඒ වෙලාවට මතුවෙලා තියෙන්නේ කාම තණ්හාව. කාම තණ්හාව කාමච්ඡන්ද නීවරණයත් එක්කයි තියෙන්නේ.

භව තණ්හාව කියන්නේ පැවැත්මට තියෙන ආශාව. විභව තණ්හාව කියන්නේ නැවැත්මට තියෙන ආශාව. නිවන කරා යන්න නම් මේ තණ්හා තුනම නැතිවෙන්න ඕන. අවබෝධයක් නැති කෙනෙකුට 'නිවනට තියෙන ආශාව, විභව තණ්හාවයි' කියලා හිතෙන්න පුළුවන්. එහෙම වෙන්නේ නෑ. නිවන කරා යන්න නම් මේ තණ්හා තුනම ප්‍රහාණය වෙන්න ඕන. සමහරු මගෙන් අහනවා "ඉතින් නිවනටත් අපි ආශා කරනවානේ" කියලා. ඒ කියන්නේ එයාට ඕන වාදයක්.

දුකෙන් මිදීමට ඇල්ම අත්හරින්න...

අපි ගත්තොත්, අපට අසනීපයක් හැදිලා නම් ඉන්නේ, අපි ඒ අසනීපය සනීප කරගන්න උත්සාහ කරනවානේ. ඒ වෙනුවෙන් අපි වෛද්‍යවරු පස්සේ දුවනවා. බෙහෙත් කරනවා. අපි බෙහෙත්වලට ආසාවෙන්ද

ඒ කරන්නේ? අපට ඕන සනීප වෙන්නනේ. අන්න ඒ වගේ තමයි, නිවන කරා යනවා කියන එක. එය දුකෙන් නිදහස් වීමේ අවශ්‍යතාවත් එක්ක වෙන එකක්. දුක අවබෝධ වීමෙන් වෙන එකක්.

ඒකනේ බුදුරජාණන් වහන්සේ අපට නුවණින් විමස විමසා බලන්න කියලා දේශනා කරන්නේ. ඇස ගැන, කණ ගැන, නාසය ගැන, දිව ගැන, කය ගැන, මනස ගැන දැන් නුවණින් විමස විමසා බලන්න කියනවා. ඊළඟට 'මේක අනිත්‍යයි, මේක දුකයි, මේක තමාගේ වසඟයේ පවත්වන්න බැරි දෙයක් (අනාත්ම) කියලා නුවණින් විමස විමසා බලන්න කියනවා. ඒ විදිහට අවබෝධ වෙන්න වෙන්න, අපට මේකෙන් නිදහස් වෙන්න ඕන වෙනවා. අවබෝධ වෙන්න වෙන්න තමයි ඕන වෙන්නේ. අවබෝධයක් නැතුව ඕන වෙන්නේ නෑ. දුක අවබෝධ වෙනකොට තමයි, එයා දුකට ඇළුම් කිරීම අත්හරින්නේ. දුකට ඇළුම් කිරීම අත්හැරියොත් තමයි දුකෙන් නිදහස් වෙන්නේ.

බොහෝ කාලයක් වංචා කරලා...

ඒකට බුදුරජාණන් වහන්සේ හොඳ ලස්සන උපමාවක් දේශනා කරනවා. ඔන්න අන්ධ මනුෂ්‍යයෙක් හිටියා. ඒ අන්ධ මනුෂ්‍යයාට මේ ලෝකයේ තියෙන ලස්සනම ඇඳුම ඇඳගන්න ඕන වුණා. ඉතින් මෙයා "මට මෙහෙම ලස්සන ඇඳුමක් අඳින්න ඕන" කියලා යාළුවන්ට කිව්වා. ඉතින් යාළුවොත් "හා... හා... අපි ඇඳුමක් දෙන්නම්" කියලා මේ අන්ධ මනුෂ්‍යයාට කැතම කැත ඇඳුමක් අන්දනවා. මෙයාගේ ඇස් පේන්නේ නෑනේ. දැන් මෙයා මේ බාච්චුව වගේ එක එල්ලගෙන ටවුමට යනවා. ගිහිල්ලා "මේ බලාපල්ලා මගේ ඇඳුමේ ලස්සන..." කියලා

කියනවා. අනිත් අයත් මෙයාව සතුටු කරන්න හිතාගෙන "ෂා... හරි අගෙයිනේ. හැබෑම ලස්සන ඇඳුමක්නේ" කියනවා.

ඒ හැමෝම එයාගේ අදහසටම තල්ලුව දුන්නා මිසක් මේක කියන්න විදිහක් නෑනේ. මොකද එයාට පේන්නෙ නෑනේ. කරුණාවන්ත දොස්තර මහත්තයෙක් මෙයාගේ ඇස්වලට බෙහෙත් දානවා. ඇස්වලට බෙහෙත් දානකොට ඇස් දෙක පේන්න පටන් ගන්නවා. එතකොට එයා ඉස්සල්ලාම බලන්නේ ඇඳුම දිහානේ. බලද්දී මෙයාට පේනවා, ලස්සනයි කියලා හිතාගෙන හිටියට මාව රවට්ටලා බාච්චුවක් අන්දවලා කියලා. එතකොට එයාට හිතෙන්නේ 'මේ අය බොහෝ කාලයක් තිස්සේ මාව වංචා කරගෙන හිටියා' කියලයි.

විද්‍යා විමුක්ති පිහිටන්නේ රහතන් වහන්සේට...

මේ වගේ තමයි, දුක අවබෝධ වෙනකොට, 'මේ ඇස, කණ, නාසය, දිව, කය, මනස අපිව වංචා කරලා තියෙනවා කියලා අවබෝධ වෙනවා. පංච උපාදානස්කන්ධය විසින් අපිව රවට්ටලා තියෙනවා කියලා අවබෝධ වෙනවා. එදාට තමයි අපි මේක අත්හරින්නේ. එයා කාම තණ්හා, භව තණ්හා, විභව තණ්හා තුනම ප්‍රහාණය කළ යුතු දෙයක් කියලා අවබෝධ කරගන්නවා.

ඊළඟට 'දුක්ඛ නිරෝධ ආර්ය සත්‍යය.' ඒ කියන්නේ නිවන. නිවන ගැන බුදුරජාණන් වහන්සේ පැහැදිලිවම දේශනා කරලා තියෙනවා. (**තණ්හක්ඛයෝහි රාධ, නිබ්බාණං**) නිවන කියලා කියන්නේ තණ්හාව නැතිවීමමයි. තණ්හාව නැතිවීම තමයි නිවන අවබෝධ වීම කියන්නේ. තණ්හාව නැතිවුණා නම් නැතිවුණා කියලා අවබෝධ

කරගන්නවා. ඒ අවබෝධයට '**විද්‍යාව**' කියලා කියනවා. තණ්හාව නිරුද්ධ වෙලා නිවන අවබෝධ වීමට '**විමුක්තිය**' කියලා කියනවා. එතකොට '**විද්‍යා විමුක්ති**' කියන දෙක තමයි රහතන් වහන්සේට තියෙන්නේ.

ඊළඟ ආර්ය සත්‍යය, **දුක්ඛ නිරෝධ ගාමිනී පටිපදා ආර්ය සත්‍යය.** ඒ කියන්නේ **ආර්ය අෂ්ටාංගික මාර්ගය.** ඒ දුක්ඛ නිරෝධගාමිනී පටිපදා ආර්ය සත්‍යයට තමයි අර කියපු සත්තිස් බෝධි පාක්ෂික ධර්ම අයිති වන්නේ.

සීල, සමාධි, ප්‍රඥා ද...? ප්‍රඥා, සීල, සමාධිද..?

ආර්ය අෂ්ටාංගික මාර්ගය ආරම්භ කරන්නේ සම්මා දිට්ඨියෙන්. ඊළඟට සම්මා සංකප්ප, සම්මා වාචා, සම්මා කම්මන්ත, සම්මා ආජීව, සම්මා වායාම, සම්මා සති, සම්මා සමාධි. මේ ආර්ය අෂ්ටාංගික මාර්ගය තුළ හික්මෙන ක්‍රම තුනක් තියෙනවා. ඒ තමයි **සීල, සමාධි, ප්‍රඥා.** ආර්ය අෂ්ටාංගික මාර්ගයේ සැලැස්ම දිහා බලපුවාම අපට ඉස්සර වෙලාම පේන්නේ ප්‍රඥාව ඉස්සෙල්ලා තියෙනවා වගේ. ඇයි, සම්මා දිට්ඨියෙන්නේ පටන්ගන්නේ. සම්මා දිට්ඨි, සම්මා සංකප්ප කියන දෙක තමයි **ප්‍රඥා.** සම්මා වාචා, සම්මා කම්මන්ත, සම්මා ආජීව කියන තුන තමයි **සීල.** සම්මා වායාම, සම්මා සති, සම්මා සමාධි තුන තමයි සමාධි.

එතකොට බැලූ බැල්මට පේන්නේ සීල, සමාධි, ප්‍රඥා වගේ නෙවෙයි, ප්‍රඥා, සීල, සමාධි වගේ. සමහරු මේකට රැවටෙනවා. රැවටිලා 'සීල, සමාධි, ප්‍රඥා නෙවෙයි ඔතැන තියෙන්නේ. ඔතැන තියෙන්නේ ප්‍රඥා, සීල, සමාධි' කියනවා. නමුත් විය යුත්තේ ප්‍රඥා, **සීල,** සමාධි නෙවෙයි, **සීල,** සමාධි, ප්‍රඥා.

සම්මා දිට්ඨිය පෙරට ගන්න...

සම්මා දිට්ඨිය ඉස්සරහට අරන් තියෙන්නේ මේකයි. ශ්‍රාවකයාට අවබෝධයෙන් යුක්ත සීලයක් පිණිසත්, අවබෝධයෙන් යුක්ත සමාධියක් පිණිසත්, අවබෝධයෙන් යුක්ත ප්‍රඥාවක් පිණිසත් මූලික පදනම සකස් කරන්නේ **සම්මා දිට්ඨිය.** සම්මා දිට්ඨියෙන් යුක්ත ශ්‍රාවකයා තමයි ආර්ය අෂ්ටාංගික මාර්ගයට වුවමනා කරන සීලය සම්පූර්ණ කරන්නේ. සම්මා දිට්ඨියෙන් යුක්ත ශ්‍රාවකයා තමයි ආර්ය අෂ්ටාංගික මාර්ගයට වුවමනා කරන්නා වූ සමාධිය සම්පූර්ණ කරන්නේ. සම්මා දිට්ඨියෙන් යුක්ත ශ්‍රාවකයා තමයි ආර්ය අෂ්ටාංගික මාර්ගයෙන් යුක්ත වූ ප්‍රඥාව සම්පූර්ණ කරන්නේ.

එතකොට ආර්ය අෂ්ටාංගික මාර්ගය සම්පූර්ණ වුණොත්, සීල, සමාධි, ප්‍රඥා සම්පූර්ණ වුණොත්... ඊළඟ එක ලැබෙනවා. ඒ තමයි සම්මා ඤාණ, සම්මා විමුක්ති. ඒ දෙක ලැබෙන්නේ රහතන් වහන්සේට. ඒකට **සීල, සමාධි, ප්‍රඥා, විමුක්ති, විමුක්ති ඤාණදර්ශන** කියලා කියනවා. සීල, සමාධි, ප්‍රඥා ගාවට විමුක්ති, විමුක්ති ඤාණ දර්ශන. රහතන් වහන්සේ ඒ කරුණු දහයෙන් යුක්තයි. විමුක්ති, විමුක්ති ඤාණදර්ශන කියන්නේ ආර්ය අෂ්ටාංගික මාර්ගය සම්පූර්ණ වීම තුළ වැඩුණ එකක් මිසක් වඩන එකක් නෙවෙයි.

පැහැදිලි කර ගත යුතු කරුණක්...

අපි මේක ඒ විදිහට පැහැදිලි කර ගන්න ඕන. ආර්ය අෂ්ටාංගික මාර්ගය තුළ සම්මා දිට්ඨිය හරියට තිබුණේ නැත්නම් සීලය කියලා එයා එක එක දේවල් කරනවා. පංච සීලයත් වැරදි විදිහට විස්තර කරයි. ඊළඟට සිල් නොවන

දේවල් සීලය කියලා පටලවා ගන්නවා. සීලයට අයිති දේ හරියට හඳුනගන්නේ නෑ. ඊළඟට සම්මා සමාධියට එන්න බැරිව යනවා. ඒ කියන්නේ සම්මා දිට්ඨිය නැත්නම් ආර්ය අෂ්ටාංගික මාර්ගයේ මාර්ග අංග එකක්වත් හරියට ඇති කරගන්න හම්බවෙන්නේ නෑ. ඒකයි ආර්ය අෂ්ටාංගික මාර්ගයේ, සම්මා දිට්ඨිය ඉදිරියටම අරගෙන තියෙන්නේ.

එතකොට පින්වත්නි, සම්මා දිට්ඨිය හරියට තිබුණොත් තමයි සම්මා සංකල්පය ඇති වෙන්නේ. සම්මා සංකල්පය ඉදිරියේදී අපට හිමීට හිමීට තෝරගන්න පුළුවන්. අපි බුදුරජාණන් වහන්සේගේ ධර්මයේ විස්තර කරන ඒ දහම් කරුණු ඉගෙන ගෙන ඒ දහම් කරුණු කෙරෙහි හිතේ පැහැදීමක් ඇතිකර ගන්න ඕන. එතකොට තමයි අවබෝධයෙන්ම තෙරුවන් සරණ යනවා කියන්නේ. අවබෝධයෙන්ම බුදුරජාණන් වහන්සේ වදාළ ධර්මය සරණ යනවා කියන්නේ. අපි හරියටම බුදුරජාණන් වහන්සේගේ ධර්මය සරණ ගියොත් අපි මේ ධර්මයෙයි, ලෝකයේ අනෙක් දේවලුයි අතර වෙනස හොඳට තේරුම් ගන්නවා.

අඳුරෙයි, එළියෙයි වෙනස දකින්න...

ආලෝකය ගැන දන්නා කෙනාට අඳුරෙයි එළියෙයි අතර වෙනස දකින්න පුළුවන්. නමුත් ආලෝකය ගැන දන්නේ නැති කෙනාට අඳුරෙයි එළියෙයි වෙනස හොයන්න බැහැ. ඒ වගේ ගෞතම බුදුරජාණන් වහන්සේගේ ධර්මය ගැන දන්නේ නැති කෙනාත් අනෙක් ආගම් දිහා බලලා 'ඒවායෙත් හොඳ දේවල් තියෙනවානේ' කිය කිය ඉන්නවා මිසක් වෙනස දකින්නේ නෑ. දන්නේ නැතුව 'මේ විද්‍යාවෙත් තියෙන්නේ බුදු දහමනේ' කියනවා. එහෙම

කියන මෝඩ අය හරියට ඉන්නවනේ. 'විද්‍යාවෙන් ඔප්පු වෙන අලුත් පරීක්ෂණනේ, බුදු දහමනේ ඔප්පු වෙන්නේ' කියා කියන මෝඩ අය හරියට ඉන්නවා. ඒකෙන් පේන්නේ බුදුරජාණන් වහන්සේගේ ධර්මය ලෝකයේ වෙනම දකින්න බැරිකමයි.

ධර්මයට සමාන කිසිවක් නැත...

බුදුරජාණන් වහන්සේගේ ධර්මය හදාරලා නුවණින් විමසා බැලුවොත් අපට පේනවා, මේ ලෝකයේ වෙන කිසිම ධර්මයකට මේ ධර්මය සමාන කරන්න බැහැ. ඇයි රතන සූත්‍රයේ තියෙන්නේ,

ඛයං විරාගං අමතං පණීතං
යදජ්ඣගා සක්‍යමුනී සමාහිතෝ
න තේන ධම්මේන සමත්ථි කිංචි

(ඛයං) සියලු තණ්හා ආදී කෙලෙස් ක්ෂය කරන්නා වූ, **(විරාගං)** නොඇල්ම ඇති කරන්නා වූ, **(අමතං)** අමරණීය වූ අමෘතය 'නිවන', **(පණීතං)** ප්‍රණීත වූ නිවන ලබා දෙන්නා වූ, **(යදජ්ඣගා සක්‍යමුනී සමාහිතෝ)** සමාහිත සිත් ඇති ශාක්‍ය මුනීන්ද්‍රයන් වහන්සේ යම් ධර්මයක් වදාළ සේක්ද, **(න තේන ධම්මේන සමත්ථි කිංචි)** ඒ ධර්මයට සමාන කිසිවක් නැත.

එතකොට 'අන්න ඒ ධර්මයට සමාන කිසිවක් නෑ' කියලා අපට පැහැදුණොත්, ඒ කෙනාට පුළුවන් මේ ධර්මය කෙරෙහි නොසෙල්වෙන චිත්තප්‍රසාදයක් ඇති කරගන්න. එහෙම නැත්නම් වෙන්නේ වෙන වෙන දේවල් අහන කොට "ආ... මේකමනේ අරකෙත් තියෙන්නේ... අරකනේ මේකෙත් තියෙන්නේ..." කියලා රැවටෙනවා. එයාට වෙන් වශයෙන් දකින්න බැරිව යනවා.

අවබෝධයෙන්ම මේක තේරුම් ගත්තොත් එයාට වෙන් වෙන් වශයෙන් තේරුම් ගන්න පුළුවන්. එයාට 'මේ ධර්මයේ තියෙන දේවල් ලෝකයේ වෙන කොහේවත් නෑ' කියලා තේරෙනවා. අන්න එතකොට තමයි එයාට නොසෙල්වෙන චිත්තප්‍රසාදයක් ඇතිවන්නේ.

එහෙම නැත්නම් දැන් ඔන්න අපි බෞද්ධ කියලා කියාගෙන ඉන්නවා. තව කෙනෙක් මේකට විරුද්ධව මොකක් හරි කියනවා නම් එයා ඒකට සක්ක ගහනවා. 'ඒකත් හරි තමයි' කියනවා. බනින කොට 'ආ... හරි තමයි ඒකත්' කියනවා. හේතුව, එයාට නිවැරදිව ස්ථාවරයක් නැහැ. ඊට පස්සේ ඒ කවුරුහරි ධර්මයට විරුද්ධව මොනවා හරි කිව්වොත් එයා එක ගන්නවා. අරගෙන ඒක කියාගෙන යනවා. බුදුරජාණන් වහන්සේගේ ධර්මය කෙරෙහි අවබෝධයෙන් පැහැදුණේ නැත්නම් මේ වගේ දේවල් සිද්ධ වෙනවා.

පැහැදීම තියෙන්න ඕන ඉන්ද්‍රඛීලයක් වගේ...

ඒ නිසා පින්වත්නි, මනුෂ්‍යයෙකුට අවබෝධයෙන් පැහැදෙනවා කියන එක කරගන්න ලැබුණොත් එයා මේ ලෝකයේ ඉතාම පින්වන්ත කෙනෙක්, වාසනාවන්ත කෙනෙක්. අවබෝධයෙන් පැහැදීම ඇති කර ගත්තොත් ඒ පැහැදීම නොසෙල්වෙන එකක්. ඒකයි 'අවෙච්චප්පසාද' කියන්නේ. අපි උපමාවකිනුත් කිව්වනේ, ඒ පැහැදීම තියෙන්න ඕන ඉන්ද්‍රඛීලයක් වගේ කියලා. එතකොට බුදුරජාණන් වහන්සේගේ ධර්මය කෙරෙහි ඇතිවන පැහැදීමත් තියෙන්නෙ ඕන ඉන්ද්‍රඛීලයක් වගෙයි. ඒ විදිහට ඉන්ද්‍රඛීලයක් වගේ තියෙන්න පුළුවන් වෙන්නේ ධර්මය දැනගත්තොත් විතරයි. ධර්මය දන්නෙ නැත්නම්

ඉන්ද්‍රඛීලයක් වගේ පැහැදීමක් ඇති කරගන්න පුළුවන්කමක් නෑ.

ධර්මය කා උදෙසාද...?

පින්වත්නි, ඒ බුදුරජාණන් වහන්සේගේ බුද්ධ දේශනා "**ස්වාක්ඛාත, සන්දිට්ඨික, අකාලික, ඒහිපස්සික, ඕපනයික, පච්චත්තං වේදිතබ්බෝ විඤ්ඤූ**" කියන ලක්ෂණයෙන් යුක්තයි. "**ධම්මං සරණං ගච්ඡාමි**" කියලා අපි සරණ යන්නේ ඒ ධර්මයයි කියන තැනට අපි එන්න ඕන.

එතකොට ඔය විදිහට ධර්මය තේරුම් අරගෙන සිත පහදින්න නම් අපට යම්කිසි නුවණක් ඕන නේද? බුදුරජාණන් වහන්සේ දේශනා කරලා තියෙන්නේ මාගේ මේ ධර්මය "**ප්‍රඥාවන්තයින් උදෙසා**" කියලයි. එහෙනම් අපි තේරුම් ගන්න ඕන, බුදුරජාණන් වහන්සේගේ ධර්මය හඳුනාගන්නේ ප්‍රඥාවන්ත කෙනෙක්. අපට ප්‍රඥාවන්ත කෙනා මොන විදිහද කියලා එක පාරට හොයන්න බෑ.

අපි කලින් කතා කළ කතාවේ බත් කන්නම මහණ වුණ ආච්චි අරහත් භික්ෂුණියක් වුණේ ඇය තුළ ප්‍රඥාව තිබුණ නිසයි.

උගත්, නූගත්කම් ධර්මයට අදාළ නැත..

ඒ කාලයේ 'සච්චක' කියලා හරි පණ්ඩිතයෙක් හිටියා. එයා ඒ කාලයේ තිබුණ උපාධි ටික ඔක්කොම අරගෙන හිටියේ. එයා කොච්චර පණ්ඩිතද කියනවා නම්, පණ්ඩිත වැඩිකමට බඩට ලොකු පටියක් බැඳගෙන හිටියා. මොකද, පණ්ඩිතකම බඩටත් බැහැලා. නමුත් ධර්මය ඇල්ලුවේ නෑ. බුදුරජාණන් වහන්සේ එයාව දමනය

කළා. දමනය කරපු නිසා හොඳයි. මට මතක හැටියට අවසානයේදී එයා බුදුරජාණන් වහන්සේව සරණ ගියා. නමුත් වේගයෙන් ධර්මය අල්ලන්නේ පැත්තක ඉන්න අහිංසක අය.

බුදුරජාණන් වහන්සේගේ කාලයේ දවසක් ඒ වගේම සීයා කෙනෙක් බත් කන්න තැනක් හොය හොයා යනවා. යන කොට සෙනඟ වටවෙලා ඉන්නවා. මෙයා 'මේ කෑම බෙදන තැනක් වෙන්න ඇති' කියලා එතැනට ගියා. ගියහම බුදුරජාණන් වහන්සේ පිරිසකට ධර්මය දේශනා කරමින් ඉන්නවා. මෙයා බැලුවා 'මේ කෑම දෙන තැනක් නෙවෙයිනේ. ආපු එකේ මොනවද කියන්නේ කියලා අහගන්න ඕන' කියලා අයිනකින් වාඩිවුණා. බුදුරජාණන් වහන්සේ දැක්කා, මෙයා තමයි මෙතැන ඉන්න අයගෙන් වේගයෙන්ම ධර්මය අල්ලන කෙනා කියලා. බුදුරජාණන් වහන්සේ ධර්මය දේශනා කළා. ධර්මය අවබෝධ කළා. සෝතාපන්න වුණා.

නුවණින් කල්පනා කිරීම ලැබෙන්නේ උපතින්...

එතකොට අපට පේනවා, ප්‍රඥාවන්ත මනුෂ්‍යයා උපතින් ගේන එකක් තියෙනවා. ඒ, **නුවණින් කල්පනා කරන්න පුළුවන්කමයි.** ඒක බලෙන් දෙන්න බෑ කියලා අපට තේරුම් ගිහිල්ල තියෙනවා. අපට ඒක කොච්චර දුරට තියෙනවාද කියලා අපි දන්නේ නෑ. ඒක තේරුම් ගන්න බුදුරජාණන් වහන්සේගේ ධර්මයම විමස විමසා බලන්න ඕන.

හැබැයි, මෙහෙම එකක් හිතන්න පුළුවනි. බුදුරජාණන් වහන්සේගේ ධර්මය අවබෝධ වෙන කෙනාට

ඒ ධර්මය මතක හිටිනවා. මතක හිටිනවා කියන එකේ තේරුම කටපාඩම් හිටිනවා කියන එක නෙවෙයි. 'ඒ ධර්මයෙන් මෙන්න මේ විදිහටයි මං ජීවිතේ ගැන බලන්න ඕන' කියන පණිවිඩය යනවා. ඊට පස්සේ එයා ඒ විදිහට නුවණින් විමසන්න පටන් ගන්නවා.

දිවක් වෙමුද...? හැන්දක් වෙමුද...?

ඒකයි බුදුරජාණන් වහන්සේ ප්‍රඥාවන්ත කෙනා ගැන "**මුහුත්තම්පි චේ විඤ්ඤූ**" කියලා පෙන්වා තියෙන්නේ. අන්න 'විඤ්ඤූ' කියන වචනය ආවා.

"මුහුත්තම්පි චේ විඤ්ඤූ - පණ්ඩිතං පයිරුපාසති,
ඛිප්පං ධම්මං විජානාති - ජිව්හා සූප රසං යථා"

"විඤ්ඤූ" කිව්වේ බුද්ධිමත් කෙනා. මොහොතක් හරි නුවණ තියෙන කෙනෙක්ව ඇසුරු කරනවා නම් වහා ධර්මය අවබෝධ කරගන්නවා. හරියට ව්‍යංජන රසය දන්නා දිව වගේ.

ඊළඟට තියෙනවා (**යාව ජීවංපි චේ බාලෝ - පණ්ඩිතං පයිරුපාසති**) අඥාන පුද්ගලයා මුළු ජීවිත කාලයම නුවණ තියෙන කෙනෙක්ව ඇසුරු කළත් (**න සෝ ධම්මං විජානාති**) එයා ධර්මය දකින්නේ නෑ. (**දබ්බී සූප රසං යථා**) හොද්දේ දාපු හැන්දක් වගේ.

වාසනාව මතින්නේ මෙහෙමයි...

එතකොට අපට පේනවා මේ ධර්මය අවබෝධ කරන්න වාසනාව තියෙන්න ඕන. හැබැයි, ඒ වාසනාව පිටට පේන්නෙ නෑ. අපි තුළත් ඒක තියෙනවාද කියලා අපි දන්නේ නෑ. අපි තුළ ඒ වාසනාව තියෙනවා කියලා දැනගන්නේ අවබෝධයෙන්ම ශ්‍රද්ධාවේ පිහිටපු දවසට.

අවබෝධයෙන්ම ශ්‍රද්ධාව පිහිටපු දවසට අපට මේ ධර්මය තේරුම් ගන්න පුළුවනි.

මොකද, හිත පහදින්න පටන් ගන්නේ වාසනාවට. ධර්මය නුවණින් මෙනෙහි කරන කොට, මෙනෙහි කරන කොට හිත පහදින්න පටන් ගන්නවා. හිත පහදින්න පටන් ගන්න කොට ශ්‍රද්ධාව පිහිටනවා. එයාට ඇද පේන්නෙ නෑ. සමහරු ධර්මය අහනවා. අහගෙන ඉඳලා ඉස්සරහට මොකක් හරි ඇදයක් ගන්නවා. අරගෙන ඇදේ තමයි උලුප්ප උලුප්ප කතා කරන්නේ. එයාට ධර්මය අල්ලන්න බැහැ.

කළුවර පක්ෂයේ හඳක්...

ධර්මයේ ඇද හොයන්න බණ අහනවා නම් එයා කළුවර පැත්තේ තියෙන හඳක් වගේ කියනවා. කළුවර පැත්තේ තියෙන හඳ කළුවර වෙනවා මිසක් එළිය වෙන්නේ නෑ. ඒ වගේම ඇද හොයන්න බණ අහනවා නම් දිය සිඳීගෙන යන තැනක ඉන්න මාලුවෙක් වගේ කියනවා. ඒ මාලුවා මැරිලා යනවා මිසක් වතුර හම්බ වෙන්නේ නැනේ. ඒ වගේ මේ ධර්මයෙන් ඈත් වෙලා යනවා. ඒ නිසා ධර්මය අහන කොට අහන්න ඕන අවබෝධ කරනවා කියන අදහසින්. අවබෝධ කරනවා කියන අදහසින් අහන එකට **"අට්ඨීකත්වා මනසිකත්වා ඕහිතසෝතෝ ධම්මං සුණාති"** කියලා කියනවා. 'මම මේක අවබෝධ කරගන්නවා' කියන අදහසින්, කණ් යොමු කරගෙන බණ අහනවා.

බුදුරජාණන් වහන්සේගේ කාලයේ ධර්මය අවබෝධ වුණේ ඒ අයට තමයි. 'මං මේක අවබෝධ කරනවා' කියන අදහසින් කන් යොමු කරගෙන බණ අහන කෙනා තමයි

මේ ධර්මය අවබෝධ කරගන්නේ. මේ කාලයේ වුණත් අවබෝධ වෙන්නේ එහෙම අහන අයට තමයි.

විස්මිත දේශනා කෞශල්‍යය...

ඒක බුද්ධ දේශනාවේ සඳහන් වෙනවා. බුදුරජාණන් වහන්සේ ධර්මය දේශනා කරද්දී මිනිස්සු අහගෙන ඉඳලා මාර්ගඵල ලැබුවා කියලා ඔබ අහලා තියෙනවනේ. ඒක වෙන හැටිත් බුදුරජාණන් වහන්සේ දේශනා කරලා තියෙනවා. ඒ තමයි (**අට්ඨිකත්වා මනසිකත්වා ඕහිතසෝතෝ ධම්මං සුණාති**) මනාකොට, අවධානය සියයට සීයක් යොමුකොට, කන් යොමු කරගෙන බණ අහනවා. බුදුරජාණන් වහන්සේගේ ධර්මයට සවන් දෙනකොට ඒ බුදුරජාණන් වහන්සේගේ හඬ... හැකියාව... උන්වහන්සේගේ වචන... මේ ඔක්කෝම බලපානවා. ඊට පස්සේ ඒ අහගෙන ඉන්න කොට එයාගේ පංච නීවරණ සංසිඳෙනවා. සතර සතිපට්ඨානයේ සිත පිහිටනවා.

බුදුරජාණන් වහන්සේ චතුරාර්ය සත්‍යය දේශනා කරන කොට අවබෝධ වෙනවා. අන්න ඒකයි අහගෙන ඉන්දැද්දී ධර්මය අවබෝධ වෙනවා කියන්නේ. හැබැයි, අපි මේ ජීවිතයේදී එහෙම එකක් පුරුදු කළොත්, අපට ඒක නොවැරදීම මේ ජීවිතයට හෝ ඊළඟ ජීවිතයට උපකාර වෙනවා. එහෙම නැත්නම් අපට ඒ අවස්ථාව අහිමිවෙන්න ඉඩ තියෙනවා.

ඒ නිසා පින්වත්නි, අපි ගෞතම බුදුරජාණන් වහන්සේගේ ගුණ හොඳින් තේරුම් ගන්න ඕන. අපි කලින් දවසේ ඒ බුදු ගුණ නවය ඉගෙනගත්තා. ශ්‍රද්ධාව ඇති කරගන්න ආකාරය ගැන ඉගෙන ගත්තා. දැන් අපි උන්වහන්සේ වදාළ ධර්මය කෙරෙහි ශ්‍රද්ධාව ඇති කර

ගන්නේ කොහොමද කියලා ඉගෙන ගත්තා.

ඉතින් අපි සියලු දෙනාටමත් බුදුරජාණන් වහන්සේ දේශනා කළ ශ්‍රී සද්ධර්මය ගැන නොසෙල්වෙන පැහැදීම ඇතිකර ගන්න වාසනාව උදාවේවා!

සාදු! සාදු!! සාදු!!!

නමෝ තස්ස භගවතෝ අරහතෝ සම්මාසම්බුද්ධස්ස
ඒ භාග්‍යවත් අරහත් සම්මා සම්බුදුරජාණන් වහන්සේට නමස්කාර වේවා!

03.
ආර්ය මහා සංඝරත්නය කෙරෙහි නොසෙල්වෙන පැහැදීම

(සංයුත්ත නිකාය 5 - අභිසන්ද සූත්‍රය)

ශ්‍රද්ධාවන්ත පින්වතුනි,

අපි මේ දවස්වල ඉගෙන ගන්නේ "අභිසන්ද" කියන බුද්ධ දේශනාව. ඒ බුද්ධ දේශනාවේදී අපි පුණ්‍ය ගංගාව, කුසල ගංගාව ගැන ඉගෙන ගත්තා. අපි මේ වෙනකොට එහි ඇතුළත් වූ ජීවිතයකට උදාකර ගත යුතු කරුණු හතරින් කරුණු දෙකක් ගැන කතා කළා.

ඒ තමයි, බුදුරජාණන් වහන්සේ ගැන අවබෝධයෙන්ම පැහැදීමක් ඇති කරගෙන, ඉන්ද්‍රඛීලයක් වගේ ඒ පැහැදීම පවත්වන හැටි ඉගෙන ගත්තා. ඒ කියන්නේ බුදුරජාණන් වහන්සේ ගැන කාටවත් වෙනස් කරන්න බැරි විදිහේ පැහැදීමක් ඇතිකර ගන්න හැටි ඉගෙන ගත්තා. ඊළඟට අපි බුදුරජාණන් වහන්සේ වදාළ ධර්මය, ගුණ වශයෙන් අවබෝධ කරගෙන පැහැදීමක් ඇති කර ගන්නා ආකාරය ඉගෙන ගත්තා.

තුන්වන කුසල ගංගාව...

අද අපි ඉගෙන ගන්නේ තුන්වන කුසල ගංගාව ගැන. ඒ තමයි බුදුරජාණන් වහන්සේගේ ශ්‍රාවකයන් වහන්සේලා ගැන පැහැදීම ඇති කරගැනීම. බුදුරජාණන් වහන්සේ පළමුවෙන්ම දේශනා කරපු සූත්‍ර දේශනාව තමයි **දම්සක් පැවතුම් සූත්‍රය**. ඒ දේශනාවෙන් තමයි ශ්‍රාවකයන් වහන්සේලාගේ පටන් ගැනීම ඇතිවුණේ. ස්වාමීන් වහන්සේලා පස් නමක් ඒ දේශනාව ශ්‍රවණය කළා. ඒ ස්වාමීන් වහන්සේලා අතරින් **කොණ්ඩඤ්ඤ** ස්වාමීන් වහන්සේ ඉස්සර වෙලාම ධර්මය අවබෝධ කළා. එහිදී කොණ්ඩඤ්ඤ ස්වාමීන් වහන්සේට විතරක් අවබෝධ වෙන්න හේතු වුණේ කුමක්ද?

ඔබ දන්නවා, බෝසතාණන් වහන්සේ දුෂ්කර ක්‍රියා කරපු කාලයක් තිබුණනේ. උන්වහන්සේ 'ඒ දුෂ්කර ක්‍රියාව වැරදියි' කියලා අවබෝධ කර ගත්තා. අවබෝධ කරලා ඒක අත්හැරියා. ඒ වෙනකොට පස්වග භික්ෂූන් වහන්සේලා හිටියේ, දුෂ්කර ක්‍රියාව තුළින් අවබෝධ කරන්න පුළුවන් කියන මතයේ. ඒ නිසා බුදුරජාණන් වහන්සේ සම්බුද්ධත්වයට පත්වෙන්න කලින් දුෂ්කර ක්‍රියාව අත්හැරියාම ඒ පස්දෙනා කලකිරුණා. උන්වහන්සේට පාර වැරදුණා කියලා හිතුවා. උන්වහන්සේව අත්හැරලා බරණැසට ගියා.

නෙළුම් පොකුණක මේරූ නෙළුම්...

ඒ නිසා බුදුරජාණන් වහන්සේ සම්බුද්ධත්වයට පත් වූ බව මේ ස්වාමීන් වහන්සේලා පස්නම දන්නේ නෑ. බුදුරජාණන් වහන්සේ සම්බුද්ධත්වයට පත්වෙලා ලෝකය ගැන විමසලා බලන කොට උන්වහන්සේ මේ

ලෝකය දැක්කේ නෙළුම් පොකුණක් වගෙයි. නෙළුම් පොකුණක තියෙන මෝරපු නෙළුම් වගේ මේ ලෝකයේ කල්පනා ශක්තිය මෝරපු මනුෂ්‍යයන් ඉන්නවා. ධර්මය නමැති සූර්යයා පායා ආවොත්, හිරු කිරණ වැදිලා ඒ නෙළුම් මල් පිපෙනවා. ඒ වගේ කල්පනා ශක්තිය මෝරපු මනුෂ්‍යයන්ට මේ ධර්මය අවබෝධ කරගන්න පුළුවන් කියලා උන්වහන්සේට අවබෝධ වුණා.

ඉතින් උන්වහන්සේ බරණැසට වැඩම කරපු වෙලාවේ ඒ ස්වාමීන් වහන්සේලා එකපාරට පිළිගත්තේ නෑ. මොකද, අර මතයේ හිටපු නිසා. ඒ අය ඈත තියාම බුදුරජාණන් වහන්සේ වඩිනවා දැක්කා. ඒ වෙලාවේ මේ ස්වාමීන් වහන්සේලාගේ සිතේ 'අන්තිමට අපි ළඟටම ඔය එන්න වුණේ' කියලා අදහසක් ඇතිවුණා. ඒ නිසා 'උසස් කුලයක නිසා ආසනයක් විතරක් තියමු. අපි සළකන්න යන්න ඕන නෑ' කියලා කතිකා කරගත්තා.

අමෘතයට සවන් දෙන්න...

නමුත් උන්වහන්සේ ළංවෙන කොට ඒගොල්ලන්ට ඒ අදහසේ ඉන්න බැරිවුණා. එක භික්ෂුවක් ගිහිල්ලා පාත්තරේ, සිවුරු ඉල්ලා ගත්තා. තව භික්ෂුවක් ඉක්මනට දෙපා සෝදන්න පැන් තිබ්බා. මේ වගේ උපස්ථාන කටයුතු කළා. ඒ කාලයේ සම සම අය කතා කරන වචනයක් තියෙනවා 'ආවුසෝ' කියලා. 'ආවුසෝ' කියන එක අපි සිංහලෙන් දනට 'ආයුෂ්මතුනි' කියලා පාවිච්චි කරනවා. (ආවුසෝ කියන්නේ සම අයට කතා කරන වචනයක්) ඉතින් මේ අය බුදුරජාණන් වහන්සේට 'ආවුසෝ' කියලා කතා කළා.

ඉස්සර වෙලාම බුදුරජාණන් වහන්සේ, "කොහොමද

ඔබේ දානමාන හම්බ වෙනවද? හොඳින් පහසුවෙන් ඉන්නවද?" කියලා ඇහුවා. "පහසුවෙන් ඉන්නවා" කිව්වා. මේ පස්වග භික්ෂූන් වහන්සේලා කියනවා, "ආයුෂ්මතුනි, ඔබ දැන් හරි ලස්සනයි." දැන් මේ කියන්නේ බුදුරජාණන් වහන්සේට. ඒ අය හිතුවේ දුෂ්කර ක්‍රියා අත්හැරපු නිසා ලස්සන වෙලා කියලයි.

ඒ විදිහට කිව්වම බුදුරජාණන් වහන්සේ, "මහණෙනි, ආයුෂ්මතුනි, කියන්න එපා! මට අමෘතය හම්බවුණා. මං ඒක අත්දුටුවා. මං එය ඔබලාට දේශනා කරන්නම්. ඔබට අවබෝධ කරන්න පුළුවන්" කියලා වදාළා. නමුත් ඒ අය එක පාරටම ඒක පිළිගත්තේ නෑ. "එහෙම වෙන්නේ කොහොමද? ඔබවහන්සේ දුෂ්කර ක්‍රියාව අත්හැරියනේ... ආයුෂ්මතුනි, දුෂ්කර ක්‍රියාව අත්හැරලා කොහොමද එකපාරට එහෙම වෙන්නේ?" ඔන්න ආයෙත් 'ආයුෂ්මතුනි' කිව්වා. ඊට පස්සේ බුදුරජාණන් වහන්සේ ආයෙත්, "ආයුෂ්මතුනි කියන්න එපා! තථාගතයන් වහන්සේ සම්බුද්ධත්වයට පත්වෙලයි ඉන්නේ, අවබෝධ කරලයි ඉන්නේ. අහන්න මා කියන්නම්" කියලා වදාළා. ඒ පාරත් ඒ ප්‍රශ්නයම ඇහුවා.

මීට කලින් මෙහෙම කියලා තියෙනවාද...?

තුන්වැනි වතාවේ බුදුරජාණන් වහන්සේ අහනවා, "මහණෙනි, මම ඔබට මීට කලින් 'මම අවබෝධ කරගත්තා. මම මේ ධර්මය අවබෝධ කරගෙනයි කියන්නේ' කියලා ප්‍රකාශයක් කරලා තියෙනවාද?" අන්න එතැනදී "නෑ, ස්වාමීනී" කිව්වා.

බුදුරජාණන් වහන්සේ අවබෝධ කරලයි තියෙන්නේ කියන අදහස ගියේ, ඒ පස් දෙනාගෙන් එක් කෙනෙකුගේ

හිතට. ඒ කොණ්ඩඤ්ඤ ස්වාමීන් වහන්සේට. මොකද, කොණ්ඩඤ්ඤ ස්වාමීන් වහන්සේ තමයි බ්‍රාහ්මණ පණ්ඩිතයෙක් වෙලා ඉන්න කාලයේ කිඹුල්වත් නුවර සිද්ධාර්ථ කුමාරයාට නම් තබන උත්සවයට සහභාගී වූ කෙනා. එදා දෙතිස් මහා පුරුෂ ලක්ෂණ බලලා, එක ඇඟිල්ලක් උස්සපු කෙනා. එයා එදා 'අනාගත බුදුරජාණන් වහන්සේගෙන් මම ධර්මය අහන්න ඕන' කියලා තීරණය කළා. ඔක්කෝම අත්හැරලා මහණ වුණා. ඒ නිසා එයාගේ හිතට 'එහෙනම් මේ උත්තමයා අවබෝධ කරලා තියෙනවා' කියලා ශ්‍රද්ධාවක් ඇතුළු වුණා. එයා ශ්‍රද්ධාවෙන් ඇහුවා. අනිත් අය සැකයෙන් ඇහුවා.

ඕක දන්නේ නැති සමහරු පළමු දේශනය සාර්ථක වුණේ නෑ කියලා කියනවා. ධර්මය ශ්‍රද්ධාවෙන් ඇහුවොත් එයා අවබෝධ කරනවා. ශ්‍රද්ධාව ඇතිවූ ගමන් 'අවබෝධ කරගන්න ඕන' කියන අදහසින් අවධානයෙන් අහනවා. ශ්‍රද්ධාව නැති කෙනා දෙගිඩියාවෙන් අහනවා.

පළමු දේශනාව සීයට සීයක් සාර්ථකයි...

ඒ පළමුවැනි දේශනාවේදී, බුදුරජාණන් වහන්සේ කොණ්ඩඤ්ඤ ස්වාමීන් වහන්සේට අවබෝධ වුණා කියලා දැක්කා. එතකොට ඉස්සර වෙලාම ශ්‍රාවකයෙක් හැටියට බිහිවුණේ සෝතාපන්න ශ්‍රාවකයෙක්. පළමුවෙනි පියවරට ආපු කෙනෙක්. ඉතින් සියයට සීයක්ම සාර්ථකයිනේ. බුදුරජාණන් වහන්සේගේ ශ්‍රාවකයන්ගේ පියවර පටන් ගන්නේ ඒ විදිහටනේ. ඔන්න ඉස්සර වෙලාම කොණ්ඩඤ්ඤ ස්වාමීන් වහන්සේ සෝවාන් වුණා. දැන් බුද්ධ, ධම්ම, සංඝ කියන ත්‍රිවිධ රත්නයේ සෝතාපන්න ශ්‍රාවකයා පහළ වෙලා ඉන්නවා. ඊළඟට අනිත් පිරිසටත්

'හරි, මේ ධර්මය අවබෝධ කරන්න පුළුවන්' කියලා ශ්‍රද්ධාව පිහිටියා. ඊට පස්සේ තමයි, භද්දිය, වප්ප, මහානාම, අස්සජි කියන ස්වාමීන් වහන්සේලාට සවන්දීමේ ඕනකම ඇති වුණේ. ඊට පස්සේ දෙනමක් පිඬු සිඟා වඩිනවා. එක්කෝ තුන්නමක් පිඬු සිඟා වඩිනවා. ඒ දානෙන් ඔක්කෝමලා යැපෙනවා. බුදුරජාණන් වහන්සේ ධර්ම දේශනා කරනවා. දැන් එක නම, එක නම සෝවාන් වෙනවා.

ඊට පස්සේ පස් නමම එකතු කරලා අනාත්ම ලක්ඛණ සූත්‍ර ධර්මය දේශනා කළා. දේශනා කරන කොට සකදාගාමී, අනාගාමී, අරහත් කියන ඵලයට පත් වූ රහතන් වහන්සේලා පස් නමක් බිහිවුණා. ඊට පස්සේ ඔන්න ආයෙමත් මේ පෘථිවියේ, කෙලෙස් සහිත මිනිස්සු පා තබාගෙන යන පොළොවේ නිකෙලෙස් උතුමන් පය තබා යන්න පටන් ගත්තා. ලෝකයට රහතන් වහන්සේලා බිහිවුණා.

ජීවිත අර්ථය මේකද...?

මෙහෙම ඉන්න කොට දවසක් යස කියලා කුල පුත්‍රයෙක් 'මේ ජීවිතේ තේරුම මොකක්ද? ජීවිතේ මීට වඩා නිදහසක් කියලා එකක් නැද්ද? මම නිදහසක් හොයා ගෙන යනවා' කියලා පාන්දරින්ම මිදුලට බැස්සා. එයා බොහෝම ධනවත් කෙනෙක්. රත්තරන් සෙරෙප්පු දෙකක් පාවිච්චි කරපු කෙනෙක්. ඉතින් මේ යස කුලපුත්‍රයා පාර දිගේ ඔහේ ඇවිදගෙන ගියා. (අපිත් ඇවිදින්න හිතුනහම ඒ විදිහමට යනවනේ. අතරමගදී 'මං මේ පාරෙත් පොඩ්ඩක් ඇවිදින්න ඕන' කියලා හිතුණොත් ඒ පාරෙත් ඇවිදිනවනේ)

ඒ වගේ මේ යස කුලපුත්‍රයා ඇවිදගෙන ගියා. යද්දී බුදුරජාණන් වහන්සේ පාන්දර පාර අයිනේ ගහක් යට වැඩ

ඉන්නවා. යස කුලපුත්‍රයා බුදුරජාණන් වහන්සේ ඉන්නවා දැක්කේ නෑ. නමුත් උන්වහන්සේ ළඟින් යන කොට මෙයාගේ කටින් "අනේ මං මේ ගතකරන ජීවිතේ නම් මහා කරදර ගොඩක්" කියලා කියවුණා. බලන්න වාසනාව කැරකෙන හැටි. එහෙම කියන කොට බුදුරජාණන් වහන්සේ කියනවා, "යස, මේ මං ගතකරන ජීවිතේ නම් කිසිම කරදයක් නෑ.." එතකොට යස කුලපුත්‍රයා බැලුවා. තමන්ගේ නමින්ම කතා කළානේ. පැහැදුණා. ළඟට ඇවිල්ලා වාඩිවුණා. බුදුරජාණන් වහන්සේ ධර්මය දේශනා කළා. යස කුලපුත්‍රයා සෝවාන් වුණා.

තමන් ගැන හෙව්වොත් නරකද...?

ඊට පස්සේ යස කුලපුත්‍රයාගේ තාත්තා උදේ නැගිටලා බලනකොට ළමයා නෑ. එකම පුතා. ඊට පස්සේ බැලුවා. වත්තට බැස්සා. අඩි පාර තියෙනවා. දැන් තාත්තා අඩි පාර දිගේ එනවා. යසකුල පුත්‍රයා බුදුරජාණන් වහන්සේ ලඟ වාඩිවෙලා ඉන්නවා. බුදුරජාණන් වහන්සේ යසකුල පුත්‍රයාව පේන්නේ නැති වෙන්න අධිෂ්ඨානයක් කළා.

"ස්වාමීනී, අපේ පුතාව දැක්කද?"

"පුතා ගැන හොයනවාට වඩා තමන් ගැන හෙව්වොත් හොඳ නැද්ද?"

"හොඳයි" කියලා වාඩි වුණා. දැන් බුදුරජාණන් වහන්සේ ධර්ම දේශනා කරන කොට යස කුලපුත්‍රයත් අහගෙන ඉන්නවා. තාත්තා සෝවාන් වුණා. පුතා රහත් වුණා. ඊට පස්සේ බුදුරජාණන් වහන්සේ අර අධිෂ්ඨානය අත්හැරියා. දැන් යසකුල පුත්‍රයා වාඩිවෙලා ඉන්නවා. බුදුරජාණන් වහන්සේ "මේ ධර්මය පරිපූර්ණව අවබෝධ කරගත් කෙනෙකුට ගිහි ජීවිතේ ඉන්න පුළුවන්ද?" කියලා

ඇහුවා. "බැහැ ස්වාමීනී" කිව්වා. එයා තමයි තෙරුවන් සරණේ පිහිටපු පළවෙනි ගිහි ශ්‍රාවකයා.

මනාකොට දෙසූ දහමක දුක් කෙළවර කරන්න

යස කුලපුත්‍රයා 'ඒහි භික්ෂු' පැවිද්දෙන් පැවිදි වුණා. ඒහි භික්ෂු පැවිද්ද කියලා කියන්නේ බුදු කෙනෙකුට පමණක් ලබාදෙන්න පුළුවන් පැවිද්දක්. දැන් යස කුලපුත්‍රයා රහත් වුණානේ. නමුත් තාම තියෙන්නේ ගිහි ඇඳුම්. බුදුරජාණන් වහන්සේ යස කුල පුත්‍රයාට, "භික්ෂුව එන්න, මෙය මනාකොට දේශනා කරපු ධර්මයක්. දුක් කෙලවර කරන්න පුළුවන් ධර්මයක්" කියලා වදාළා. ඒ සැණින් එයාගේ හිස කෙස් නැති වෙනවා. ගිහි ඇඳුම් නැතිවෙනවා. සිවුරු පිරිකර ලැබෙනවා. ඒක ඉර්ධියක්. ඒකට තමයි ඒහි භික්ෂු පැවිද්ද කියලා කියන්නේ. ඒක ලබන්න පුළුවන් ජීවමාන බුදු කෙනෙකුන්ගෙන් විතරයි. මේ විදිහට ගෞතම බුදුරජාණන් වහන්සේගේ ශාසනයේ ශ්‍රාවක සංඝයා බිහිවුණා. ඊට පස්සේ යස කුල පුත්‍රයාගේ යාළුවෝ පනස් හතර දෙනෙකුත් ඇවිදින් ශ්‍රාවක සංඝයා බවට පත්වුණා.

සුන්දර කණ්ඩායමට වාසනාව කැරකුණු හැටි...

ඊළඟට භද්දවග්ගීය කුමාරවරු කියලා තව තිස්නමක් හිටියා. භද්දවග්ගීය කියලා කියන්නේ "හොඳ, සුන්දර කණ්ඩායම" කියන එක. මේ භද්දවග්ගීය කුමාරවරු කියන්නේ කුමාරවරු තිස් දෙනෙක්. මේ තිස් දෙනාගෙන් විසි නවයකට ගැහැණු ළමයි සිටියා. එක් කෙනෙකුට නෑ. ඒ නිසා කෙනෙකුව කුළියට

ගත්තා. අරගෙන මේගොල්ලෝ විනෝද වෙන්න ආවා. මේගොල්ලෝ මේ විදිහට විනෝද වෙවී යනකොට, මේගොල්ලන්ගේ වාසනාවට බරණැස ඉසිපතන මිගදායට ඇතුළු වුණා.

පැත්තක ලස්සන පොකුණක් තියෙනවා. දැන් මේගොල්ලෝ කණකර ආභරණ ආදී වටිනා දේවල් පැත්තකින් තියලා නාන්න පටන් ගත්තා. අර කුළියට ගත්ත කෙල්ල බඩු ටික පොට්ටනියක් හදාගෙන පැන්නා. ගොඩට ඇවිත් බලන කොට, ආභරණ නෑ. මේ ගෑණු ළමයත් නෑ. ඉතින් අනිත් ගෑණු ළමයින්ට, "ඔයගොල්ලෝ ඉක්මනට ගෙවල්වලට යන්න. අපි මේ කෙල්ලව කොහොම හරි" හොයා ගන්නවා කියලා පිටත් කරලා කැලය පුරා හොයන්න පටන් ගත්තා.

බුද්ධිමත් මිනිසුන්ට ප්‍රශ්න වැටහෙනවා...

ඒ හරියේ බුදුරජාණන් වහන්සේ ගහක් යට වාඩිවෙලා ඉන්නවා. ළඟට ඇවිල්ලා අහනවා,

"ස්වාමීනී, මේ පැත්තෙන් ගෑණු ළමයෙක් ගියාද?"

"කුමාරවරුනි, ගෑණු ළමයෙක් හොයන එකද හොඳ? තමන් කවුද කියලා හොයාගන්න එකද?"

බලන්න, බුද්ධිමත් මිනිසුන්ට ප්‍රශ්න තේරෙනවා. වර්තමානයේ අපි බෑග් එකක් නැතිවෙලා ඒ වගේ කලබල වුණ කෙනකුට "බෑග් එකක් හොයාගන්න එකද හොඳ, තමා කවුද කියලා හොයාගන්න එකද හොඳ...?" කියලා කිව්වොත් එහෙම ඉවරයි. "මේ හාමුදුරුවෝ මොනවා කියනවද දන්නේ නෑ. මං මේ ඔළුව ගිනි අරගෙන ඉන්නේ"

කියයි. ඒ කියන්නේ අද අයට ඒ ප්‍රශ්නය මත්තේම යනවා මිසක්, "ආ... මේක ඇත්ත තමයි" කියලා නවතින්න තරම් නුවණ මෝරලා නෑ. නමුත් අර අය "හා..." කියලා නැවතුණා. ඒ අයත් ශ්‍රාවක සංඝයා බවට පත්වුණා.

ශාසනයේ අරටුව වූ මගඵල ලාභී සඟරුවන...

එතකොට සංඝ කියලා අදහස් කළේ පැවිදි ශ්‍රාවකයන්. ගිහි අය අතරත් මාර්ගඵල ලාභී ගිහි අය ඉන්නවා. නමුත් ගිහි අයට කවදාවත් ශ්‍රාවක සංඝ කියන වචනය යොදන්නේ නෑ. සෝවාන්, සකදාගාමී, අනාගාමී ගිහි අය ඉන්නවා. නමුත් 'ශ්‍රාවක සංඝ' කියලා යොදන්නේ නෑ. මෙතැන ශ්‍රාවක සංඝ කියලා කියන්නේ ගිහි ජීවිතය අත්හැරපු, උදාර ශික්ෂා පද සමූහයක් ආරක්ෂා කරගෙන ඉන්න, ශාසනයේ අරටුව වූ මාර්ගඵලලාභී භික්ෂු භික්ෂුණීන්ට. අපි සරණ ගියේ අන්න ඒ ශ්‍රාවක සංඝ රත්නයයි.

මම අද ඔබට කියා දෙන්නේ ඒ ශ්‍රාවක සංඝරත්නය කෙරෙහි පැහැදීම ඇතිවන දේශනාවක්. මේ දේශනාවේ නම ඡබ්බිසෝධන සූත්‍රය. මේ දේශනාව ඇතුළත් වෙලා තියෙන්නේ මජ්ඣිම නිකායේ.

එකපාරට පිළිගන්න එපා...!

ඒ දවස්වල බුදුරජාණන් වහන්සේ වැඩසිටියේ සැවැත් නුවර ජේතවනාරාමයේ. බුදුරජාණන් වහන්සේ භික්ෂූන් වහන්සේලා අමතා දේශනා කරනවා, "මහණෙනි, රහතන් වහන්සේ නමක් කියලා ප්‍රතිඥා දෙන යම් භික්ෂුවක් ඉන්න පුළුවන්. 'මගේ ඉපදීම අවසන් වෙලා ඉන්නේ. මං මේ නිවන් මග සම්පූර්ණ කළා. මට අයෙමත්

ඉපදීමක් නෑ. මට ආයෙමත් කරන්න දෙයකුත් නෑ' කියලා තමන් සම්පූර්ණ බව කියන භික්ෂුවක් ඉන්න පුළුවන්. ඒ භික්ෂුව එහෙම කිව්වහම, එකපාරට පිළිගන්න යන්න එපා. ප්‍රතික්ෂේප කරන්නත් එපා. උන්වහන්සේගෙන් මෙන්න මේ විදිහට අහන්න.

'ආයුෂ්මතුනි, භාග්‍යවත් බුදුරජාණන් වහන්සේ මනාකොට දේශනා කරපු ධර්මයක් තියෙනවා. බුදුරජාණන් වහන්සේ මේ ධර්මයේ 'යමක් දැක්කොත්, ඒ දැකපු තැනින් අවසන් කිරීමක් ගැන විස්තර කරනවා. ඒ වගේම, යමක් ඇසුවොත් අසපු තැනින්ම අවසන් කිරීමක් ගැන, යමක් ආඝ්‍රාණය කළොත් ආඝ්‍රාණය කරපු තැනින් අවසන් කිරීමක් ගැන, දිවෙන් රස වින්දොත් රස විඳපු තැනින් අවසන් කිරීමක් ගැන, කයින් පහස ලැබුණොත් පහස ලැබූ තැනින් අවසන් කිරීමක් ගැන, හිතට හිතුණොත් ඒ තැනින් අවසන් කිරීමක් ගැන අමුතු සංස්කාර හැදෙන්නේ නැති අවබෝධයක් ගැන දේශනා කළා. ඔබ අන්න ඒ කරුණු මොන විදිහටද තේරුම් ගත්තේ?'

රහතන් වහන්සේ නමක් නම් මෙසේ කියාවි...

මහණෙනි, ඒ භික්ෂූන් වහන්සේ, රහතන් වහන්සේ නමක් නම්, කළ යුතු සියල්ල ඉවර කරපු කෙනෙක් නම්, කෙලෙස් බර බැහැර දැමූ කෙනෙක් නම්, දුකෙන් නිදහස් වූ කෙනෙක් නම්, ඒ භික්ෂුව මෙන්න මෙහෙම කියනවා,

'ආයුෂ්මතුනි, මං රූපය දැක්කට පස්සේ ඒ දැකපු රූපයේ බැසගන්නේ නෑ. දැකපු රූපයේ හිත පිහිටන්නේ නෑ. ඒකේ මිශ්‍ර වෙන්නේ නෑ. එයින් නිදහස් වෙලා ඉන්නවා. ඒ වගේම කණින් ශබ්දයක් ඇහුවට පස්සේ අහන ශබ්දයේ හිත බැසගන්නේ නෑ. ශබ්දය එක්ක එකතු වෙන්නේ නෑ.

ශබ්දයෙන් නිදහස් වෙලා ඉන්නවා. නාසයෙන් ආඝ්‍රාණය කළාම ඒකේ හිත බැසගන්නේ නෑ. ඒකට එකතු වෙන්නේ නෑ. නිදහස් වෙලා ඉන්නවා. දිවෙන් රස වින්දහම රසයේ හිත බැසගන්නේ නෑ. රසයත් එක්ක එකතු වෙන්නේ නෑ. රසයෙන් නිදහස්වෙලා ඉන්නවා. කයට පහස දැනුණාම පහසේ හිත බැසගන්නේ නෑ. පහසින් නිදහස් වෙලා ඉන්නවා. සිතට සිතුවිලි හිතුණාම ඒකේ සිත බැසගන්නේ නෑ. එකතු වෙන්නේ නෑ. සිතුවිලිවලින් නිදහස් වෙනවා' කියලා. පින්වත් මහණෙනි, එතකොට 'ආ... බොහෝම හොඳයි' කියලා අනුමෝදන් වෙන්න.

එහෙම නම් මේකටත් උත්තර දෙන්න...

ඊට පස්සේ ආයෙමත් මෙහෙම ප්‍රශ්නයක් අහන්න, 'ආයුෂ්මතුනි, ඒ භාග්‍යවත් සම්මා සම්බුදුරජාණන් වහන්සේ අපට පංච උපාදානස්කන්ධ ගැන දේශනා කරලා තියෙනවා. ඒ තමයි, රූප උපාදානස්කන්ධය, වේදනා උපාදානස්කන්ධය, සඤ්ඤා උපාදානස්කන්ධය, සංඛාර උපාදානස්කන්ධය, විඤ්ඤාණ උපාදානස්කන්ධය. මේ විදිහට දුක ගැන පංච උපාදානස්කන්ධ තුළින් දේශනා කළා. ඔබ ඕක කොයි විදිහටද අවබෝධ කළේ?'

එහෙම අහන කොට යම්කිසි භික්ෂුවක් රහත් වෙලා, නිවන අවබෝධ කරලා, කෙලෙස් රහිත වෙලා, කිසිවකට බැඳෙන්නේ නැතුව නිදහස් වෙලා නම් මෙන්න මේකයි දෙන උත්තරය.

'ආයුෂ්මතුනි, රූපය කියලා කියන්නේ බල රහිත වූ එකක්. (රූප කියන්නේ සතර මහා ධාතූන්ගෙන් හටගත්ත දේ) මම සතර මහා ධාතූන්ගෙන් හටගත්ත රූපයට ඇලෙන්නේ නෑ. (අනස්සාසිකා) ඒකෙන්

ආශ්වාදයක් හොයන්නේ නෑ. ඇල්මක් හොයන්නේ නෑ. මේ සතර මහා ධාතූන්ගෙන් හටගත්ත රූපය ගැන (**උපයූපාදානාචේතසෝ අධිට්ඨානාභිනිවේසානුසයා**) සිත බැසගන්නවා නම්, රූපයට සිත බැඳෙනවා නම්, රූපය ගැන සිතේ අධිෂ්ඨානයක් ඇතිකර ගන්නවා නම්, රූපය ගැන සිතේ හැඟීමක් ඇතිවෙනවා නම් (**තේසං ඛයා**) මට ඒවා ඔක්කොම ක්ෂය වෙලා ගියා. (**විරාගා**) නොඇලී ගියා. (**නිරෝධා**) නිරුද්ධ වුණා. (**චාගා**) අත්හැරියා. (**පටිනිස්සග්ගා**) දුරින්ම දුරුකළා. (**විමුත්තං මේ චිත්තන්ති**) මගේ හිතෙන් මං නිදහස් වුණා. මං රූපයට නොඇලුණා' කියලා කියනවා."

දුක, සතුට දෙකම වේදනාවට ඇතුළත්...

වේදනා කියන්නේ විඳීම. සාමාන්‍යයෙන් අපි වේදනා කියලා කියන්නේ අපට රිදෙන එකටනේ. අපට රිදුනාම අපි 'අපට හරි වේදනයි' කියලා කියනවා. හිත රිදුණහමත් අපි 'වේදනයි' කියලා කියනවා. කය රිදුනහමත් 'වේදනයි' කියලා කියනවා. ධර්මයේ වේදනා කියන්නේ ඒ අර්ථයට විතරක් නෙවෙයි. ධර්මයේ සතුටට කියන්නෙත් වේදනාව කියලයි. (හිතට සතුටක් ආවාහම අපි "ආ... හරි වේදනයි" කියලා කියන්නේ නෑනේ. අපි දුකට විතරනේ වේදනා කියලා කියන්නේ) නමුත් ධර්මයේ සැපයටත් වේදනා කියලා කියනවා. දුකටත් වේදනා කියලා කියනවා. උපේක්ෂාවටත් වේදනා කියලා කියනවා. සාමාන්‍යයෙන් කයට දැනෙන කොට තමයි අපි වේදනා කියලා කියන්නේ. ධර්මයේ ඇහෙන් රූපයක් දැක්කහම හිතට ඇතිවෙන දේට කියන්නෙත් වේදනාව. ඒ වගේම කණෙන් ශබ්දයක් ඇහුවාම යම් සැපක් ඇතිවෙනවා නම් ඒක සැප වේදනාව. සිතට දුකක් ඇතිවෙනවා නම් ඒක දුක් වේදනාව. මධ්‍යස්ථ

බවක් ඇතිවෙනවා නම් ඒක උපේක්ෂා වේදනාව.

නාසයෙන් ආඝ්‍රාණය කළාමත් එහෙමයි. දිවෙන් රස වින්දාමත් එහෙමයි. කයට පහස ලැබුණාමත් එහෙමයි. සිතට සිතුණාමත් එහෙමයි. සමහර කාරණා හිතන කොට දුකක් ඇතිවෙනවා. එතකොට ඇතිවෙන්නේ දුක් වේදනාව. සමහර කාරණා හිතුණහම සතුටක් එනවා. ඒක සැප වේදනාව. සමහර කාරණා සිතට එනකොට එහෙම විශේෂයක් වෙන්නේ නෑ. ඒ උපේක්ෂා වේදනාව.

ඇලීම් සියල්ල ක්ෂය වෙලා ගියා...

බුදුරජාණන් වහන්සේ දේශනා කරනවා "අර භික්ෂුවගෙන් ඒ විදිහට ඇහුවායින් පස්සේ ඒ භික්ෂුව 'ආයුෂ්මතුනි, මේ වේදනාව කෙරෙහි මගේ සිත බැස ගන්නේ නෑ. ඒ විඳීමට සිත ඇලෙන්නේ නෑ. ඒකට එකතු වන්නේ නෑ. ඒකට සිතෙන් යම් අධිෂ්ඨානයක් කළාද, යම් ඇල්මක් තිබුණාද, බැසගැනීමක් තිබුණාද ඒ ඔක්කෝම ක්ෂය වෙලා ගියා. (ක්ෂය වෙනවා කියන්නේ නැතිවෙලා ගියා) ඇල්ම දුරුවුණා. ඇල්ම නිරුද්ධ වුණා. මගේ හිත විඳීමෙන් නිදහස් වුණා' කියලා කියනවා.

ඊළඟට සඤ්ඤාව. සඤ්ඤාව කියන්නේ හඳුනා ගන්නවා. අපි ඇස් දෙකෙන් රූප හඳුනා ගන්නවා. කණ් දෙකෙන් ශබ්ද හඳුනා ගන්නවා. නාසයෙන් ගඳ සුවඳ හඳුනා ගන්නවා. දිවෙන් රස හඳුනා ගන්නවා. කයෙන් පහස හඳුනා ගන්නවා. සිතට එන අරමුණු හඳුනා ගන්නවා.

සංස්කාර කියන්නේ චේතනාව...

ඊළඟට සංස්කාර. මෙතැන සංස්කාර කියන්නේ චේතනාවට. ඇහෙන් රූපයක් දැක්කහම අපට ඒ දැකපු

රූපය ගැන චේතනා ඇතිවෙනවා. නමුත් චේතනා ඇති වෙන බව අපි දන්නේ නෑ. චේතනා ඇතිවෙලා ඊට පස්සේ තමයි, අපි ඒ ගැන හිතන්න පටන් ගන්නේ. වචන කතා කරන්න පටන් ගන්නේ. ක්‍රියා කරන්නේ. ඉතින් මේ විදිහට ඇහෙන් රූපයක් දැක්කහම චේතනා ඇතිවෙනවා. කණෙන් ශබ්දයක් ඇහුවාම චේතනා ඇතිවෙනවා. නාසයෙන් ආඝ්‍රාණය කළාම චේතනා ඇතිවෙනවා. දිවෙන් රස වින්දහම චේතනා ඇතිවෙනවා. කයට පහස ලැබුණහම චේතනා ඇතිවෙනවා. හිතට හිතුණහම චේතනා ඇතිවෙනවා. ඉතින් මේ චේතනා ගැන යම් ඇල්මක්, බැසගැනිල්ලක්, එහි හිත පිහිටුවීමක් තිබ්බාද, ඒක සම්පූර්ණයෙන්ම ක්ෂය කරලා දාලා, දුරුකරලා දාලා, නැතිකරලා දාලා, ඒකෙන් නිදහස් වුණා කියනවා.

විඤ්ඤාණයත් අවබෝධ කළා...

ඊළඟට විඤ්ඤාණය. විඤ්ඤාණය කියන්නේ දැනගැනීම. ඇහැයි, රූපයයි එකතු වුණාම ඇහේ විඤ්ඤාණය හටගන්නවා. කණයි ශබ්දයයි එකතු වෙනකොට කණේ විඤ්ඤාණය හටගන්නවා. නාසයෙන් ආඝ්‍රාණය කරන කොට නාසයේ විඤ්ඤාණය හටගන්නවා. දිවට රස දැනෙන කොට දිවේ විඤ්ඤාණය හටගන්නවා. කයට පහස දැනෙන කොට කයේ විඤ්ඤාණය හටගන්නවා. හිතට අරමුණක් එනකොට හිතේ විඤ්ඤාණය හටගන්නවා. මේ කෙරෙහි අවබෝධ කරගෙන, මේ කෙරෙහි තියෙන ඇල්ම නිරුද්ධ කරලා, ඇල්ම ක්ෂය කරලා, ඒකෙන් නිදහස් වුණා. මේ විදිහට 'මම මේක අවබෝධ කරගත්තා. මගේ හිත මේවායින් මිදුණා' කියලා රහතන් වහන්සේ උත්තර දෙනවා. බුදුරජාණන් වහන්සේ වදාළා, "එහෙම කිව්වොත් 'හොඳයි! හොඳයි!' කියලා අනුමෝදන් වෙන්න.

ධාතු හය පිළිබඳව අවබෝධය කොහොමද..?

අනුමෝදන් වෙලා ආයෙත් මෙහෙම අහන්න. 'ආයුෂ්මතුනි, ඒ භාග්‍යවත් අරහත් සම්බුදු රජාණන් වහන්සේ ධාතු හයක් ගැන දේශනා කරලා තියෙනවා. ඔබවහන්සේ ඒ ධාතු හය ගැන තේරුම් ගත්තේ කොහොමද?'

ධාතු කියන එක අපට තේරුම් ගන්න තියෙන්නේ මෙහෙමයි. (සාමාන්‍යයෙන් ඔය පරිවර්තනවල නම් *element* කියනවා) නමුත් මේකෙදී පඨවි ධාතු කියන්නේ පොළොවට පස් වෙලා යන දේවල්වලට. පඨවි ධාතුව අපේ ශරීරයෙත් තියෙනවා. අපි උදාහරණයක් ගනිමු. අපි පොළොවට නියපොතු කපලා දානවනේ. ඒවා පස්වෙලා යන්නේ නැද්ද? ඊළඟට කෙස්. කොණ්ඩෙ පීරන කොට කෙස් ගැලවිලා එනවා. ඒවා එහෙම්ම පස්වෙලා යන්නේ නැද්ද? එතකොට අපි ජීවත් වෙලා ඉන්දැද්දීම අපේ කොටස් පස් වෙනවනේ. 'පඨවි ධාතු'.

ඊළඟට ආපෝ ධාතු. ඒ කියන්නේ වතුරේ දියවෙලා යන දේවල්. තේජෝ ධාතු කියන්නේ රස්නේ දේවල්. වායෝ ධාතු කියන්නේ සුළඟේ ගහගෙන යන දේවල්. ආකාස ධාතු කියන්නේ යමක් තියෙන්න පුළුවන් ඉඩකඩ. ඒ කියන්නේ, ගලනාලයේ ආකාස ධාතුව තියෙනවා. ඒ නිසයි අපට බොන්න පුළුවන්. ඒ අවකාශය. දේශනාවේ තියෙන්නේ කණ් සිදුර, නාස් සිදුර, ගලනාලය, බඩවැල්වල ඒ හිස් බව තියෙන තැන් ආදිය. අපි කියමු අපි හොඳට කාලා බඩ පිරුණා. එතකොට ඒ අවකාශ ධාතුව වැහිලා නැද්ද? තව කන්න බැනේ. අවකාශ ධාතුව කියන්නේ ඒකටයි. ඊළඟට විඤ්ඤාණ ධාතුව කියලා කියන්නේ ඇහේ, කණේ, නාසයේ, දිවේ, කයේ, මනසේ හටගන්න

විඤ්ඤාණය. එතකොට ධාතු කියන්නේ 'ස්වභාවය' කියන අර්ථයට.

'මේ ධාතු හය ගැන ඔබවහන්සේගේ අවබෝධය මොකක්ද?' කියලයි අර රහතන් වහන්සේගෙන් අහන්න කිව්වේ.

කිසිවක් 'මම' කියලා ගත්තේ නෑ...

අහන කොට ඒ රහතන් වහන්සේ මෙහෙම උත්තර දේවි, '(**පඨවිධාතුං බෝ අහං ආවුසෝ න අත්තතෝ උපගච්ඡිං**) ආයුෂ්මතුනි, මම පඨවි ධාතුව ආත්මය කියලා ගත්තේ නෑ. මගේ දෙයක් හැටියට මම අයිතියක් හඟවා ගත්තේ නෑ. (**න ච පඨවිධාතු නිස්සිතං අත්තානං**) පඨවි ධාතුව ඇසුරු කරපු 'මම' කියලා කෙනෙක් ඉන්නවා කියලත් මම ගත්තේ නෑ. (**යේ ච පඨවිධාතුනිස්සිතා උපයූපාදානා චේතසෝ අධිට්ඨානාභිනිවේසානුසයා**) මේ පඨවි ධාතුව ඇසුරු කරගෙන යම්කිසි සිතේ ඇල්මක් බැසගෙන තියෙනවා නම්, බැඳීමක් තියෙනවා නම්, ඒකේ සිත පිහිටුවා ගෙන ඉන්නවා නම්, අන්න ඒ සියල්ලම මගේ හිතෙන් ක්ෂය වෙලා ගියා. ඒකට නොඇලී ගියා. නිරුද්ධ වුණා. ඒ ඇල්ම දුරින්ම දුරු කළා. මගේ සිත පඨවි ධාතුවෙන් නිදහස් වුණා. ආයුෂ්මතුනි, අන්න ඒ විදිහටම ආපෝ ධාතුවෙත් හිත බැසගත්තේ නැතුව, ආපෝ ධාතුවෙනුත් මම නිදහස් වුණා.'

අපි නම් නිදහස් නෑනේ. ඒක අපට හොඳට තේරුම් ගන්න පුළුවන්. අපි මේ සතර මහා ධාතුන්ට බැඳිලයි ඉන්නේ, නිදහස් වෙලා නෙවෙයි. විඤ්ඤාණයට බැඳිලයි ඉන්නේ. මේකේ බැඳිලා ඉන්න ආකාරය තියෙනවා. එක්කෝ අපි 'තමා' කියලා අයිතියකින් බැඳෙනවා. එහෙම

නැත්නම් මෙය ඇසුරු කරගෙන අපි හිත පවත්වනවා. ඇල්ම පවත්වනවා (අපේ බලාපොරොත්තු ඔක්කෝම තියෙන්නේ මේ ධාතු ගොඩත් එක්කයි) බුදුරජාණන් වහන්සේ දේශනා කරනවා, "මහණෙනි, එතකොට ඒ භික්ෂුව ඔය විදිහට කියයි."

සියල්ලෙන් නිදහස්...

ඊළඟට ආපෝ ධාතුව කියන්නේ වතුරේ ගහගෙන යන දේවල්වලට. අපි ළඟ තියෙන ආපෝ ධාතුව තමයි, පිත, සෙම, සැරව, ලේ, සොටු, දහඩිය, මුත්‍රා... ආදී දේවල්.

ඊළඟට තේජෝ ධාතුව. අපි කන බොන දේවල් ඔක්කෝම දිරවන්නේ තේජෝ ධාතුවෙන්. අපි මෝරන්නේ, වයසට යන්නේ, උස මහත් වෙන්නේ තේජෝ ධාතුව මුල් වෙලා. වායෝ ධාතුව විස්තර වෙන්නේ මෙහෙමයි. අපි ආශ්වාස කරන්නේ වායෝ ධාතුව. ප්‍රශ්වාස කරන්නේ වායෝ ධාතුව. ඊළඟට බඩ ඇතුළේ තියෙන හුළං වායෝ ධාතුව. උගුරට එන්නේ වායෝ ධාතුව. අපි මේ වගේ ඒවත් ඇසුරු කරගෙන හිත පවත්වනවා.

ආකාස ධාතුව, විඤ්ඤාණ ධාතුවත් එහෙමයි. මෙකේ තියෙනවා, 'විඤ්ඤාණ ධාතුව මම කියලා ගන්නෙත් නෑ. මගේ ආත්මය කියලා ගන්නෙත් නෑ. විඤ්ඤාණ ධාතුව ඇසුරු කරගෙන සිත පවත්වන්නෙත් නෑ. විඤ්ඤාණ ධාතුව ඇසුරු කරගෙන හිතේ බැස ගැනීමක් තිබුණා නම් ඒක සම්පූර්ණයෙන්ම දුරුකරලා දාලා 'මං විඤ්ඤාණ ධාතුවෙන් නිදහස් වුණා. මේ ධාතු හය අල්ලා නොගෙන සියලු කෙලෙසුන්ගෙන් මිදුණා' කියලා කියනවා. එතකොට බලන්න, රහතන් වහන්සේට ඔය කියපු හැම අවබෝධයම තියෙනවා. කලින්ම කිව්වේ,

ඇහින් දැකපු දේවල්, කණෙන් අහපු දේවල්... ඒවා සකස් කරන්නේ නැතුව නිදහස් වුණා කියලයි. ඊළඟට කිව්වේ පංච උපාදානස්කන්ධය අවබෝධ කරලා ඒකෙන් නිදහස් වුණා කියලයි. දැන් කිව්වේ ධාතු හය අවබෝධ කරලා ඒකෙන් නිදහස් වුණා කියලයි.

මේ ගැනත් අහන්න...

බුදුරජාණන් වහන්සේ වදාළා, "එතකොට මහණෙනි, බොහෝම හොඳයි කියලා සතුටු වෙන්න, අනුමෝදන් වෙන්න. අනුමෝදන් වෙලා ආයෙත් මේ විදිහට අහන්න,

'ආයුෂ්මතුනි, ඒ භාග්‍යවත් අරහත් සම්බුදුරජාණන් වහන්සේ ආධ්‍යාත්මික බාහිර ආයතන හයක් ගැන දේශනා කරලා තියෙනවා. ඒ තමයි, ඇස-රූප, කණ-ශබ්ද, නාසය-ගඳසුවඳ, දිව-රස, කය-පහස, මනස-අරමුණු. මේවා තමයි මේ ආයතන හය. මේ ගැන ඔබට අවබෝධ වුණේ කොහොමද? ඔබ මේකෙන් නිදහස් වුණේ කොහොමද?' එතකොට ඒ භික්ෂුව රහතන් වහන්සේ නමක් නම් මේ විදිහට පිළිතුරු දේවි,

'ඇහැ ගැනත්, ඇහැට පෙනෙන රූප ගැනත්, ඇහේ විඤ්ඤාණය ගැනත්, මේ තුන එකතු වුණාම යමක් ගැන අවබෝධ කරගන්නවාද, යමක් ගැන දැනගන්නවාද, ඒ ගැනත්, මට යම්කිසි ආශාවක් තිබුණා නම්, රාගයක් තිබුණා නම්, බැඳීමක්, තණ්හාවක්, බැසගැනීමක් තිබුණා නම්, සිතෙන් අධිෂ්ඨානයක් තිබුණා නම් ඒ සෑම දෙයක්ම ක්ෂය වෙලා ගියා, නැතිවෙලා ගියා, නිරුද්ධ වුණා. ඒ නිසා මගේ සිත මේවායින් නිදහස් වුණා කියලා මං අවබෝධ කරගත්තා.

සතුටින් අනුමෝදන් වෙන්න...

ආයුෂ්මතුනි, මම කණ ගැන, නාසය ගැන, දිව ගැන, කය ගැන ඒ විදිහටම අවබෝධ කළා. මනස ගැන, මනසට සිතෙන අරමුණු ගැන, මනෝ විඤ්ඤාණය ගැන, මනෝ විඤ්ඤාණයෙන් දැනගත යුතු දේවල් ඇද්ද, ඒවා ගැන මගේ තිබුණ ආශාව, තණ්හාව, බැසගැනිල්ල සම්පූර්ණයෙන්ම ක්ෂය වෙලා ගිහිල්ලා මං මේකෙන් නිදහස් වුණා.'

ඒ විදිහට රහතන් වහන්සේ උත්තර දේවි. එතකොට 'හොඳයි' කියලා අනුමෝදන් වෙන්න. ඊට පස්සේ 'ඔබවහන්සේට මේ විඤ්ඤාණය සහිත කය ගැනත්, බාහිර අරමුණු ගැනත්, 'මමය, මාගේය' කියන හැඟීම සම්පූර්ණයෙන් නැතිවෙලා ගියේ කොහොමද?' කියලා අහන්න. ඇහුවාම මෙන්න මෙහෙම උත්තර දේවි."

ශ්‍රද්ධා ප්‍රතිලාභය ඇතිවුණා...

ඔන්න එතැන ඉඳලා **සුපටිපන්නෝ** කියන එක විස්තර වශයෙන් තියෙනවා. "ඒ රහතන් වහන්සේ මෙහෙම කියයි, 'ආයුෂ්මතුනි, මම ඉස්සර ගිහිගෙදර ගත කරපු කෙනෙක්. **(අවිද්දසු අහෝසිං)** මට ඒ කාලයේ මේ චතුරාර්ය සත්‍යය ගැන කිසිම අවබෝධයක් තිබුණේ නෑ. මට දවසක් තථාගතයන් වහන්සේ... තථාගත ශ්‍රාවකයන් වහන්සේ නමක්... මුණගැසුණා. මට බණ අහන්න ලැබුණා. ඒ ධර්මය අහලා මට **(තථාගතේ සද්ධං පටිලභති)** තථාගතයන් වහන්සේගේ අවබෝධය ගැන ශ්‍රද්ධාව ඇතිවුණා. (අපි ඒක කලින් ඉගෙන ගත්තනේ. බලන්න, ඒවා ආයේ මතුවෙන තාලේ)

ඉතින් ඒ ශ්‍රද්ධා ලාභයෙන් යුක්තව මං මෙහෙම කල්පනා කළා, 'මට ගෙදර ඉඳලා මේ කියන ධර්මය අවබෝධ කිරීම කරගන්න බැහැ. මොකද හේතුව, (සම්බාධෝ) ගිහි ගෙදර කරදර වැඩියි. (රජාපථෝ) කෙලෙස්මයි හටගන්නේ. (අබ්භෝකාසෝ පබ්බජ්ජා) ඒ වුණාට පැවිදි ජීවිතය නම් හරි නිදහස්. ආකාසය වගෙයි. ඒ නිසා මේ ධර්මයේ දේශනා කරන ආකාරයට මුළුමණින්ම පරිපූර්ණ පිරිසිදු නිවන් මග, මට මේ ගෙදර ඉඳලා පුරුදු කරන්න බැහැ. මම මේ ගිහි ජීවිතය අත්හරින්න ඕන. ඉතින් මම කෙස් රැවුල් බාලා කසාවත් පොරවා ගෙන ගිහිගෙයින් නික්මුණා. සියලු දේපල වස්තුව අත්හැරියා. සියලු නෑදෑයන් අත්හැරියා. මම බුද්ධ ශාසනේ මහණ වුණා."

පැවිද්ද අහස වගේ...

ඉස්සර වෙලාම මෙයා අවබෝධය නැති ගිහි කෙනෙක්. එයාට බුදුරජාණන් වහන්සේව මුණ ගැහුණා. එහෙම නැත්නම් බුදුරජාණන් වහන්සේගේ ශ්‍රාවකයෙක් මුණ ගැහුණා. ධර්මය ඇහුවා. ඊට පස්සේ එයාට ශ්‍රද්ධාව ඇතිවුණා. ශ්‍රද්ධාව ඇතිවෙලා එයා 'මට මේක සම්පූර්ණ කරගන්න නම් ගෙදර ඉඳලා බැහැ. ගිහි ගෙදර කරදරයි. පැවිද්ද අහස වගේ' කියලා කල්පනා කරලා පැවිදි වුණා.

"මං පැවිදි වෙලා සිල්පද සමාදන් වුණා. ප්‍රාණඝාතයෙන් වැළකී වාසය කළා. ප්‍රාණඝාතය පිණිස දඬු මුගුරු පාවිච්චි කළේ නෑ. ආයුධ පාවිච්චි කළේ නෑ. මං ඒකට ලැජ්ජයි. මම සතුන් කෙරෙහි දයාවෙන් සියලු ප්‍රාණීන් කෙරෙහි හිතානුකම්පීව වාසය කළා. මම සොරකම අත්හැරපු කෙනෙක්. මම දුන්න දෙයක් විතරයි පිළිගත්තේ.

මම සොරසිත් රහිතව පිරිසිදු ජීවිතයක් ගෙව්වා. ඒ වගේම මම බ්‍රහ්මචාරී ජීවිතයක් ගෙව්වා. අබ්‍රහ්මචාරී වුණේ නෑ.

මම බොරු කිව්වේ නෑ. සත්‍යවාදී වුණා. ඇත්තෙන් ඇත්ත ගලපන කෙනෙක් වුණා. ලෝකයේ අර්බුද ඇතිවෙන පද හදන්න ගියේ නෑ. ඒ වගේම මම කේලාම් කිව්වේ නෑ."

කේලම අත්හැරලා පිරිස සමඟි කළා...

කේලම කියන්නේ (**ඉතෝ සුත්වා න අමුත්‍ර අක්ඛාතා**) මෙතැන අහගෙන ගිහිල්ලා එතැන කියනවා මෙතැන බිඳවන්න. ඒක තමයි කේලම. එතැනින් අහගෙන ඇවිල්ලා එතැන බිඳවන්න මෙතැන කියනවා. එතකොට බිඳෙනවා. කේලම ටෙලිෆෝන්වලිනුත් හරියට කරනවා. ඒ විදිහට අහගෙන ඉඳලා කියපු ගමන් අනෙක් කෙනාගේ හිත රිදුණාද ඒක තමයි කේලම.

මේ ස්වාමීන් වහන්සේ දේශනා කරනවා, "මං එහෙම කරන්න ගියේ නෑ. (**ඉති භින්නානං වා සන්ධාතා**) මම බිඳුණ අය එකතු කළා. (**සහිතානං වා අනුප්පදාතා**) සමඟි වෙන්න උදව් කළා. (**සමග්ගාරාමෝ**) මම සමඟියට සතුටු වුණා. (**සමග්ගරතෝ**) සමඟියට ඇලුණා. (**සමග්ගනන්දී**) සමඟියෙන් ප්‍රමුදිත වුණා. (**සමග්ගකරණිං වාචං භාසිතා අහෝසිං**) මම කිව්වේ සමඟිය ඇතිවෙන දේවල්මයි.

ඒ වගේම මම (**පරුසං වාචං පහාය**) පරුෂ වචනය අත්හැරියා. යම් වචන තියෙනවා නම් (**නේලා**) මිහිරි, (**කණ්ණසුඛා**) කණට සැප, (**පේමනීයා**) ප්‍රේමණීය, (**හදයංගමා**) හදවතට සනීපය ඇතිවෙන, (**පෝරී**) ශිෂ්ට සම්පන්න, (**බහුජනකන්තා**) බොහෝ දෙනා කැමති මම ඒ මනාප වචන කිව්වා.

ආජීව පාරිශුද්ධිය...

මං නිසරු කතා කළේ නෑ. මං කතා කළේ (**කාලවාදී**) කාලයට ගැලපෙන වචන. (**භූතවාදී**) ඇත්ත දේවල්. (**අත්ථවාදී**) අර්ථවත් දේ. (**ධම්මවාදී**) ධර්මය, (**විනයවාදී**) විනය. (**නිධානවතිං වාචං**) මම කිව්වේ කෙනෙකුට ප්‍රයෝජනයට තබාගන්න ඕන දේවල් විතරයි. මං ඔන්න ඔය විදිහටයි සිල් ආරක්ෂා කළේ." (මේ කියන්නේ රහත් වෙන්න පදනම් වූ දේවල්) මං වගා කටයුතු ආදිය කරන්න ගියේ නෑ. (**බීජගාමභූතගාමසමාරම්භා**) ගස් කොළන් සිඳින්න කපන්න ගියේ නෑ. (**ඒකභත්තිකෝ අහෝසිං රත්තූපරතෝ පටිවිරතෝ**) මං රාත්‍රී ආහාරයෙන් වැළකිලා උදේ වරුවේ පමණක් දානේ ගත්තා. විකාල භෝජනයෙන් වැලකුණා.

මම නැටුම්, ගැයුම්, වැයුම්, විසූක දර්ශන බලන්න ගියේ නෑ. මල් සුවඳ විලවුන් දරන්න ගියේ නෑ. ඇඟපත විසිතුරු වස්ත්‍රාභරණයෙන් සරසන්න ගියේ නෑ. වටිනා සුඛෝපභෝගී ආසන පරිහරණය කරන්න ගියේ නෑ. මං මිල මුදල් පිළිගත්තේ නෑ. ධන ධාන්‍ය පිළිගත්තේ නෑ. අමු මස් පිළිගත්තේ නෑ. ස්ත්‍රී කුමාරිකාවන් පිළිගත්තේ නෑ. දාස දාසියන් පිළිගත්තේ නෑ. එළුවෝ, කුකුළෝ පිළිගත්තේ නෑ. බලු, බළල්ලු පිළිගත්තේ නෑ. ඇත්තු ගවයෝ ආදිය පිළිගත්තේ නෑ. කුඹුරු වතුපිටි පිළිගත්තේ නෑ. මම එක එක් කෙනාගේ පණිවිඩ එහාට මෙහාට අරගෙන ගියේ නෑ. වෙළහෙළදාම් කරන්න ගියේ නෑ. මම කාටවත් ගහන්න බනින්න හිංසා කරන්න ගියේ නෑ. (මේ කියන්නේ ආජීව පාරිශුද්ධිය.)

මම ලැබුණු දේකින් සතුටු වූ කෙනෙක්. මට තිබුණේ බඩගින්නට මොනවා හරි වළඳන්න පාත්තරෙයි, කයට

පොරොවන්න තුන් සිවුරයි විතරයි. මම යන යන තැන පාත්තරෙයි සිවුරුයි විතරක් ගෙනිච්චා. හරියට කුරුල්ලෙක් අත්තටු දෙක විතරක් අරගෙන යනවා වගේ. මම මේ විදිහට ආර්ය වූ සීලයෙන් යුක්ත වෙලා බොහෝම සැපයක් විඳපු කෙනෙක්."

නිවන පිණිස ඉන්ද්‍රිය සංවරය...

ඔන්න ඊට පස්සේ මාර්ගය දියුණු කරන හැටි කියනවා. "මම ඇහෙන් රූප දැක්කහම ඒ රූපයේ ඡායාව මතකයට ගත්තේ නෑ. කෙලෙස් හටගන්න රූපවල කොටසක්වත් ගත්තේ නෑ. ඇස නැමැති ඉන්ද්‍රිය අසංවරව වාසය කළොත් යම් ප්‍රශ්නයක් ඇතිවෙනවාද, ඒ ප්‍රශ්න ඇතිවන ආකාරයට අසංවර කරගත්තේ නැතුව, ඇස නමැති ඉන්ද්‍රිය සංවර කරගෙන වාසය කළා. කණෙන් ශබ්ද අසද්දී කොටස් වශයෙන් ඒ ශබ්දයේ කෑලි මතක තියාගත්තේ නෑ. කණ නැමැති ඉන්ද්‍රිය සංවර කළා. නාසය නමැති ඉන්ද්‍රිය සංවර කළා. දිවෙන් රස වින්දට පස්සේ කෙලෙස් හටගන්න විදිහට ඒ රස මතක තියාගත්තේ නෑ. දිව සංවර කළා. කයට පහස ලැබුණට පස්සේ කෙලෙස් හටගන්න විදිහට ඒක මතක තියාගත්තේ නෑ. කය සංවර කළා. මනසට අරමුණක් ආවාම මං ඒ අරමුණු හිතේ තියාගෙන කෙලෙස් ඉපැද්දුවේ නෑ. කෙලෙස් ඇතිවෙන්නේ නැතිවෙන්න මනස සංවර කරගත්තා. මං ඇස, කණ, නාසය, දිව, කය, මනස සංවර කරගෙන ජීවිතය ඇතුළෙන් නිවැරදි සැපයක් වින්දා. (දැන් මේ කියන්නේ රහත් වෙන්න කරපු වැඩපිළිවෙල ගැනයි)

කොපමණ කැපවීමක් කරලාද...?

මම ඉදිරියට යද්දී, හැරිලා එද්දී හරි කල්පනාවෙන්

හිටියේ. වටපිට බලද්දි හරිම කල්පනාවෙන් හිටියේ. අතපය දිග හරිද්දිත් හකුලවද්දිත් හරි කල්පනාවෙන් හිටියේ. සිවුරු පරිහරණය කරද්දිත් හරි කල්පනාවෙන් හිටියේ. වළඳන දේවල්, පානය කරන දේවල්, හපා කන දේවල්, රස විඳින දේවල් ඒ ඔක්කොම හරි කල්පනාවෙන් කළේ. කොටින්ම මම වැසිකිලි කැසිකිලි ගියේ පවා කල්පනාවෙන්. මං යනකොට, ඉන්න කොට, වාඩිවෙලා ඉන්න කොට, සැතපී ඉන්න කොට, ඇහැරගෙන ඉන්න කොට, නිශ්ශබ්දව ඉන්න කොට හරි කල්පනාවෙන්, මේ ධර්ම මාර්ගයට බාධාවක් ඇතිවෙන්නේ නැතිවෙන්න කාලය ගෙව්වා. (බලන්න කොච්චර කැපවීමක් කරලද?)

මං මේ විදිහට ආර්ය වූ සීලස්කන්ධයෙන් යුක්තව ඉඳලා හුදෙකලා තැන් හොයාගෙන ගියා. ගිහිල්ලා හුදෙකලා තැන්, අරණ්‍යය, ගස්මුල්, කඳු, ගල් ලෙන්, සොහොන් පිටි, පාලු තැන් මේවායේ තමයි මං වාසය කළේ. මම පිණ්ඩපාතය වළඳලා පළඟක් බැඳගෙන වාඩිවෙනවා. වාඩිවෙලා භාවනා කරනවා. භාවනා කරලා පංච නීවරණයන් අවබෝධ කරගෙන, පංච නීවරණයන් ගෙන් හිත බේරාගන්නවා."

සිතේ දියුණුව වනසන නීවරණ...

පංච නීවරණ කියලා කියන්නේ විමුක්ති මාර්ගය, චිත්ත දියුණුව, හිතේ පිරිසිදුකම වහන දේවල්වලට. ඒ නීවරණයන්ගෙන් එකක් තමයි කාමච්ඡන්දය. කාමච්ඡන්දය කියලා කියන්නේ රූප, ශබ්ද, ගන්ධ, රස, ස්පර්ශ කියන මොනවා හරි එකක් හිතට ගියාට පස්සේ ඒකට ඇලුම් කිරීම. එතකොට එයාට වෙන මොකුත් කරන්න බැහැ. ඔළුවේ වැඩ කරන්නේ ඒකමයි. එහෙම නැත්නම් ව්‍යාපාදය.

ව්‍යාපාදය කිව්වේ තරහව. තරහව, ක්‍රෝධය ඇතිවුණාට පස්සේ මොකුත් කරන්න බැහැ, ඒකම හිතට එනවා. ඒක නීවරණයක්. එහෙම නැත්නම් ථීනමිද්ධය (නිදිමත) එනවා. කම්මැලිකම එද්දිත් මොකුත් කරන්න බැහැ. එහෙම නැත්නම් උද්ධච්ච කුක්කුච්ච. මුකුත් කරන්න බැහැ හිත විසිරෙනවා. එහෙම නැත්නම් සැකය.

"මං මේ පංච නීවරණවලින් සිත පිරිසිදු කළා. පිරිසිදු කරලා පළවෙනි ධ්‍යානය උපදවාගෙන වාසය කළා. දෙවෙනි ධ්‍යානය උපදවාගෙන වාසය කළා. තුන්වෙනි ධ්‍යානය උපදවාගෙන වාසය කළා. හතරවෙනි ධ්‍යානය උපදවාගෙන වාසය කළා. එතකොට මගේ සිත පංච නීවරණයන්ගෙන් බැහැර වෙලා හිත පිරිසිදු වුණා. (අපි දන්නේ ඇඟවල් පිරිසිදු කිරීම ගැන විතරනේ. නමුත් මේ කියන්නේ සිත පිරිසිදු කරන හැටි)

කර්මණ්‍ය වූ සිතක හැකියාව...

මගේ හිත පිරිසිදු වුණා. හිත බබලන්න ගත්තා. හිත කිලිටි වන දේවල් බැහැර වුණාට පස්සේ, හිත මෘදු වුණා. මෘදු වුණා කියන්නේ හිත හොඳට පදම් වුණා. අපි යකඩයක් ගමු. අපට ඒ යකඩය නවන්න ඕන. නමුත් නිකන් නවන්න බෑනේ. අපි ඒක රත් කරන්න ඕන. රත්කළාට පස්සේ ඒ යකඩය නැවීම නැමැති ක්‍රියාවට යෝග්‍යයි. රත්වෙලා තියෙන වෙලාවට යකඩයේ නැවීම නැමැති දේ කරන්න පුළුවන්. ඒකට කියනවා කර්මණ්‍ය වෙලා කියලා. ඒ වගේ මේ සිත ධ්‍යානවලින් හොඳට දියුණු කරලා, පිරිසිදු කරලා, සකස් කරලා, මෘදු කරලා ක්‍රියාවට යෝග්‍ය පරිදි ඕන දෙයක් ඕන වෙලාවට කරන්න පුළුවන් විදිහට සකස් වෙනවා.

අන්න එහෙම වුණාම (ආනෙඤ්ජප්පත්තේ) බාහිර ශබ්දයකට, අරමුණකට ඒ හිතේ සකස් කරපු දේ වෙනස් කරන්න බෑ. දැන් අපි අපි බොහෝම සන්සුන්ව භාවනා කරගෙන ඉන්නවා කියලා කියමු. බැරිවෙලාවත් ලොකු ශබ්දයක් ආවොත් සමහර විට අපි ගැස්සෙනවා. ගැස්සෙන කොට අර හිතේ තියෙන තැන්පත් බව වෙනස් වෙනවා. 'ආනෙඤ්ජප්පත්තේ' කියන්නේ එහෙම වෙනස් වෙන්නේ නෑ කියන එකයි.

තැන්පත් සිතින් දහම දැකගත්තා...

ඒ විදිහට වෙනස් නොවෙන ආකාරයට හිත පවත්වාගෙන මම කෙලෙස් නසන්න මේ හිත යොමු කළා. යොමු කරලා 'මේ තමයි දුක නම් වූ ආර්ය සත්‍යය, මේ තමයි දුකේ හටගැනීම නම් වූ ආර්ය සත්‍යය, මේ තමයි දුක්ඛ නිරෝධය නම් වූ ආර්ය සත්‍යය, මේ තමයි දුක්ඛ නිරෝධ ගාමිනී පටිපදා ආර්ය සත්‍යය කියලා අවබෝධ කළා. ඒ වගේම මම 'මේවා තමයි ආශ්‍රව' කියලා අවබෝධ කළා. (ආශ්‍රව හටගන්නේ ආර්ය සත්‍ය අවබෝධය නැති නිසයි) මේ ආශ්‍රවයන් නැති කරන්න මේක තමයි මාර්ගය' කියලා අවබෝධ කරගන්න කොට මගේ සිත කාම ආශ්‍රවයන්ගෙන් නිදහස් වුණා. භව ආශ්‍රවයන්ගෙන් නිදහස් වුණා. අවිජ්ජා ආශ්‍රවයන් ගෙන් නිදහස් වුණා. විඤ්ඤාණය සහිත කය ගැන, බාහිර නිමිති ගැන, මමය මාගේය මාගේ ආත්මය කියන හැඟීම සම්පූර්ණයෙන්ම නැතිවෙලා ගියා. නිදහස් වුණා."

අපට හරිම ලාභයක්...!

දැන් මේ කියන්නේ රහතන් වහන්සේ නමකගේ විස්තරයක්නේ. බුදුරජාණන් වහන්සේ වදාළා "මහණෙනි,

එතකොට ඒ භික්ෂුවට 'බොහෝම හොඳයි' කියලා අනුමෝදන් වෙන්න. අනුමෝදන් වෙලා මෙහෙම කියන්න, '(**ලාභා නෝ ආවුසෝ**) ආයුෂ්මතුනි, අපට හරි ලාභයක්. (**සුලද්ධං නෝ ආවුසෝ**) ආයුෂ්මතුනි, ඔබවහන්සේ වගේ සබ්‍රහ්මචාරීන් වහන්සේ නමක් ඇසුරු කරන්න ලැබීම අපට හොඳ ලැබීමක්' කියලා සතුටු වෙන්න."

අපි මේ විස්තර කළේ බුදුරජාණන් වහන්සේගේ ශ්‍රාවක සංඝයාගේ වැඩපිළිවෙල. සංඝ කියන ගණයට ගිහි අය දැම්මේ නැත්තේ ඇයි කියලා දැන් ඔබට තේරෙනවාද? මේ කියන්නේ පැවිදි කෙනෙකුගේ වැඩපිළිවෙලනේ. දැන් ඔය කියපු සීලය, ඉන්ද්‍රිය සංවරය, නුවණින් කල්පනා කිරීම, හුදෙකලා විවේකය, භාවනා කිරීම මේ ඔක්කොගේම ඉලක්කය රාගය, ද්වේෂය, මෝහය දුරුකිරීමයි. ඒකට කියනවා, (**සුපටිපන්නෝ භගවතෝ සාවකසංඝෝ**) භාග්‍යවතුන් වහන්සේගේ ශ්‍රාවක සංඝයා මනා වූ ප්‍රතිපදාවට පිළිපන් සේක.

ගුණ දැන පැහැදුණොත් ප්‍රශ්නයක් නෑ...

බුදුරජාණන් වහන්සේගේ ශ්‍රාවක සංඝයා දියුණුව ලැබුවේ ආර්ය අෂ්ටාංගික මාර්ගය නම් වූ මේ වැඩපිළිවෙල තුළ කියලා දන්නේ නැත්නම් අපි පහදින්නේ කොහොමද? අද සමහර අය කවුරුහරි ස්වාමීන් වහන්සේ නමකගේ මොකක් හරි අඩුපාඩුවක් දැකපු ගමන් මුළු බුද්ධ ශාසනයම අත්හරිනවා. මොකද, ඒගොල්ලෝ හිතන්නේ බුද්ධ ශාසනය කියන්නේ අර හාමුදුරුවෝ කියලයි.

සංඝයා අතර පිරිහුණ අය කොපමණ හිටියා දැක්කත් 'මම සරණ ගිය ශ්‍රාවක සංඝයා සුපටිපන්නයි' කියලා අවබෝධයෙන් සරණේ හිටපු කෙනෙකුගේ පැහැදීම

කාටවත් වෙනස් කරන්න බැහැ. අන්න ඒකයි වැදගත්කම. එහෙම නැත්නම් සමහරු 'අපට නම් දැන් බුද්ධ ශාසනය එපා වෙලා තියෙන්නේ' කියලා කියනවා. එහෙම කියන අයව අපට මුණගැහිලා තියෙනවා. ඒ විදිහට එයාට බුද්ධාගම එපා වෙලා තියෙන්නේ එයා බුද්ධාගම කියලා හිතාගෙන ඉන්නේ වෙනත් එකක් නිසයි...

බුදුරජාණන් වහන්සේව හරියටම ගුණ වශයෙන් අවබෝධ කරගත්තා නම් කවදාවත් එපා වෙන්නේ නෑ, පහදිනවාමයි. බුදුරජාණන් වහන්සේගේ ධර්මය හරියට දැක්කා නම් පහදිනවාමයි, එපා වෙන්නේ නෑ. බුදුරජාණන් වහන්සේගේ ශ්‍රාවක සංඝයා හරියට දැක්කා නම් පහදිනවාමයි, එපා වෙන්නේ නෑ. අපි ඒක තේරුම් ගන්න ඕන ඒ විදිහටයි.

මෙන්න පැහැදීමේ තරම...

මං අහලා තියෙනවා, එක කතාවක්. බුදුරජාණන් වහන්සේගේ කාලයේ ඔන්න එක දායක පින්වතෙක් රහතන් වහන්සේ නමක්ව දානයකට වඩම්මා ගෙන යනවා. යනකොට මඩ වලක් තිබුණා. ඉතින් මේ රහතන් වහන්සේ ඒ මඩ වල උඩින් පැන්නා. පැනලා වැඩියා. අර පින්වතා කල්පනා කරනවා, 'හරි අසංවරයි, මං පිරිකරත් දෙන්නයි හිටියේ... හැබැයි දෙන්නේ නෑ... දානෙ විතරක් දෙනවා.' (ඔන්න පැහැදිලා තියෙන හැටි) ඊට පස්සේ ඊට වඩා පොඩි වලක් හම්බ වුණා. දැන් අර රහතන් වහන්සේ ඒකෙන් බැහැලා වඩිනවා. ඉතින් අර දායක පින්වතාට හරි ගැටලුවක්.

"ස්වාමීනී, ඔබවහන්සේ ඉස්සෙල්ලා මීට වඩා ලොකු වලකින්නේ අර පැන්නේ. මේකෙනුත් පනින්න තිබ්බනේ."

"පින්වත, මං මේකෙනුන් පැන්නා නම් අද මට දානෙත් නැතුව යනවා" කිව්වා.

ඒකේ තේරුම, ඒ කෙනාට ගුණ දැන අවබෝධයෙන්ම ඇතිකර ගත් පැහැදීමක් තිබුණේ නෑ. එතකොට අපට තේරෙනවා මේ වගේ බුද්ධ දේශනා හදාරලා තිබුණොත් විතරයි අවබෝධයෙන් පහදින්නේ. එහෙම නැත්නම් පහදින්නේ අවබෝධයෙන් නෙවෙයි. අපට ඕන නිකන් බලන්න. අපි සතුටු වෙන ආකාරයට ඉන්නවාද, අන්න එතැන තමයි බලන්නේ. අපි සතුටු වෙන ආකාරයට ඉන්නවා නම් කොහොම හිටියත් ප්‍රශ්නයක් නෑ. බුදුරජාණන් වහන්සේගේ ශ්‍රාවක සංඝයා මේ විදිහේ වැඩපිළිවෙලක් තුළයි නිකෙලෙස් වුණේ කියලා පිළිගත්තොත් තමයි අපේ හිත හොඳට පහදින්නේ.

විස්මිත සඟ ගුණ...

බලන්න, මේ ශ්‍රාවක සංඝයාගේ සුපටිපන්න ගුණය. සාරිපුත්ත මහරහතන් වහන්සේට බඩේ අමාරුවක් හැදුණා. හොඳටම අමාරුයි. මුගලන් මහරහතන් වහන්සේ අහනවා,

"ඔබවහන්සේගේ මේ අසනීප තත්ත්වය කලිනුත් හැදිලා තියෙනවාද?"

"අනේ ආයුෂ්මතුනි, මට ගෙදරදිත් මේ අසනීපය හැදෙනවා."

"ගෙදරදි හැදුණාම මොකද කරන්නේ?"

"එතකොට අපේ අම්මා මෙන්න මේ මේ බෙහෙත් වර්ග දාලා කැඳක් හදලා දෙනවා."

"ඔබවහන්සේ ලෙඩින් නොවැ. හම්බුවෙන්නේ

නැතැයි අපි පිණ්ඩපාතේ වැඩි වෙලාවක..."

මේක දෙවි කෙනෙක් අහගෙන හිටියා. ඒ එහා පැත්තේ මාළිගාවක් තිබුණා. මේ දෙවි කෙනා මාළිගාවේ ඉන්න දූ කුමාරිට වැහුණා. වැහිලා ඔන්න කැරකිලා වැටුණා. ඊට පස්සේ කියනවා, "මම මේ ඇඟෙන් යන්නේ නෑ. අසවල් අසවල් බෙහෙත් ජාති ගනින්... හදාපන් කැඳක්... හදලා අද ස්වාමීන් වහන්සේ නමක් පිඬු සිඟා වඩිනවා පූජා කරපන්... එතකොට මං යනවා" කිව්වා.

ආජීවය සම්පූර්ණයෙන් පිරිසිදුයි...

බලන්න, ඉර්ධි ප්‍රාතිහාර්යයෙන් අග්‍ර මුගලන් මහරහතන් වහන්සේ ඒ ගැන මුකුත් කල්පනා කළේ නෑ. මුගලන් මහරහතන් වහන්සේ පිඬු සිඟා වඩින කොට ඒ මාළිගාවෙන් කැඳක් දුන්නා. කැඳ දැක්ක ගමන් මුගලන් මහරහතන් වහන්සේ කල්පනා කළා, 'මේ අර සාරිපුත්ත ස්වාමීන් වහන්සේ කියාපු කැඳ.' අරගෙන පිටත් වෙන්න ලෑස්ති වුණා.

"ස්වාමීනී, වඩින්න එපා ඉන්න. ඔබවහන්සේ වඩින්නේ ඇයි?"

"අසනීප වූ ස්වාමීන් වහන්සේ නමක් ඉන්නවා" කිව්වා.

"නෑ... නෑ... ඔබවහන්සේ වළඳන්න, තව තියෙනවා" කිව්වා. මුගලන් ස්වාමීන් වහන්සේ වැළඳුවා. තව කැඳ එකක් අරගෙන වැඩියා. මුගලන් ස්වාමීන් වහන්සේ මේ කැඳ එක අරගෙන ගිහිල්ලා පාත්තරය අතට දීලා කියනවා, "සාරිපුත්ත ස්වාමීන් වහන්ස, මං කිව්වනේ පින්වන්ත

කෙනාට ලැබෙනවා කියලා."

සාරිපුත්ත ස්වාමීන් වහන්සේ කල්පනා කළා, 'අපි කාටවත්ම කිව්වේ නෑනේ. කොහොමද මේක ලැබුණේ?' කල්පනා කරලා බැලුවා. බලන කොට සැරියුත් ස්වාමීන් වහන්සේ දැක්කා, මේක වෙලා තියෙන්නේ කෙනෙක්ව පෙළලා. කෙනෙක්ව පීඩාවට පත්කරලයි මේක හම්බ වුණේ.

"ආයුෂ්මතුනි, මට එපා ඕක. ඕක ගිහිල්ලා අන්න එහා පැත්තට වීසි කරන්න. ඔයිට හොඳයි මං අපවත් වෙනවා." සාරිපුත්ත මහරහතන් වහන්සේගේ කීම අහලා මුගලන් මහරහතන් වහන්සේ නිශ්ශබ්දව පාත්තරේ අතට අරගෙන පිටිපස්සට ගිහිල්ලා පාත්තරේ මුනින් අතට හරවන කොට, කැඳ ටික ඔක්කෝම වැටෙන කොටම, බඩේ අමාරුව සදහටම සනීප වුණා. **සුපටිපන්නෝ භගවතෝ සාවකසංඝෝ...**

අපි සුපටිපන්න කියන කොට රහතන් වහන්සේලා අයිතියි. සඟ ගුණ දන්නේ නැතිවනේ ගොඩක් අය එක් කෙනෙක් දෙන්නෙක්ගේ ප්‍රශ්නවලට පොදුවේ සංඝ රත්නයටම බනින්නේ. නමුත් සුපටිපන්න කියන කොට ඒ ගුණවලට රහතන් වහන්සේලා අයිතියි. '**සුපටිපන්නෝ භගවතෝ සාවකසංඝෝ**' භාග්‍යවතුන් වහන්සේගේ ශ්‍රාවක සංඝයා මනා වූ පිළිවෙතකට පිළිපන් සේක.

ශික්ෂා ගෞරවය හිතාගන්න බැරිතරම් පුදුමයි...

බලන්න එතකොට උන්වහන්සේලා ආජීව පාරිශුද්ධියේ කොයිතරම් පිරිසිදු මට්ටමක ඉඳලද?

කොයිතරම් පිරිසිදු මට්ටමක්ද? සමහර භික්ෂූන් වහන්සේලාගේ ශික්ෂා ගෞරවය හිතන්න බැරිතරම් පුදුමයි. බුදුරජාණන් වහන්සේ දේශනා කරලා තියෙනවා, පැන් පාවිච්චි කරන කොට පෙරහන්කඩයකින් වතුර පෙරලා වළඳන්න කියලා. මොකද, සත්තු ඉඳියි කියලා.

ඉතින් ඒ නිසා ඒ කාලයේ ස්වාමීන් වහන්සේලා චාරිකාවේ වඩිනකොට හැම තිස්සේම පරිෂ්කාරත් එක්ක පෙරහන්කඩයකුත් ළඟ තියෙනවා. දවසක් ස්වාමීන් වහන්සේලා දෙනමක් චාරිකාවේ වැඩියා. නමුත් එක ස්වාමීන් වහන්සේ නමකට පෙරහන්කඩයක් තිබුණේ නෑ. දැන් ඔන්න වතුර තිබහයි. වතුර වළඳන්න ඕන. ඒත් පෙරහන්කඩයක් නෑ. ඉතින් උන්වහන්සේ අනෙක් ස්වාමීන් වහන්සේගෙන් ඇහුවා,

"අනේ මට වතුර වළඳන්න ඔබවහන්සේගේ පෙරහන්කඩේ ටිකකට දෙනවාද?"

"කෝ තමුන්නාන්සෙගේ පෙරහන්කඩේ?"

"අනේ මට එකක් නෑ"

"මං දෙන්නේ නෑ" කිව්වා. (ඒ කාලෙත් එහෙම වෙලා තියෙනවා) දැන් මේ ස්වාමීන් වහන්සේට පෙරහන්කඩයක් නෑ. (සමහරවිට වෙන පාරකින් යන්න වෙන්න ඇති) පැන් වළඳන්න නැති නිසා අපවත් වුණා. අපවත් වුණත් වැළඳුවේ නෑ. බලන්න කොහොම ප්‍රතිපත්තියේ යෙදිලද කියලා...

උත්තම මිනිසුන් දකින්න ඕන නම් ථේර ගාථා පොත කියවන්න...

හරි පුදුමයි... ඔබට මේ ලෝකයේ උදාර

මනුෂ්‍යයන්ව දකින්න ඕන නම්, මම "ඒ අමා නිවන් **දුටු රහතන් වහන්සේලා"** කියලා 'ථේර ථේරී ගාථා' පරිවර්තනය කරලා තියෙනවා. ලෝකයේ ශ්‍රේෂ්ඨම අය දකින්න ඕන නම්, අන්න ඒවා කියවන්න. මේ ලෝකයේ ශ්‍රේෂ්ඨම අයගේ ගති... ඒ අය හිතපු ඒවා... අදහස්... ඔක්කෝම ඒවායේ තියෙනවා. ඒක අපි "ථේර ගාථා" කියලා සංයුක්ත තැටියකටත් හදලා තියෙනවා. ඒක අහද්දී අපි ඒ යුගයට යනවා. අතිශයින්ම සුන්දරයි, බුදුරජාණන් වහන්සේගේ ශ්‍රාවක සංඝරත්නය. ඒ ශ්‍රාවක සංඝයාගේ ගුණ අපි හිතන්නේ නැත්නම්, අපට අවබෝධ වෙන්නේ නැත්නම්, අපේ හිත පහදින්නේ නෑ. **'සුපටිපන්නෝ භගවතෝ සාවකසංඝෝ.'**

ඊළඟට බුදුරජාණන් වහන්සේගේ ශ්‍රාවක සංඝයා **උජුපටිපන්නයි.** උජුපටිපන්න කියන්නේ ඍජු ප්‍රතිපදාවෙහි බැසගත් සේක. **(උජුකෝනාමසෝ මග්ගෝ)** බුදුරජාණන් වහන්සේ ඍජු මාර්ගයක් දේශනා කරලා තියෙනවා. ඒකේ වංගු නෑ. ඒක කෙලින් මාර්ගයක්. ඒ තමයි, **ආර්ය අෂ්ටාංගික මාර්ගය.**

උදාර ගමන් මග...

පින්වත්නි, බුදුරජාණන් වහන්සේගේ ශ්‍රාවක සංඝරත්නය, (රහතන් වහන්සේලා, අනාගාමී උත්තමයන් වහන්සේලා, සකදාගාමී උත්තමයන් වහන්සේලා, සෝතාපන්න උත්තමයන් වහන්සේලා) ඒ ආර්ය අෂ්ටාංගික මාර්ගයට පිළිපන් සේක. පහදින්න තියෙන්නේ ඔය විදිහට කල්පනා කරලයි. බුදුරජාණන් වහන්සේගේ ශ්‍රාවක සංඝ රත්නය සීල සමාධි ප්‍රඥා කියන මාර්ගය දියුණු කළා. සීලය සම්පූර්ණ කළා. සමාධිය සම්පූර්ණ

කළා. ප්‍රඥාව සම්පූර්ණ කළා. ඒ රහතන් වහන්සේලාගේ ආර්ය අෂ්ටාංගික මාර්ගයේ ගමන් කිරීම හරි උදාරයි.

බලන්න, ඒ ආර්ය අෂ්ටාංගික මාර්ගයේ ගමන් කළ බව කොයිතරම් ශ්‍රේෂ්ඨද? කියලා. එක ස්වාමීන් වහන්සේ නමක් සිටියා. මම හිතන්නේ මාර්ගඵල ලාභී කෙනෙක්. නමුත් ඒ වෙනකොට රහතන් වහන්සේ නමක් වෙලා නෑ. හැබැයි අර ඍජු මාර්ගයේ ගමන් කරපු කෙනෙක්. දැන් චාරිකාවේ වඩිනවා. වැඩම කරන කොට හොඳ දොලක් ගලනවා. වතුර ටිකක් නාන්න කල්පනා කළා. සිවුර පැත්තකින් තියලා පාත්තරේ පැත්තකින් තියලා, අඳනේ ඇඳගෙන වතුරට බැස්සා. දැන් ඔන්න වතුරේ ගිලිලා නානවා.

ධර්මය හැර වෙන පිහිටක් නෑ...

ඒ ප්‍රදේශයේ හොරෙක් ආභරණ වගයක් හොරකම් කරලා. දැන් රාජභටයෝ හොරාව අල්ලන්න පන්නගෙන එනවා. හොරා දුවනවා. දුවලා යනකොට පාත්තරයක් තියෙනවා දැක්කා. ආභරණ ටික පාත්තරයට දාලා දිව්වා. රාජ්‍ය සේවකයෝ දුවගෙන ආවා, කවුරුත් පේන්න නෑ. බලනකොට පාත්තරේ ඇතුළේ රන් ආභරණ තියෙනවා. දැන් අර උතුම් ස්වාමීන් වහන්සේ වතුරෙන් ඔළුව උඩට ඉස්සුවා. "ආ.... වරෙන් උඩට" මේ ස්වාමීන් වහන්සේ මුකුත්ම දන්නේ නෑ. උඩට ආවා. එනකොටම කලන්තෙ දාලා වැටෙන්න දෙකක් ගැහැව්වා. දැන් ගගහා අරගෙන යනවා. බලන්න, කවුද හොරකම් කළේ? කාවද අහුවුණේ? ගෙනිහිල්ලා නඩු ඇහුවා. නඩුවේදී උල තියන්න නියම කළා. දැන් උළේ වාඩි කෙරෙව්වා. දැන් උල ටික ටික උඩට ඉස්සි ඉස්සී එනවා. දැන් මෙයා කල්පනා කරනවා, 'මට

ධර්මය ඇර වෙන පිහිටක් නෑ.'

බුදුරජාණන් වහන්සේ මේ සිද්ධිය දැක්කා. ශ්‍රාවකයෙක් උල උඩ වාඩිවෙලා ධර්මය සිහිකරනවා. බුදුරජාණන් වහන්සේ එතැනට ඉර්ධියෙන් වැඩම කළා.

"භික්ෂුව ඕක තමයි සංසාරේ හැටි. ඉපදීම නිසා වෙන දේ. සදහටම අත්හරින්න."

ආර්ය අෂ්ටාංගික මාර්ගයේ ගමන් කරපු ශ්‍රාවකයා උල උඩ රහතන් වහන්සේ නමක් බවට පත්වෙලා පිරිනිවන්පෑවා. එහෙම දෙයක් කරන්න, ඒ මාර්ගය කොයිතරම් ඍජු වෙන්න ඕනද? ඒ වගේ විදීමක් අවබෝධ කරන්න කොච්චර සම්මා සතියක් තියෙන්න ඕනද? ඒ සම්මා සතිය කොච්චර හොඳ සම්මා සතියක්ද? ඒ සම්මා දිට්ඨිය... ඒ සම්මා සංකල්පය කොයිතරම් ශ්‍රේෂ්ඨද? ඒ ආර්ය අෂ්ටාංගික මාර්ගයටනේ ඒක කරන්න පුළුවන් වුණේ. බුදුරජාණන් වහන්සේගේ ශ්‍රාවකයන් වහන්සේලා ඒ ඍජු මාවතේ බැසගෙන හිටියා. මේ කෙරෙහි අපේ හිත පහදින්න ඕන.

ඍජු මාවතේ ගමන් මග උදාරායි...

ඒ බුදුරජාණන් වහන්සේගේ ශ්‍රාවකයන් වහන්සේලා ඍජු මාවතේ බැසගත්තු ආකාරය බලද්දී හරිම උදාරයි. වස් කාලයක් ආවා. ඒ වස් කාලයේ වේරඤ්ජ කියලා බ්‍රාහ්මණයෙක් බුදුරජාණන් වහන්සේටයි, භික්ෂූන් වහන්සේලාටයි වේරඤ්ජ කියන ගමේ වස් වසන්න කියලා ආරාධනා කළා. බුදුරජාණන් වහන්සේ ආරාධනාව පිළිගත්තා. දැන් ඔන්න වැස්ස කාලේ. නමුත් දානේ හරි ගස්සලා දෙන්න ඕන නේද කියලා වේරඤ්ජ බ්‍රාහ්මණයාට මතක නැති වුණා.

අශ්වයෝ වෙළඳාම් කරන පිරිසක් ඒ වස් කාලේම ඒ ආසන්නයේ නැවතිලා ඉන්නවා. ස්වාමීන් වහන්සේලා දවසක් බලන් හිටියා දානෙ නෑ. දවස් දෙකක් බලන් හිටියා, ඒත් දානේ නෑ. ඊට පස්සේ "අපි කොහොම හරි මොනවා හරි ටිකක් හොයා ගන්න ඕන" කියලා අර අශ්ව වෙළඳාම් කරන කණ්ඩායම් ළඟට පිණ්ඩපාතේ වැඩම කළා. දැන් ඒගොල්ලෝ ගාව තියෙන්නේ අශ්වයන්ට දෙන්න ගෙනාපු යව හාල්. යව හාල් මිටක් පාත්තරේට දානවා. උන්වහන්සේලා ආපහු වැඩම කරලා මේක පෙඟෙන්න දාලා, කොටලා පොඩ්ඩක් ගුලි කරලා වළඳනවා.

සාදු..! සාදු.! පින්වත් මහණෙනි...

බුදුරජාණන් වහන්සේ ආනන්ද ස්වාමීන් වහන්සේ ගෙන්, අසා සිටියා,

"ආනන්දය, මේ මෝල් ගස් සද්දයක් ඇහෙන්නේ මොකක්ද?"

"ස්වාමීනී භාග්‍යවතුන් වහන්ස, මේ භික්ෂූන් වහන්සේලා අසවල් තැනට පිණ්ඩපාතෙ වඩිනවා. එතැනින් යව හාල් මිටක් හම්බ වෙනවා. ඒක පෙඟෙන්න දාලා ගුලි කරලා වළඳනවා."

බලන්න, කාටවත් දොස් කිව්වේ නෑ. කාගෙවත් දොස් හෙව්වේ නෑ. ඒ ස්වාමීන් වහන්සේලා ප්‍රතිපත්තියේ යෙදී වාසය කරනවා.

"සාදු! සාදු!! ආනන්ද, රහතන් වහන්සේලා ආහාරයට ගිජු නොවී තමන්ගේ ජීවත්වීම පිණිස නොඇල්මෙන් ආහාරය වළඳලා තියෙන්නේ මේ විදිහටයි කියලා අනාගත මිනිස්සු දන්නවා නම්, අනාගත මිනිස්සු රස මසවුළුවලට

විහිළු කරයි" කිව්වා. ඔන්න බලන්න ඍජු මාර්ගයේ ගමන් කරපු උත්තමයන් වහන්සේලා ගැන. **උජුපටිපන්නෝ භගවතෝ සාවකසංඝෝ...**

ප්‍රතිපත්තියේ යෙදෙන්නේ අවබෝධය පිණිසමයි...

ඊළඟට **ඤායපටිපන්නෝ භගවතෝ සාවකසංඝෝ.** ඒ භාග්‍යවත් බුදුරජාණන් වහන්සේගේ ශ්‍රාවක සංඝයා ඒ ප්‍රතිපත්තියේ යෙදී වාසය කරන්නේ අවබෝධයක් පිණිසමයි. ඤායපටිපන්න කියලා කියන්නේ, ආර්ය සත්‍යය අවබෝධය පිණිස පිළිපන් සේක කියන එකයි. එතකොට ඒ සද්ධානුසාරී, ධම්මානුසාරී කියන සෝවාන් මාර්ගයේ ගමන් කරන ශ්‍රාවකයාගේ බලාපොරොත්තුව චතුරාර්ය සත්‍යය අවබෝධ කිරීම. සෝවාන් ඵලයට පත් වූ භික්ෂුවගේ ඊළඟ බලාපොරොත්තුව ඒ චතුරාර්ය සත්‍යය තවත් ගැඹුරින් අවබෝධ කිරීම. සකදාගාමී වූ භික්ෂුවගේ බලාපොරොත්තුව ඒ චතුරාර්ය සත්‍යය ධර්මය තවත් ගැඹුරින් අවබෝධ කිරීමයි. අනාගාමී වූ භික්ෂුවගේ බලාපොරොත්තුව ඒ චතුරාර්ය සත්‍යය ධර්මය පරිපූර්ණව අවබෝධ කිරීම. **ඤායපටිපන්නෝ භගවතෝ සාවකසංඝෝ...** එතකොට ඒ බුදුරජාණන් වහන්සේගේ ශ්‍රාවක සංඝරත්නය අවබෝධයට නැඹුරු වූ ප්‍රතිපදාවකට පිළිපන් සේක.

දෙතිස් කතා බැහැර කර දස කතාවට එමු...

ඊළඟ එක **සාමීචිපටිපන්නෝ භගවතෝ සාවකසංඝෝ.** ඒ භාග්‍යවතුන් වහන්සේගේ ශ්‍රාවක සංඝ රත්නය සාමීචිපටිපන්නයි. ඒ කියන්නේ චතුරාර්ය සත්‍ය අවබෝධයට උපකාර වන දේ කතා බස් කිරීමෙන්

යුතුවන සේක. ඒ තමයි දස කතා. බුදුරජාණන් වහන්සේ ධර්මාවබෝධයට උපකාර වෙන්නේ නැති කතා තිස් දෙකක් එපා කියලා තියෙනවා. ඒවාට කියන්නේ දෙතිස් කතා. සාමාන්‍යයෙන් ලෝකයේ තියෙන්නේම මේ දෙතිස් කතාමයි.

දස කතා අහන්න ලැබෙන්නේ බුද්ධ ශාසනයක විතරයි. ඒ දස කථා තමයි, **අප්පිච්ඡ කථා**. අප්පිච්ඡ කතා කියන්නේ ආශාවන් අඩු, ආශාවන් නැතුව ජීවත්වීම ගැන කතා කරනවා. මේ ධර්ම මාර්ගයට ආපු එක් කෙනා එහෙම කතා කරන්නේ නැත්නම් ටික ටික අකුසල් වැඩිවෙනවා. රහතන් වහන්සේලාගේ පරිසරය තුළ ගොඩක් මාර්ගඵලලාභීන් බිහි වෙන්නේ මේ දස කතාව නිසයි. සාමීචිපටිපන්න නිසයි.

ඉච්ඡ කියන්නේ ආශාව. **අප්ප** කියන්නේ අඩු. ආශාවන් අඩුව ජීවත්වීම ගැන කතා කිරීම අප්පිච්ඡ කතාවයි. ආශාවන් අඩුවෙන කොට ඒ කෙනා ප්‍රධානත්වය හොයන්නේ නෑ. ආශාවන් අඩුවෙන කොට නායකත්වය හොයන්නේ නෑ. ආශාවන් අඩුවෙන කොට දායකයෝ ගොඩ ගහගන්න ඕන කියලා හොයන්නේ නෑ. එතකොට සාමීචිපටිපන්න ශ්‍රාවකයන් ඒ වගේ ඒවා ඇහුවට පස්සේ අල්පේච්ඡව ජීවත් වෙනවා.

පුදුම සහගත නොඇලීමක්...

අනුරාධපුර යුගයේ සිදු වූ එක සිද්ධියක් තියෙනවා. ඒ කාලයේ හොඳට ප්‍රතිපත්තියේ ගමන් කරන භික්ෂූන් වහන්සේ නමක් හිටියා. උන්වහන්සේගේ ගිහි කාලයේ ගෙවල් අනුරාධපුරයේ. උන්වහන්සේ භාවනාව ගැනයි, ධර්මය ගැනයි ඉගෙන ගන්න සිතුල්පව්වට වැඩලා සිටියේ.

සිතුල්පව්ව තියෙන්නේ දකුණේ, කතරගමට කිට්ටුවනේ. උන්වහන්සේ පොඩි කාලයේ සිතුල්පව්වට වැඩියට පස්සේ අවුරුදු ගණනාවකින් අනුරාධපුරේ වැඩලා නෑ. ඉතින් අම්මා තාත්තා ලොකු හාමුදුරුවන්ට,

"අනේ ස්වාමීනී, අපි අපේ පොඩි හාමුදුරුවන්ව කාලෙකින් දැකලා නෑ. අනේ මේ පාර වස් කාලෙට වත් එවන්න හාමුදුරුවනේ" කියලා කිව්වා. දැන් වස් කාලයේ ඇවිල්ලා. ඒ දෙමව්පියෝ කුටියක් භාරගෙන කිව්වා,

"ස්වාමීනී, මේ අපේ කුටියටත් වස් වසන්න ස්වාමීන් වහන්සේ නමක් වඩම්මලා දෙන්න. හැබැයි අපෙන් තමයි ඒ වස් කාලෙම දානේ ලැබෙන්නේ" කියලා ඉල්ලීමක් කළා.

ලොකු හාමුදුරුවොත් 'හා...' කියලා දැන් ඉතින් වස් වසන්න සිතුල්පව්වට පිටත් වුණා. දැන් අර පොඩි ස්වාමීන් වහන්සේත් සිතුල්පව්වේ ඉඳලා දෙමව්පියෝ බලන්න ඕන කියන අදහසින් අනුරාධපුරේ වඩිනවා. අතරමගදි මුණ ගැහුණා. මුණ ගැහුණාම ලොකු හාමුදුරුවෝ විස්තර දැනගෙන පොඩි නමට කියනවා,

"පොඩි නම අන්න දෙමව්පියන් කුටියක් හදලා තියෙනවා. ඔබවහන්සේ ගිහිල්ලා එහේ වස් වසන්න. දානෙ ගන්න ඕන දෙමව්පියන්ගේ ගෙදරින්. ඒගොල්ලන්ට බණ ටිකක් කියලා වස් කාලයේ ගත කරන්න."

"හොඳයි, ස්වාමීනී" කියලා පිටත් වුණා.

දැන් ඔන්න මේ ස්වාමීන් වහන්සේ ඒ ගමට වැඩියා. පොඩි කාලෙනේ පිටත් වුණේ. දැන් උස මහතයි. ඒ නිසා ගෙදර කවුරුවත් හඳුනන්නේ නෑ. ඊට පස්සේ මේ දෙමව්පියෝ ඒ විහාරයට ගිහිල්ලා,

"ස්වාමීනී, අපේ කුටියේ වස් වසන්න හාමුදුරු කෙනෙක් මේ පාර ඉන්නවද?" කියලා ඇහුවා.

"මෙන්න මේ ස්වාමීන් වහන්සේ ඔය උපාසිකාවගේ කුටියේ තමයි වස් වසන්න ඉන්නේ."

ඉතින් "ස්වාමීනී, ඔබවහන්සේද කුටියේ වස් වසන්නේ?" කියලා ඇහුවා. (දැන් මේ කතා කරන්නේ අම්මා. නමුත් පුතා කියලා හඳුනන්නේ නෑ) "ඔව්" කිව්වා. "ස්වාමීනී, එහෙම නම් මේ වස් කාලය පුරාම අපෙන් දානේ." "හොඳයි" කිව්වා.

ඊට පස්සේ වස් වසලා ඉවරවෙලා සිවුරකුත් පූජා කළා. සිවුරත් අරගෙන පිටත් වුණා. ආයෙමත් ගුරු හාමුදුරුවොත් වස් වසලා ඉවරවෙලා අනුරාධපුරේට වඩිනවා. මගදි හම්බ වුණා.

"පොඩි නම, දෙමව්පියන් දැක්කද?"

"දැක්කා, ස්වාමීනී"

"හොඳින් ඉන්නවද?"

"එහෙමයි ස්වාමීනී, ඒගොල්ලන් හොඳින් ඉන්නවා"

"බණ ටිකක් කිව්වේ නැද්ද?"

"ධර්මය කිව්වා ස්වාමීනී. ස්වාමීනී, අම්මා මට සිවුරක් පූජා කළා. මං මේ සිවුර ඔබවහන්සේට පූජා කරනවා" කියලා ගුරු හාමුදුරුවන්ට සිවුර පූජා කළා. පූජාකරලා සිතුල්පව්වට පිටත් වුණා.

මගේ පුතනුවන් වහන්සේ මේ තරම් අල්පේච්ඡද...?

ඊට පස්සේ ගුරු හාමුදුරුවෝ මේ සිවුරත් අරගෙන,

අනුරාධපුරේට වැඩියා. අර දෙමව්පියෝ අඬාගෙන ආවා.

"අනේ ස්වාමීනී, අපේ පොඩි හාමුදුරුවන්ව එක්කන් ආවේ නැත්තේ ඇයි?"

"ඇයි උපාසිකාව මේ තුන් මාසයක් වස් වැසුවේ මේ පවුලේ පොඩි ස්වාමින් වහන්සේ නොවැ..."

"අනේ ස්වාමීනී, එහෙම කියන්න එපා. මේ තුන් මාසයම අපට ධර්මය කතා කළා මිසක් ඇයි හොඳයි මුකුත් ඇහැව්වේ නෑනේ."

"එහෙම තමයි බුදුහාමුදුරුවන්ගේ ශ්‍රාවකයෝ."

"ඒ වුණාට ස්වාමීනී, මට විශ්වාස නෑ."

"උපාසිකාව, මේ බලන්න මේ සිවුර... මට මගදි පොඩි හාමුදුරුවොනේ පූජා කළේ" කිව්වා.

ඊට පස්සේ ඒ අම්මා ඒ පැත්ත හැරිලා කියනවා.

"අනේ ස්වාමීනී, මගේ පුතණුවන් වහන්සේ මේ තරම් අල්පේච්ඡද?" අන්න අල්පේච්ඡ කතාව අහලා පැහැදුණා. **සාමීචිපටිපන්නයි.**

සංඝරත්නය ගැන හිත පහදින්න අපි මේවා දැනගෙන ඉන්න ඕන. එතකොට අප්පිච්ඡ කථා (ආශාවන් අඩු බව) කියන්නේ දස කථාවේ පළවෙනි එක.

දහම පැතිර යන්නේ දස කතාවෙන්...

දෙවැනි එක (**සන්තුට්ඨි කථා**) ලැබුණු දේකින් සතුටුවීම ගැන කතා කරනවා. ඊළඟ එක (**පවිවේක කථා**) හුදෙකලා ජීවිතය ගැන කතා කරනවා. (**අසංසග්ග කථා**) නොඇලී සිටීම ගැන කතා කරනවා. (**විරියාරම්භ කථා**) අකුසල් දුරුකිරීමට, කුසල් වැඩීමට, වීරිය පවත්වන්න ඕන

ආකාරය කතා කරනවා. (**සීල කථා**) සීලය ගැන කතා කරනවා. (**සමාධි කථා**) සමාධිය ගැන කතා කරනවා. (**පඤ්ඤා කථා**) ප්‍රඥාව ගැන කතා කරනවා. (**විමුත්ති කථා**) දුකින් නිදහස්වීම ගැන කතා කරනවා. (**විමුත්ති ඤාණදස්සන කථා**) දුකින් නිදහස් වීම ගැන ඇති අවබෝධය ගැන කතා කරනවා. බුදුරජාණන් වහන්සේගේ ශ්‍රාවක සංඝයා මෙන්න මේ දස කතාවෙන් යුක්තයි. එම නිසා සාමීචිපටිපන්න වන සේක. (අපි සාමාන්‍ය කතාවට සතුටු සාමීචි කියලා කියන්නේ) බුදුරජාණන් වහන්සේගේ ශ්‍රාවක සංඝයා දස කතාවෙන් යුක්තවීම නිසා තමයි ශ්‍රාවක සංඝයාගෙන් පිරිසිදු බුදු දහම පැතිරිලා යන්නේ.

යුගල හතරයි... පුද්ගලයින් අටයි...

දැන් අපි විස්තර කළේ ශ්‍රාවක සඟගුණ ගැන. **"සුපටිපන්නෝ භගවතෝ සාවකසංඝෝ, උජුපටිපන්නෝ භගවතෝ සාවකසංඝෝ, ඤායපටිපන්නෝ භගවතෝ සාවකසංඝෝ, සාමීචිපටිපන්නෝ භගවතෝ සාවකසංඝෝ"** ඒ ශ්‍රාවක සංඝයා (**යදිදං චත්තාරි පුරිස යුගානි**) යුගල වශයෙන් හතරයි. සෝවාන් මාර්ගයේ ගමන් කරන කෙනා, සෝවාන් ඵලයට පත්වූ කෙනා එක යුගලයක්. සකදාගාමී මාර්ගයේ ගමන් කරන කෙනා, සකදාගාමී ඵලයට පත්වූ කෙනා දෙවෙනි යුගලය. අනාගාමී මාර්ගයේ ගමන් කරන කෙනා, අනාගාමී ඵලයට පත්වූ කෙනා තුන් වෙනි යුගලය. අරහත් මාර්ගයේ ගමන් කරන කෙනා, අරහත් ඵලයට පත් රහතන් වහන්සේ හතර වෙනි යුගලය. යුගල වශයෙන් හතරයි. පුද්ගල වශයෙන් අටයි. (**අට්ඨ පුරිසපුග්ගලා**) ඒ තමයි, සෝවාන් මාර්ගයේ ගමන් කරන කෙනා. සෝවාන් ඵලයට පත් වූ කෙනා. සකදාගාමී මාර්ගයේ ගමන් කරන කෙනා. සකදාගාමී ඵලයට පත් වූ කෙනා. අනාගාමී

මාර්ගයේ ගමන් කරන කෙනා. අනාගාමී ඵලයට පත් වූ කෙනා. අරහත් මාර්ගයේ ගමන් කරන කෙනා. අරහත් ඵලයට පත් වූ කෙනා.

බුදු මුවින්ම හඳුන්වා දුන් ගුණ...

එතකොට පින්වත්නි, අපි මුලින්ම බුදුරජාණන් වහන්සේගේ ගුණ ගැන ඉගෙන ගත්තා නේද? මේවා කවුරුවත් දීපු තනතුරු නෙවෙයි. දැන් සාමාන්‍යයෙන් ගත්තොත් වෙන කෙනෙක් ගැන 'අසවලා.... මෙන්න මෙහෙමයි' කියලා එක එක සම්මාන දෙන්නේ අපිනේ. අපි ඔය *PhD, MBBS* කිය කියා එක එක දේවල් කියනවනේ.

මේවා එහෙම නෙවෙයි. මේවා බුදුරජාණන් වහන්සේගේම බුදු මුවින් හඳුන්වා දීපු ගුණ. "**ඉතිපි සෝ භගවා අරහං....**" කියන්නේ බුදුරජාණන් වහන්සේ විසින් උන්වහන්සේගේ බුදු මුවින් හඳුන්වා දීපු ගුණ නවය. ධර්මයේ "**ස්වාක්ඛාත සන්දිට්ඨික අකාලික.......**" ආදී ගුණත් බුදු මුවින්ම මෙන්න මේ මේ ගුණ මේ ධර්මයේ තියෙනවා කියලා හඳුන්වා දුන්නා. ශ්‍රාවක සංඝයාගේ ගුණත් බුදු මුවින්ම හඳුන්වා දුන්නා. මේක දන්නේ නැති අය සමහර වචනවල එල්ලිලා ඉන්නවා. "ඕකේ අට්ඨපුරිස පුග්ගලා කියලා තියෙනවනේ... පුද්ගලයෝ කොහෙද ඉන්නේ?" කියලා අහනවා. "ඔතැන තියෙන්නේ නාම රූප දෙකක් විතරනේ." මේ කාලයේ හරියට ඔහොම දොඩවන අය ඉන්නවා. (**අට්ඨ පුරිසපුග්ගලා**) 'පුද්ගලයෝ අටයි' කියන වචනය පාවිච්චි කළේ බුදුරජාණන් වහන්සේ. උන්වහන්සේ තමයි ශ්‍රාවකයන්ගේ මෙන්න මේ ගුණ තියෙනවා කියලා හඳුන්වා දුන්නේ.

සියලු පූජාවන්ට සුදුසුයි...

අපි ඒක තේරුම් ගන්න ඕන. සුපටිපන්න, උජුපටිපන්න, ඤායපටිපන්න, සාමීචිපටිපන්න කියන ගුණ දරන්නා වූ සෝවාන්, සකදාගමී, අනාගාමී, අරහත් යන ශ්‍රාවකයන් වහන්සේලා තමයි **ආහුණෙය්‍ය** වෙන්නේ. 'ආහුණෙය්‍ය' කියන්නේ දාන මාන සකස් කරලා, උන්වහන්සේලා ඉන්න තැන් හොයාගෙන ගිහිල්ලා, පූජා කරන්න සුදුසුයි. දුර සිට වුණත් දන් පැන් ගෙනැවිත් පූජා කරන්න සුදුසුයි.

බුදුරජාණන් වහන්සේගේ කාලයේ මේ ගුණ හඳුන්වාදීම සාමාන්‍ය මිනිසුන්ටත්, ශ්‍රාවකයින්ටත් හරි පිහිටක් වුණා. ඒ කියන්නේ ඒ අර්ථ දන්න නිසා මිනිස්සු ගොඩාක් පින් කරගත්තා.

පාහුණෙය්‍ය කියන්නේ හදිස්සියේවත් ගෙදරට වැඩියොත් තියෙන දේවල් වලින් සළකන්න සුදුසුයි කියන එකයි. **පාහුණෙය්‍ය** කියන්නේ ආගන්තුක සත්කාරයට සුදුසුයි. දැන් ශ්‍රාවකයන් වහන්සේ නමක් පිඬු සිඟාගෙන යද්දී ගෙදරකට හැරෙනවා. එතකොට ඒ, ගෙදරට ආපු ආගන්තුකයෙක්. දානය පූජා කරන්න සුදුසුයි.

දැන් බෞද්ධ සමාජයේ අපි නම් මේ දේවල් ටික ටික හරි දන්නවා. බුදුරජාණන් වහන්සේගේ කාලයේ ගත්තොත් උන්වහන්සේ අලුතින්ම 'අ' යන්නේ ඉඳලා හැමදේම කියා දුන්නනේ. උන්වහන්සේට හැමදේම කියාදෙන්න සිද්ධ වුණා.

උපතින් වසලයෙක් වෙන්නේ නෑ...

සමහර බ්‍රාහ්මණ ගම් තියෙනවා, ඒ ගම්වලට

ස්වාමීන් වහන්සේලාට එන්න දෙන්නේ නෑ. බලන්න, පාහුණෙය්‍යය ගුණය මතු වූ එවැනි තැනක්. 'ථූන' කියලා ගමක් තිබුණා. මේ ථූන කියන ගම තනිකරම බමුණන්ගේ ගමක්. බමුණෝ කියලා කියන්නේ අමුතු සත්තු ජාතියක් නෙවෙයි, මිනිස්සුමයි. ඒගොල්ලෝ හිතාගෙන ඉන්නවා ඒගොල්ලෝ උසස් කුලයේ කියලා. ඒගොල්ලෝ හිතාගෙන ඉන්නේ **(බ්‍රාහ්මණස්ස මුඛමාසි)** ඒ අය බමුණන්ගේ කටින් ඉපදුණු අය කියලයි. මහා බ්‍රහ්මයාගේ කටින් වමනේ දාපු අය. ඒගොල්ලෝ හිතන් ඉන්නේ ඒගොල්ලෝ තමයි ලෝකයේ ඉන්න උසස් අය කියලයි. ඒ නිසා අනිත් ඔක්කෝම ඒගොල්ලෝ යටතේ සේවය කරන්න ඕන කියලයි. බුදුරජාණන් වහන්සේ මේකට හොඳ කතාවක් දේශනා කළා.

උන්වහන්සේ දේශනා කළා, "(**න ජච්චා වසලෝ හෝති**) උපතින් වසලයෙක් වෙන්නේ නෑ. (**න ජච්චා හෝති බ්‍රාහ්මණෝ**) උපතින් බ්‍රාහ්මණයෙක් වෙන්නෙත් නෑ. (**කම්මනා වසලෝ හෝති**) ක්‍රියාවෙන් තමයි වසලයෙක් වෙන්නේ. (**කම්මනා හෝති බ්‍රාහ්මණෝ**) ක්‍රියාවෙන් තමයි බ්‍රාහ්මණයෙක් වෙන්නෙත්." (මේවා කස පාරවල් වගේ බ්‍රාහ්මණයන්ට හොඳට වැදුණා)

වතුර බිඳක්වත් දෙන්න තහනම්...!

ඉතින් බුදුරජාණන් වහන්සේට ඔය ථූන කියන ගම හරහා චාරිකාවක් තිබුණා. මේ ගමේ බමුණෝ ටික ශ්‍රමණ ගෞතමයන් වහන්සේට, ශ්‍රාවකයෙකුට වතුර බිංදුවක්වත් මේ ගමෙන් දෙන්නේ නෑ කියලා සංවිධානය වුණා. සංවිධානය වෙලා ගමේ ඔක්කෝටම "මේගොල්ලන්ට වතුර බිංදුවක් දෙන්න එපා" කිව්වා. සමහරු කිව්වා

"මේ ළිං තියෙන්නේ. මේගොල්ලෝ ඒවායින් වතුර බොයිනේ." "එහෙනම් පිදුරු දාලා ළිං වහපල්ලා" කිව්වා.

දැන් ඔන්න හෙට වඩිනවා කියලා ආරංචි වුණා. ළිං ටික ඔක්කොම පිදුරු දාලා වැහැව්වා. බලන්න මේ මිනිසුන්ට මහා කාරුණිකයන් වහන්සේව හඳුනාගන්න බැරි වුණා. බුදුරජාණන් වහන්සේ මේ ගමට වැඩියා. ආනන්ද ස්වාමීන් වහන්සේට, "ආනන්දය, පිපාසයි, පැන් ටිකක් අරගෙන එන්න" කිව්වා. ආනන්ද ස්වාමීන් වහන්සේ පාත්තරෙත් අරගෙන ළිඳක් ගාවට වැඩියා. පිදුරු දාලා වහලා. ඊළඟ ළිඳ ගාවට වැඩියා. ඒකත් පිදුරු දාලා වහලා. බැලුවා, හොයා ගන්න කවුරුත් නෑ. ආපහු හැරිලා ආවා. ඇවිල්ලා, "ස්වාමීනී, හරි වැඩක්නේ, පිදුරු දාලා ළිං ඔක්කෝම වහලා" කිව්වා.

මහ පොළොවට බුදුගුණ තේරෙනවා...

"එහෙම නම් ඉස්සෙල්ලා ගිය ළිඳට ආයෙත් යන්න බලන්න" කිව්වා. පින්වත්නි, හරිම ආශ්චර්යයි. ඒ ළිඳ ගාවට යන කොට පිදුරු ටික ඔක්කෝම වතුරෙන් උඩට ඇවිල්ලා වතුර උතුරලා යනවා. ඉතින් ආනන්ද ස්වාමීන් වහන්සේ හරි සතුටින්, "අනේ මේ මිනිස්සුන්ට බුදු කෙනෙකුගේ ගුණයක් තේරුම් ගන්න බැහැ. නමුත් මේ මහ පොළොවට බුදුගුණ තේරෙනවා..." කියලා පැන් අරගෙන ගිහිල්ලා පූජා කළා.

තව එක රහතන් වහන්සේ නමක් පැන් ටිකක් හොයාගන්න ගමේම ඇවිදිනවා. පැන් ටිකක් දෙන්න කවුරුත් නෑ. මේ රහතන් වහන්සේ එක්තරා මිදුලක් ගාවට වැඩියා. කලන්තෙ හැදිලා වැටුණා. එක් උපාසිකාවක් මේ සිද්ධිය දැක්කා. ඇය වචනයෙන් අහලා ශ්‍රාවක සංඝයා ගැන

පැහැදී සිටි කෙනෙක්. මෙයා බැමිණියක්. මෙයා කල්පනා කළා, 'රහතන් වහන්සේ නමක් වැටුණා. මොනවා වුණත් කමක් නෑ' කියලා එතැනට ගියා. වතුර ඉල්ලනවා. දැන් වතුරවත් දෙන්න එපා කියලනේ තියෙන්නේ. ඉතින් එයා කෙළින්ම ළිඳට ගියා. පිදුරු අස්කරලා, වතුර පොඩ්ඩක් අරගෙන ඇවිත් "ස්වාමීනී, මේක පිළිඅරගෙන වළඳන්න" කියලා පූජා කළා. උන්වහන්සේත් වළඳලා වැඩම කළා. මෙයා මේක කළේ හොරෙන්. ඔය වගේ ඒවා හොරෙන් කරන්න බැනේ. ඉතින් ආරංචි වුණා. බුදුරජාණන් වහන්සේයි, රහතන් වහන්සේලායි මේ මූසල ගමේ හිටියේ නෑ. වැඩම කළා.

පාහුණෙය්‍යය ගුණය මතු වූ තැනක්...

ඊට පස්සේ ගම්මු රැස්වුණා. රැස්වුණේ අර කාන්තාවට දඬුවම් දෙන්න. "මේ ගමේ එක්තරා කාන්තාවක් තමන්ගේ නීතියෙන් පිට පැනලා. මේ කාන්තාව බරපතල වරදක් කරලා තියෙනවා. ගල් ගහලා මරාපන්..." ගල් ගහලා මැරුවා. එයා ගිහිල්ලා එවේලේම දිව්‍ය ලෝකයේ ඉපදුණා. එහෙම වුණේ අර රහතන් වහන්සේට පාහුණෙය්‍ය ගුණය තිබුණ නිසයි. ආගන්තුක ස්වාමීන් වහන්සේ නමක් වැඩම කළා. කලන්තේ දාලා වැටුණා. වතුර ටිකක් පූජා කළා. ඇය තමන් දිව්‍ය ලෝකයේ යයි කියලා හිතුවද? මේ පාහුණෙය්‍යය ගුණය මතු වූ තැනක්. හදිසියේවත් නිවසට වැඩම කළොත් උපස්ථාන කිරීමට සුදුසුයි. පාහුණෙය්‍යයයි.

තුන්වැනි එක (දක්ඛිණෙය්‍ය) දක්ෂිණාවන් දෙන්න සුදුසුයි. දක්ෂිණාවන් කියන්නේ දාන. දානයක් පූජා කරන්න සුදුසුයි. දක්ෂිණා කියන එකෙන් අදහස් කරන්නේ, පින් රැස් කරගන්න දෙන්න සුදුසුයි. පින් රැස් කරගැනීම

පිණිස, පින් රැස්කරගන්න ඕන කියන අදහසින් ඔය කියාපු මාර්ගඵල ලාභී උත්තමයන් වහන්සේලාට දානෙ හදලා පූජා කරන්න සුදුසුයි. **දක්ඛිණෙය්‍යයෝ.**

(අංජලිකරණීය) අංජලීකරණීය කියලා කියන්නේ අත් දෙක එකතු කරලා වන්දනා කරන්න සුදුසුයි. ආසනයෙන් නැගිටීම, ගෞරව දැක්වීම ආදියත් ඒකට අයිති වෙනවා.

ලොවට උතුම් පින්කෙත...

එතකොට බුදුරජාණන් වහන්සේගේ ඒ ශ්‍රාවකයන් වහන්සේලා **(අනුත්තරං පුඤ්ඤක්ඛෙත්තං ලෝකස්ස)** ලෝකයට උතුම් පින්කෙතයි. ඒ වචන ඔක්කෝම බුදුරජාණන් වහන්සේගෙයි.

එතකොට පින්වත්නි, මේ විදිහට ඔබ අද රහතන් වහන්සේ නමකගේ අවබෝධය, රහත්වීම පිණිස භික්ෂූන් වහන්සේ නමක් ඇතිකරගෙන දියුණු කරගෙන ගියපු වැඩපිළිවෙල සහ ඒ ශ්‍රාවක සංඝයාගේ ගුණ කියන කාරණා ඉගෙන ගත්තා. මේ ටිකට සවන් දෙනකොට ඔබට බුදුරජාණන් වහන්සේගේ ශ්‍රාවකයන් ගැන පැහැදීමක්නේ ඇති වුණේ. අන්න ඒ පැහැදීම තමයි ශ්‍රාවක සංඝයා කෙරෙහි පහදිනවා කියන්නේ.

ආගන්තුක දානයට අවසර දෙන්න...

බලන්න... ඒ ශ්‍රාවක සංඝයා කෙරෙහි විශාඛාව තුළ පැහැදීම තිබුණු හැටි. දවසක් විශාඛාව බුදුරජාණන් වහන්සේගෙන් වර වගයක් ඉල්ලුවා. ඒ ඉල්ලපු එකක් තමයි, "ස්වාමීනී භාග්‍යවතුන් වහන්ස, මේ සැවැත් නුවරට ආගන්තුකව වඩින සියලුම ස්වාමීන් වහන්සේලා මගේ

මේ පූර්වාරාමයට වැඩම කරවලා ආගන්තුක දානය පූජා කිරීමේ අවසරය මට දෙන්න" කිව්වා.

බුදුරජාණන් වහන්සේ ඇහුවා, "විශාඛා, ඉතින් මේ සැවැත් නුවරට එක එක දිශාවලින් ස්වාමීන් වහන්සේලා වඩිනවානේ. ඉතින් ආගන්තුක දානෙ දෙන්න මොකක්ද මේ ඔච්චර ආශාව?"

"ස්වාමීනී භාග්‍යවතුන් වහන්ස, නා නා දිශාවලින් ස්වාමීන් වහන්සේලා වැඩම කරනකොට ආගන්තුක දානය වළඳන ශාලාව තියෙන්නේ මගේ විහාරයේ නම්, උන්වහන්සේලා ආගන්තුක දාන වළඳන්නේ එහෙදියි. ස්වාමීනී, ඊට පස්සේ අපට අසවල් අසවල් ප්‍රදේශයේ, අසවල් අසවල් ස්වාමීන් වහන්සේලා පිරිනිවන් පෑවා කියලා ආරංචි වෙනවා. ස්වාමීනී, එහෙම ආරංචි වෙනකොට උන්වහන්සේ කවදා හරි සැවැත් නුවරට වැඩලා තියෙනවාද කියලා මං හොයලා බලනවා.

එතකොට මට සැවැත්නුවරට වැඩලා තියෙනවා කියලා ආරංචි වෙනවා. එතකොට ස්වාමීනී, මං දන්නවා සැවැත්නුවර වැඩියා නම් අනිවාර්යයෙන්ම පූර්වාරාමයට වැඩලා දානෙ වළඳනවාමයි. මොකද ආගන්තුක දානෙ දෙන්නේ මමනේ. ඒ නිසා අනිවාර්යයෙන්ම දානෙ වළඳනවා. එහෙනම් මේ ස්වාමීන් වහන්සේ මගෙන් දානෙ වළඳලා තියෙනවා කියලා හිතන කොට, භාග්‍යවත් බුදුරජාණන් වහන්ස, මට ඒකමයි ප්‍රීතිය. මට ඒකමයි සතුට. මං ඒ සන්තෝෂයෙන් දවසම ඉන්නවා. ඒ සඳහායි මම ආගන්තුක දානෙ දෙන්න අවසර ඉල්ලුවේ."

බුදුරජාණන් වහන්සේ "සාදු! සාදු!!" කියලා අවසර දුන්නා. එතකොට බලන්න අවබෝධයෙන් තිසරණය

පිහිටපු මේ ශ්‍රාවකයන් වහන්සේලාව ගුණ වශයෙන් හඳුනාගෙන හිටපු අයගේ ලක්ෂණ.

චූල සුභද්‍රාගේ මහා පැහැදීම...

'චූල සුභද්‍රා' කියලා අනාථපිණ්ඩික සිටුතුමාගේ දුවක් හිටියා. ඇයව කසාද බන්දලා දුන්නේ නිගණ්ඨ නාතපුත්‍රගේ ශ්‍රාවක පවුලකට. ඒ සාකේත නුවරට. සැවැත්නුවර ඉඳලා සාකේත නුවරට හරි දුරයි. හැතැප්ම දෙසිය ගාණක් තියෙනවා. ඉතින් සුභද්‍රා අලුත් ගෙදර පදිංචියට ගියා. දවසක් ඒ ගෙදර කට්ටිය සුභද්‍රා දේවියට කියනවා,

"සුභද්‍රා, හෙට අපේ ගෙදරට රහතන් වහන්සේලා දානෙට වඩිනවා"

"අනේ අම්මේ, කොච්චර ලොකු දෙයක්ද! මමත් මේ රහතන් වහන්සේලාව දැකගන්න බැරිව හරි කාන්සියෙන් ඉන්නේ" කියලා කිව්වා.

පහුවදා දානෙ වෙලාව ආවා. "අන්න රහතන් වහන්සේලා වැඩමකරලා ඉන්නවා" කියලා පණිවිඩය ලැබුණා. ඉතින් සුභද්‍රා බොහෝම සතුටින් දුවගෙන ආවා. බැලින්නම් ඉන්නේ නිගණ්ඨ නාතපුත්‍රගේ ශ්‍රාවකයෝ ටික. උපන් හැටියේ පිරිසක් ඇවිල්ලා ඉන්නවා දැක්කා. දැකලා,

"චීඃ මේගොල්ලෝ කොහොමද රහතන් වහන්සේලා වෙන්නේ?" කියලා මෙයාට කියවුණා. එවේලේම ආයේ උඩ තට්ටුවට දිව්වා. අර නිගණ්ඨ ශ්‍රාවකයෝ ටිකට පුදුම විදිහට කේන්ති ගියා.

"ආ.... උඹලා මේ මිථ්‍යා දෘෂ්ටික පවුලක කෙල්ලෙක් අරගෙන ඇවිල්ලා අපට නින්දා කළා. අපට උඹලගේ දානෙත් එපා" කියලා හැරිලා ගියා. දැන් මේ ගෙදර

කට්ටියට විශාල අර්බුදයක්. මේක ලොකු ප්‍රශ්නයක්නේ... ඊට පස්සේ මේගොල්ලෝ ගිහිල්ලා සුභද්‍රාට දොස් කියන්න පටන් ගත්තා. "උඹ අපේ මූණේ දැලි ගෑවා, අපේ නම්බුව ඉවරයි" කිව්වා. එතකොට සුභද්‍රා කියනවා,

"නෑ... නෑ... මම රහතන් වහන්සේලාව හඳුනනවා. ඔය රහතන් වහන්සේලා නෙවෙයි."

"හා... කියාපන් බලන්න උඹ දන්න රහතන් වහන්සේලා ගැන."

"මං දන්න රහතන් වහන්සේලා මේ මේ මේ ගුණයන්ගෙන් යුක්තයි" කියලා මේ සුපටිපන්න ආදී ගුණ කියන්න පටන් ගත්තා. කියන්න ගත්තහම "හා පුළුවන් නම් උඹලගේ රහතන් වහන්සේලා අපට ගෙනත් පෙන්නපන්" කිව්වා.

අසාමාන්‍ය ශ්‍රද්ධාවක්...

මේ සුභද්‍රාව අසාමාන්‍ය ශ්‍රද්ධාවක් තිබුණු කෙනෙක්. ඇය මාළිගාවේ ඉස්සරහා සඳළුතලයට නැග්ගා. පිච්ච මල් වට්ටියක් අතට ගත්තා. සැවැත් නුවර තියෙන පැත්තට හැරිලා "ස්වාමීනී භාග්‍යවතුන් වහන්ස, මං මේ මිථ්‍යා දෘෂ්ටික පවුලකට හිරවෙලා ඉන්නවා. භාග්‍යවතුන් වහන්සේ භික්ෂු සංඝයා සමඟ හෙට දානෙට වඩින සේක්වා!" කියලා පිච්ච මල් ටික අහසට දැම්මා. බලන්න මේ මාර්ගඵල ලාභී අය. එයා විවාහ වෙන්න කලින් සෝවාන් වූ කෙනෙක්. දැන් මේ හාස්කම පාන්නේ අලුත කසාද බැඳපු නෝනා...

"සෝවාන් වූ අයට බඳින්න පුළුවන්ද? ගෙවල්වල ඉන්න පුළුවන්ද? කඩාකප්පල් වේවිද?"කියලා දැන්නේ

අපෙන් අහන්නේ. දැන් මේ හාස්කම් පාන්නේ ස්වාමීන් වහන්සේ නමක් නෙවෙයි, මාර්ගඵල ලාභී ශ්‍රාවිකාවක්. අර මල් ටික අහසට දැම්මායින් පස්සේ මල් ටික අහසේ පාවෙලා ගියා. ගිහිල්ලා බුදුරජාණන් වහන්සේ වැඩසිටින තැන වියනක් වගේ හිටියා. එදා උපාසක මහත්තයෙක් පහුවදා දානයට ආරාධනා කරන්න ඇවිල්ලා. බුදුරජාණන් වහන්සේ,

"බලන්න උපාසක මහත්තයා මම මේ දැන් දානයක් භාරගත්තා" කිව්වා.

"අනේ ස්වාමීනී, කවුරුවත් ආවේ නෑනේ?"

"මේ බලන්න මේ උඩ තියෙන මේ පිච්ච මල්. මගේ ශ්‍රාවිකා දුවක් ඉන්නවා, සාකේත නුවර. මේ ඇගේ ආරාධනාවයි. අපි හෙට දානෙට එහේ වඩිනවා." පසුදා බුදුරජාණන් වහන්සේ ඉර්ධියෙන් දානයට වැඩම කළා. බලන්න, බුදුරජාණන් වහන්සේගේ ශ්‍රාවකයන්ගේ අභිමානය.

වෙනස් කළ නොහැකි පැහැදීමක්...

බුදුරජාණන් වහන්සේ, ශ්‍රී සද්ධර්මය, ශ්‍රාවක සංඝයා කියන තිසරණයේ ගුණ ගැන අවබෝධයෙන්ම දැනගෙන පහදිනවා නම්, බුදුරජාණන් වහන්සේගේ සෝතාපන්න ශ්‍රාවකයා කෙරෙහි, සකදාගාමී ශ්‍රාවකයා කෙරෙහි, අනාගාමී ශ්‍රාවකයා කෙරෙහි, රහතන් වහන්සේ කෙරෙහි හිත පහදිනවා නම් ඒ පැහැදීම කාටවත්ම වෙනස් කරන්න බැහැ.

සෝතාපන්න ශ්‍රාවකයා තුළ ලක්ෂණ හතරක් තියෙනවා. ඒ තමයි, බුදුරජාණන් වහන්සේ කෙරෙහි

නොසෙල්වන ශ්‍රද්ධාව, ශ්‍රී සද්ධර්මය කෙරෙහි නොසෙල්වන ශ්‍රද්ධාව, ශ්‍රාවක සංඝයා කෙරෙහි නොසෙල්වන ශ්‍රද්ධාව, ආර්යකාන්ත සීලය. ඒ කියන්නේ ආර්ය අෂ්ටාංගික මාර්ග යේ මාර්ග අංග තුනක් දියුණු වන ආකාරයට සීලය පැවැත්වීම. මේවා සෝතාපන්න වූ ශ්‍රාවකයා දියුණු කරනවා මිසක්, ඒවායෙහි ස්ථිරව පිහිටලා ඉන්නවා මිසක්, ඒවා නැති කරගන්නේ නෑ. එතැන ඉඳලා තියෙන්නේ ශ්‍රාවකයන්ගේ දියුණුවක්මයි.

අපමණ සතුටට පත්වෙන්න...

එතකොට අපි සතුටු වෙන්න ඕන, 'අපි සරණ ගියපු බුදුරජාණන් වහන්සේ මේ මේ ගුණයන්ගෙන් සමන්විතයි. අපි සරණ ගිය ශ්‍රී සද්ධර්මය මේ මේ ගුණයන්ගෙන් සමන්විතයි. අපි සරණ ගිය ශ්‍රාවක සංඝරත්නය මේ මේ ගුණයන්ගෙන් සමන්විතයි' කියලා.

බුදුරජාණන් වහන්සේගේ ශ්‍රාවකයන් වහන්සේලාගේ ඔය ගුණස්කන්ධය බැලුවහම ලෝකයේ අපට වෙන කිසිම සමාජයකින්, වෙන කිසිම මනුෂ්‍ය වර්ගයකින්, කිසිම ජන කණ්ඩායමකින්, එහෙම පිරිසක් හොයාගන්න බෑ. මේ විදිහට මේ විශේෂත්වය දකිනවා නම්, එයා ඒ විශේෂත්වය තුළ තමයි පහදින්නේ.

සියල්ල අතරේ වෙන්කොට හඳුනාගන්න...

ඒ කියන්නේ මෙහෙමයි. දැන් අපට අම්මලා එක් කෙනයිනේ ඉන්නේ. තාත්තලත් එක්කෙනයි. නමුත් අපි ලෝකයේ කාන්තාවන් පුරුෂයන් කොපමණ ඇසුරු කරනවාද? අපි වැඩිහිටි අයට සමහරවිට පොදුවේ "අම්මා", "තාත්තා" කියලා කතා කරනවා. නමුත් මේ ලෝකයේ

කෝටි ගාණක් ඉන්න සමාජය තුළ අපි අම්මාව විශේෂ වශයෙන් දකින්නේ නැද්ද? තාත්තාව විශේෂ වශයෙන් දකින්නේ නැද්ද? අපි ලෝකයේම කාන්තාවන්ට අම්මා කිව්වත් අපේ අම්මාව වෙන් කරලා දකිනවා. ලෝකයේම අයට තාත්තා කියලා කතා කළත් අපේ තාත්තාව වෙන් කරලා දකිනවා. ඒ කියන්නේ කෝටි සංඛ්‍යාත ජනකායක් අතර, අපි මව්කුසේ තබාගෙන, පෝෂණය කරලා, බිහිකරලා, කිරි පොවලා, හදලා තියෙන්නේ එක්කෙනයි. අපි එයාව වෙන් වශයෙන් හඳුනනවා.

මේ වගේ කෝටි සංඛ්‍යාත මනුස්ස ප්‍රජාව අතරේ බුදුරජාණන් වහන්සේ කියලා එක්කෙනයි පහළ වෙලා තියෙන්නේ. ඉතින් අපි උන්වහන්සේව හඳුනාගන්න ඕන. ඊළඟට මේ ලෝකයේ තියෙන නා නා විෂයන්, පොත්පත්, ඉගැන්වීම් ඒ සියල්ල අතරේ බුදුරජාණන් වහන්සේගේ ධර්මය කියලා එකයි තියෙන්නේ. ඒක අපි වෙන් වශයෙන් හඳුනාගන්න ඕන. ඒ වගේම මේ ලෝකයේ නොයෙක් ජන කණ්ඩායම්, මනුෂ්‍ය වර්ග ඉන්නවා. මේ ජන කොටස් අතරේ බුදුරජාණන් වහන්සේගේ ශ්‍රාවකයන් කියලා යම් පිරිසක් ඉන්නවාද, අපි ඒ පිරිස විශේෂ වශයෙන් හඳුනා ගන්න ඕන.

අන්න එහෙම හඳුනාගෙන කාටවත් වෙනස් කරන්න බැරි විදිහට පැහැදුණා නම් ඒකට **අවෙච්චප්පසාද** කියලා කියනවා. අන්න ඒ පැහැදීම තමයි පුණ්‍ය ගංගාව බවට පත්වෙන්නේ. ඉතින් ඒ නිසා අපිත් ඒ පුණ්‍ය ගංගාව ඇති කර ගනිමු.

සාදු! සාදු!! සාදු!!!

නමෝ තස්ස භගවතෝ අරහතෝ සම්මාසම්බුද්ධස්ස
ඒ භාග්‍යවත් අරහත් සම්මා සම්බුදුරජාණන් වහන්සේට නමස්කාර වේවා!

04.
ආර්යකාන්ත සීලය

(සංයුත්ත නිකාය 5 - අභිසන්ද සූත්‍රය)

ශ්‍රද්ධාවන්ත පින්වතුනි,

අපි ඉස්සර වෙලාම බුදුරජාණන් වහන්සේ විසින්ම අපට හඳුන්වා දීපු අරහං, සම්මා සම්බුද්ධ ආදී බුදුගුණ සමූහය ඉගෙන ගත්තා. ඊළඟට අපි බුදුරජාණන් වහන්සේ විසින් මහා කරුණාවෙන් අවබෝධයෙන්ම දේශනා කොට වදාළ, ධර්මයෙහි තිබෙන්නා වූ මූලික ලක්ෂණ ගැන ඉගෙන ගත්තා. ඊළඟට අපි බුදුරජාණන් වහන්සේගේ ශ්‍රාවකයන් වහන්සේලාගේ ගුණ සමූහය ගැන ඉගෙන ගත්තා. ඒ තුළින් අපට තෙරුවන් ගැන කිසියම් අවබෝධයක් ඇති කරගන්න පුළුවන් වුණා.

දැන් අපි ඉගෙන ගන්නේ සීලය ගැනයි. තෙරුවන් කෙරෙහි ශ්‍රද්ධාවයි, ආර්යකාන්ත සීලයයි කියන මේ හතරට කියනවා, 'සෝතාපත්ති අංග' කියලා.

ඒ කියන්නේ සෝවාන් වූ කෙනෙක් තුළ පිහිටන්නා වූ අංග. යම්කිසි කෙනෙක් ගෞතම බුදුරජාණන් වහන්සේගේ ශාසනයේ ආර්ය ශ්‍රාවකයෙක් වෙලා, ආර්ය අෂ්ටාංගික මාර්ගයට පැමිණිලා, ගමන් කරනවා නම් ඒ ශ්‍රාවකයා තුළ මේ ලක්ෂණ හතර පිහිටනවා. ඒ මූලික ලක්ෂණ හතර තමයි, බුදුරජාණන් වහන්සේ කෙරෙහි නොසෙල්වෙන ප්‍රසාදය, ධර්මය කෙරෙහි නොසෙල්වෙන ප්‍රසාදය, ආර්ය සංඝයා කෙරෙහි නොසෙල්වෙන ප්‍රසාදය සහ ආර්යකාන්ත සීලය.

සිව්වෙනි කුසල ගංගාව...

එයින් අද අපි ඉගෙන ගන්නේ සීලය ගැනයි. ඔබ බොහෝ කාලයක් තිස්සේ පන්සිල් සමාදන් වෙනවා. මේ පන්සිල්වල තියෙන්නේ පංච දුෂ්චරිතයෙන් වැළකීමයි. එහෙම නම් අපි ඉස්සර වෙලා ඉගෙන ගන්න ඕන පන්සිල් නෙවෙයි, පංච දුෂ්චරිතය කියන්නේ මොකක්ද කියලයි.

පංච සීලයේ පළවෙනි සිල්පදය, '**(පාණාතිපාතා වේරමණී සික්ඛාපදං සමාදියාමි)** සතුන් මැරීමෙන් වැළකීම නම් වූ ශික්ෂාපදය සමාදන් වෙමි.' සතුන් මැරීම ගැන බුදුරජාණන් වහන්සේ මොන විදිහටද පෙන්වා දුන්නේ කියලා අපි දැනගන්න ඕන. මේක දුෂ්චරිතයක්. දුෂ්චරිතයක් කියන්නේ නරක දෙයක්, වැරදි දෙයක්, නොමනා දෙයක්, බාලයෙකුගේ ක්‍රියාවක්, අසත්පුරුෂයෙකුගේ ක්‍රියාවක්. එතකොට යම්කිසි කෙනෙක් පාණාතිපාතා කියන දුෂ්චරිතය කළොත්, එයා තුළ අකුසල් වැඩෙනවා. එයා තුළ යම් කුසල් තිබුණා නම් ඒවා පිරිහෙනවා. එතකොට 'පාණාතිපාතා' කියන එකේ තියෙන භයානකකම පේනවද?

භයත්, වෛරයත් හටගන්නා පළමු කරුණ

බුදුරජාණන් වහන්සේ දේශනා කළේ, සතුන් මැරීම භයත්, වෛරයත් හටගන්නා පළමුවෙනි කරුණ කියලයි. පාණාතිපාතා සිල්පදය බුදුරජාණන් වහන්සේ විස්තර කළේ මෙහෙමයි. ඔන්න පාණාතිපාති කෙනෙකුගේ ලක්ෂණ. ඒ තමයි, (**ලුද්දෝ**) එයා රෞද්‍රයි, නපුරුයි. (**ලෝහිතපාණී**) ලේ තැවරුණ අත් ඇති. ලේ තැවරුණ අත් කියන එකේ තේරුම මේකයි, ඔබ අහලා තියෙනවද ආයුධ පරිහරණය කරන සමහර අය තමන්ගේ පිරිසිදුකම ගැන මෙහෙම කියනවා, "මගේ මේ අත් දෙකේ මම ලේ ගාගෙන නෑ" කියලා. එහෙම කියන අය ඉන්නවනේ.

මට මතකයි, පොලීසියේ මහත්මයෙක් මාත් එක්ක කිව්වා, "ස්වාමීනී, මගේ අත් දෙකේ ලේ නෑ" කියලා. ලේ තැවරුණ අත් ඇති කියන එකේ අර්ථය ඒකෙන් ගන්න පුළුවන්. රෞද්‍ර, ලේ තැවරුණ අත් ඇති, (**හතපහතේ නිවිට්ඨෝ**) අන්‍යයන්ව වැනසීමෙහි යෙදුණු, (**අදයාපන්නෝ**) දයාවක් නැති බවට පත් වූ, (**අදයාපන්නෝ පාණභූතේසු**) ප්‍රාණීන්, සත්වයින් කෙරෙහි දයාවක් නැති මේ කාරණාවලින් යුක්ත වීමටයි 'පාණාතිපාත' කියලා කියන්නේ. බලන්න, බුදුරජාණන් වහන්සේ 'පාණාතිපාතා' කියන වචනයට කොයිතරම් විස්තරයක් කරලා තියෙනවද? අපි මේ විස්තරය දන්නේ නෑනේ. අපි විස්තර දන්නේ නැතුව නිකන්ම 'පාණාතිපාතා වේරමණී' කියලා කියනවා. ඒක මොන විදිහේ එකක්ද කියලා අපි හරියට දන්නේ නෑ. ඒ නිසා කරවල කෑල්ලක් කැවුණොත් 'ඔන්න සිල් කැඩුණා' කියනවා. ඔය වගේ දේවල්වලින් තමයි පටලවා ගන්නේ. නමුත් බුදුරජාණන් වහන්සේ පාණාතිපාතා කියලා මේ දේශනා කරන්නේ, මනුෂ්‍යයන් කෙරෙහි, සියලු සතුන්

කෙරෙහි දයා රහිත වූ, රෞද්‍ර වූ, ලේ තැවරුණ අත් ඇති, සතුන් වැනසීමෙහි යෙදීම පාණාතිපාතා කියලයි.

බුදුරජාණන් වහන්සේ '**සේවිතබ්බාසේවිතබ්බ**' කියන සූත්‍රයේ සැරියුත් මහරහතන් වහන්සේත් එක්ක කරන සාකච්ඡාවකදී මේක හරි ලස්සනට තෝරලා දෙනවා.

පංච දුෂ්චරිතයේ ස්වභාවය...

එතකොට පංච දුෂ්චරිතයේ ස්වභාවය තමයි, මෙලොව පරලොව දෙකේම භය, වෛර ඇතිකිරීම. හිතලා බලන්න, අපි මේ ලෝකයේ තියෙන යුද්ධ ගැන කතා කරනවා. මේ යුද්ධ අයිති වෙන්නේ පාණාතිපාත කියන එකටනේ. ආගමික වධ හිංසා තියෙනවා. ඒවා අයිති වෙන්නෙත් පාණාතිපාත කියන එකට. එතකොට සතුන් මැරීම අයිති වෙන්නේ පාණාතිපාත කියන එකට. මේකේ ලක්ෂණය භය වෛර හටගැනීමයි. ඕක තමයි පංච දුෂ්චරිතය තුළින් බිහිකරන්න පුළුවන්. ඒ පංච දුෂ්චරිතයේ පළවෙනි එක තමයි පාණාතිපාතය. එතකොට පාණාතිපාතයෙන් භයත්, වෛරයත් හටගන්නවා.

එතකොට යම්කිසි කෙනෙක් '**පාණාතිපාතී**' වෙනවා නම්, ඒ කියන්නේ රෞද්‍ර නම්, ලේ වැකුණු අත් ඇතුව ඉන්නවා නම් එයා ඉන්නෙත් භයෙන්. මොකද, එයා අන්‍යයන්ගේ වෛරයට ලක්වෙනවා. එතකොට මේ ලෝකයේ භය වෛර හටගන්නා වූ ප්‍රධාන කාරණය තමයි ප්‍රාණඝාතය. අපි කෙටියෙන් ප්‍රාණඝාතය කියලා කියනවා තමයි. නමුත් බුදුරජාණන් වහන්සේ පාණාතිපාතා කියන වචනය විස්තර කරන්න මේ විදිහටයි, '**ලුද්දෝ ලෝහිතපාණී හතපහතේ නිවිට්ඨෝ අදයාපන්නෝ**

පාණභූතේසු.' එතැන විශේෂ වචන හතරක් පාවිච්චි කරනවා.

මෙලොවත්, පරලොවත් භය වෛර...

එතකොට බලන්න, බුදුරජාණන් වහන්සේ මේ දුෂ්චරිතය තෝරපු හැටි. එතකොට ප්‍රාණඝාතය නිසා මෙලොව ජීවිතයේදී භය, වෛර හටගන්නවා. ඒකට කියන්නේ දිට්ඨධම්මික කියලා. මේ භය, වෛර හටගන්නේ මෙලොවදී විතරක් නෙවෙයි, එයා පරලොවදිත් භය වෛරවලට පත්වෙනවා. පාණාතිපාත කරන කෙනා මරණින් මතු උපදින්නේ නිරයේ, අපායේ. එතකොට එයා නිරය තුළ තමන්ගේ ක්‍රියාවට අනුරූප වූ වධ වේදනාවට ලක්වෙලා භය, වෛරවලට භාජනය වෙනවා.

බුදුරජාණන් වහන්සේගේ ශ්‍රාවකයා මේ දුෂ්චරිතයේ තියෙන ආදීනවය දකිනවා. ආදීනවය කියන්නේ, මේකේ තියෙන නරක පැත්ත දකිනවා. දැකලා පළවෙනි දුෂ්චරිතයෙන් මිදෙනවා. භය, වෛර හටගන්නා වූ පළවෙනි කාරණය අත්හරිනවා. ඒ කියන්නේ (**පාණාතිපාතං පහාය**) පාණාතිපාතය අත්හරිනවා. අත්හැරපු ගමන් එයා අත්හැරලා තියෙන්නේ රෞද්‍රකම, ලේ වැකුණු අත් ඇති බව, අන් සත්වයන්ව ඝාතනය කිරීම, ප්‍රාණීන් කෙරෙහි දයා රහිත බවයි. එතකොට එයා සුචරිතයට එනවා. සුචරිතයට එන්නේ, එයා (**පාණාතිපාතා පටිවිරතෝ හෝති**) පාණාතිපාතයෙන් වැළකීම ශික්ෂා පදය හික්මීමේ මාර්ගයක් හැටියට සමාදන් වෙනවා.

සියලු ප්‍රාණීන් කෙරෙහි හිතානුකම්පී වීම...

ඔන්න පාණාතිපාතා වේරමණී සික්ඛාපදං කියන එකේ තේරුම. (**නිහිතදණ්ඩෝ**) එයා ප්‍රාණීන් මැරීම පිණිස,

හිංසා කිරීම පිණිස දඬු මුගුරු ගන්නේ නෑ. එයා දඬු මුගුරු අත්හැරපු කෙනෙක්. (**නිහිතසත්ථෝ**) අවි ආයුධ අත්හැරපු කෙනෙක්. (**ලජ්ජී**) ඒ දේවල් කරන්න ලැජ්ජා කෙනෙක්. (**දයාපන්නෝ**) සතුන් කෙරෙහි, මනුෂ්‍යයන් කෙරෙහි දයාවෙන් ඉන්න කෙනෙක්. (**සබ්බපාණභූතහිතානුකම්පී විහරති**) ඒ විදිහට සියලු ප්‍රාණීන්, සත්වයින් කෙරෙහි හිතානුකම්පී වීම තමයි පළවෙනි සිල්පදය.

එතකොට '**පාණාතිපාතා වේරමණී සික්ඛාපදං සමාදියාමි**' කිව්වාම ඒ අර්ථ ටික දන්නේ නැත්නම්, අවබෝධයෙන් සිල් රකින කෙනෙක් වෙන්නේ කොහොමද? එයාට තියෙන්නේ දෘෂ්ටියක් විතරයි. එයා මොනවා හරි සුළු කැල්ලක් අල්ලගෙන, "ආ... අරක කළහම සීලය බිඳෙනවා. සිල් කැඩෙනවා" කියයි. එයා සිල්පදය දන්නේ නෑ. අපි සිල්පදය දන්නේ නැත්තේ ධර්මයේ තෝරලා දීලා නැති නිසා නෙවෙයිනේ. ධර්මයේ පැහැදිලිව තෝරලා තියෙනවා. දන්නේ නැත්තේ ධර්මයේ තෝරපු දේ කියපු නැති නිසයි. එතකොට 'පාණාතිපාතා වේරමණී සික්ඛාපදං සමාදියාමි' කියලා සිල්පදය සමාදන් වෙලා පාණාතිපාතයෙන් වෙන් වූ ගමන් භය, වෛර සංසිඳෙනවා.

කුසල් උපදවන සුචරිතවත් කෙනෙක්...

එයාට පාණාතිපාත හේතු කරගෙන හටගන්නා වූ යම් භයක්, වෛරයක් තියෙනවා නම්, ඒ භය වෛර හටගන්නේ නෑ. මෙලොව හටගන්නෙත් නෑ, පරලොව හටගන්නෙත් නෑ. ඒ වගේම පාණාතිපාතයෙන් වැළකුණු කෙනෙකුට, ඒ වැළකීම හේතුකරගෙන, පාණාතිපාතයට යොමුවීමෙන් හටගන්නා යම්තාක් අකුසල් ඇද්ද, ඒ සියල්ල ප්‍රහාණය වෙලා යනවා. ඊළඟට පාණාතිපාතයෙන්

වැළකීම නිසා උපදවා ගන්න තියෙන යම් තාක් කුසල් ඇද්ද, ඒ කුසල් උපදවා ගන්නවා. එතකොට යම් කෙනෙක් පළවෙනි සිල්පදය අවබෝධයෙන්ම ආරක්ෂා කර ගත්තොත් එයා අකුසල් ප්‍රහාණය කරන, කුසල් උපදවා ගන්න වැඩපිළිවෙලකට පත් වූ සුචරිතවත් කෙනෙක් බවට පත්වෙනවා.

එතකොට 'පාණාතිපාතා වේරමණී සික්ඛාපදං සමාදියාමි' කියන කොට මේකේ කොයිතරම් පළල් වූ අර්ථයක් තියෙනවාද කියලා ඔබට තේරෙනවාද? මේ ලෝකයේ ප්‍රාණඝාතයෙන් වැළකීමේ සිල්පදය සමාදන් වීම හේතුකර ගෙන තමයි දීර්ඝායුෂ ලබන්නේ. රෝග පීඩා නොලබන නීරෝගී ජීවිතයක් ලබන්නේ. මේ පාණාතිපාතයෙන් වැළකීම තුළ කායික මානසිකව ශක්තිමත් ජීවිතයක් ලබන්න හේතුවන කුසල වර්ධනයක් සිදු වෙනවා.

සතුන් මැරීමේ විපාක...

පාණාතිපාතයේ යෙදීමෙන් සිදුවෙන්නේ අනිත් පැත්ත. ඒ තමයි, එයා නිරයේ ගිහිල්ලා ආයෙමත් මනුෂ්‍ය ලෝකයට ආවොත් මනුෂ්‍ය ලෝකයේදී ඉපදුණු ගමන්ම රෝගියෙක්. සමහර දරුවන් ඉන්නවා, උපතේම හදවතේ සිදුරු. සමහරු උපතින්ම අත පය කොරවෙලා. සමහරු උපතින්ම රෝගීන් හැටියට ඉන්නවා. සමහරුන් අඩු ආයුෂයෙන් මැරිලා යනවා. ඒ ඔක්කෝටම හේතුව, සංසාරයේ '**පාණාතිපාතී**' කෙනෙක් වෙලා හිටපු එක. මේ සියල්ලම එහි විපාක. එහෙම නම් අපි පාණාතිපාතයෙන් වැළකීමේ සිල්පදය සමාදන් වෙන්න ඕන අවබෝධයකින්. එහෙම නම් අපි මේ සිල්පදය සමාදන් වෙන්න ඕන,

අකුසල් ප්‍රහාණය කිරීම පිණිසත්, කුසල් වර්ධනය කිරීම පිණිසත්. මොකද, ඒ තුළ තමන්ගේ අතින් වෙන්න තියෙන අකුසල් ඔක්කෝම ප්‍රහාණය වෙනවා. මොකද, සතුන් කෙරෙහි දයාවෙන් කරුණාවෙන් වාසය කරනකොට අපේ ජීවිතයේ වැඩෙන්නේ කුසලයක්.

එයා තුළ 'මම මගේ මේ ධර්ම මාර්ගය තුළ අකුසල් ප්‍රහාණය වීම පිණිසත්, කුසල් වර්ධනය පිණිසත් තමයි මේ සිල්පදය සමාදන් වෙලා ආරක්ෂා කරන්නේ' කියන අවබෝධය තියෙනවා. අන්න ඒකට තමයි අවබෝධයෙන් සිල් රකිනවා කියලා කියන්නේ. ඒ විදිහට අවබෝධයෙන් සීලය රකින කෙනාට ආර්ය අෂ්ටාංගික මාර්ගයේ 'සම්මා කම්මන්ත' කියන මාර්ග අංගය සම්පූර්ණ වෙන්න හේතුවක් වෙනවා.

සොරකමත් භය, වෛර හටගන්නා කරුණක්...

දෙවැනි දුෂ්චරිතය, අදින්නාදානා. අදින්නාදායි කියලා කියන්නේ නොදුන්න දේ ගැනීම. නොදුන්න දේ ගැනීම බුදුරජාණන් වහන්සේ විස්තර කරන්නේ මෙහෙමයි, (**යං තං පරස්ස පරවිත්තූපකරණං**) අනුන් සතු, අනුන්ගේ සම්පත්වලට අයිති යමක් ඇද්ද, (**ගාමගතං වා**) ගමේ වෙන්න පුළුවන්, (**අරඤ්ඤගතං වා**) කැලේ වෙන්න පුළුවනි, (**තං අදින්නං**) ඒක තමන්ට දීලා නෑ. (**ථෙය්‍යසංඛාතං ආදාතා හෝති**) එය හොර සිතින් ගන්නවා. ඒ කියන්නේ තමන්ගේ දෙයක් නොවන බව දැනගෙන, තමන්ගේ දෙයක් නොවන්නේ යමක්ද, ඒක කොහේ වුණත් (ගමේ වෙන්න පුළුවන්, වනාන්තරේ වෙන්න පුළුවන්) සොර සිතින් ගන්නවාද ඒක තමයි (අදින්නාදායී) සොරකම් කිරීම.

බුදුරජාණන් වහන්සේ පෙන්වා දෙනවා, සොරකමත් භය වෛර හටගන්නා කාරණාවක්. බලන්න, අප අතරේ සොරකම් කිරීම කියන එක නැත්නම් අපට 'අපේ දේවල් නැතිවෙයිද?' කියලා භයක් හටගන්නේ නෑනේ. කවුරු හරි අපේ දෙයක් සොරකම් කළොත්, ඒ සොරකම් කරපු කෙනා කෙරෙහි අපට භයක්, වෛරයක් හටගන්නවානේ. එහෙම නම් මේ සොරකම භය වෛරය හටගන්න හේතුවක්. ඊට පස්සේ ඒ සොරකම නිසා හැමතිස්සේම එකිනෙකා කෙරෙහි බලන්නේ සැකයෙන්.

ප්‍රතිඵලය කුසල් දහම් පිරිහී යෑමයි...

එතකොට ඒ සොරකම මුල් කරගෙන භය වෛර හටගන්න කාරණාවක නියැලී සිටිනවා නම්, භය වෛර හටගන්න දෙයක පැටලිලා ඉන්නවා නම්, ඒ කියන්නේ හොරකම් කරනවා නම්, අනුන් සතු තමන්ට නොදුන්න දේවල් සොර සිතින් ගන්නවා නම් ඒක අයිති වෙන්නේ දුෂ්චරිතයට. ඒකෙන් වෙන්නේ තමන් තුළ තිබෙන්නා වූ යම් කුසල් ඇද්ද, ඒ කුසල් පිරිහිලා යෑමයි. තමන් තුළ තියෙන අකුසල් වර්ධනය වීමයි. මොකද, සොරකම් කරන්න කල්පනා කරන පුද්ගලයාට අනිත් අය කෙරෙහි මෙත් සිතක් නෑනේ. අපට තව කෙනෙකුගේ දෙයක් පැහැර ගන්න සිතක් ආවට පස්සේ, මෙත් සිතක් ඇතිවෙන්නේ නෑ. මෛත්‍රී සිතින් ඒක කරන්න බැහැ.

ප්‍රාණඝාතය වගේම සොරකම් කරපු කෙනාත් මේ ජීවිතයේදීත් භයෙන් වාසය කරනවා. හොරෙක් වාසය කරන්නේ භයෙන්නේ, තැතිගැනීමෙන්නේ. මොකද, එයා භය වෛරයට පාත්‍ර වෙන ක්‍රියාවක් කරලා තියෙනවා. ඊළඟට ඒ වගේ හොරකමකට කාට හරි දඬුවම් දීලා

තියෙනවා දකින කොට තමන් තැතිගන්නවා. 'මාවත් අහුවෙයිද?' කියලා කල්පනා කරනවා. ඒ කියන්නේ එයා මෙලොවදීම භය වෛර ඇතිවන කාරණාවකට පත්වෙනවා. මරණින් මත්තේ නිරයේ ගිහිල්ලා උපදිනවා. එතකොට 'සොරකම් කිරීම' කියන්නේ මෙලොව පරලොව දෙකේම භය වෛර හටගන්න හේතුවක්.

තමනුත් යහපතේ පිහිටා අන් අයවත් සමාදන් කරවන්න...

බුදුරජාණන් වහන්සේගේ ශ්‍රාවකයා ප්‍රාණඝාතයෙන් වැළකුණු කෙනෙක්. දැන් ඔබට ප්‍රාණඝාතයෙන් වැළකීමේ සිල්පදය තේරුණාද? (**නිහිතදණ්ඩෝ, නිහිතසත්ථෝ, ලජ්ජී, දයාපන්නෝ, සබ්බපාණභූතේසු හිතානුකම්පී විහරති**) දඬු මුගුරු අත්හැරලා, අවි ආයුධ අත්හැරලා, ලැජ්ජාවට පත්වෙලා, දයාවන්තව, සියලු ප්‍රාණීන් කෙරෙහි හිතානුකම්පීව වාසය කරනවා. මෙයා තව කෙනෙක්ව ප්‍රාණඝාතයට පොළඹවන්නේ නෑ. එහෙම නම් තමන් ප්‍රාණඝාතය කරන්නෙත් නෑ. තව කෙනෙක්ව ප්‍රාණඝාතයට පොළඹවන්නෙත් නෑ.

සොරකමින් වැළකුණු කෙනා, තමන් සොරකම් නොකොට තව කෙනෙක්ව භය වෛර ඇතිවෙන කාරණාවකට පොළඹවයිද? අකුසල් වැඩෙන්නා වූ, කුසල් පිරිහෙන්නා වූ දේකට යොදවයිද? තමන්ට ඒ ගැන අවබෝධයක් තියෙනවා නම් කවදාවත් එහෙම යොදවන්නේ නෑ. එතකොට බලන්න, අවබෝධයෙන් සිල් රැකීම කරන කොට තමන් අකුසලයෙන් වළකිනවා වගේම අනිත් අයවත් වළක්වනවා. ඒ කියන්නේ කාවවත් හොරකම් කරන්න පොළඹවන්නේ නෑ. හොරකම් කරවන්නේ නෑ.

සිල්පදයේ අර්ථය නිවැරදිව තේරුම් ගන්න...

නැත්නම් කෙනෙකුට මෙහෙම කරන්න පුළුවන්. එයා තමන් හොරකම් කරන්නේ නෑ. කෙනෙකුට කියනවා, "මම ලේන්සුවක් වනන්නම්. එතකොට උඹ ගනින්..." කියලා. මිනිස්සු එහෙම කරනවානේ. "මම අතනින් තියලා යන්නම්. උඹ ගනින්..." කියනවා. ඒ කියන්නේ අනෙක් අය ලවා සොරකම් කරවනවා. නමුත් තමන් සොරකම් කරන්නේ නෑ. නමුත් එයා සිල් පදයේ අර්ථය තේරුම් ගත්තාට පස්සේ අනුන් සතු දෙයක් කොහේ තිබ්බත් තමන්ට දුන්නේ නැත්නම් සොර සිතින් ගන්නේ නෑ.

බුදුරජාණන් වහන්සේ භික්ෂූන් වහන්සේලාට මේ කාරණා පුරුදු කරගන්න හරි ලස්සනට උගන්නලා තියෙනවා. බුදුරජාණන් වහන්සේ උපසම්පදා ස්වාමීන් වහන්සේලාට කවුරුවත් පිළිගන්වන්නේ නැතුව, තනිවම පිළිඅරගෙන පාවිච්චි කරන්න කිව්වේ දැහැටියි, ඇල්වතුරයි විතරයි. වෙන කිසිම දෙයක් ගන්න එපා කිව්වා.

සීලය පිරුණු උත්තම ජීවිත...

බුදුරජාණන් වහන්සේගේ කාලයේ සමහර අවස්ථාවල භික්ෂූන් වහන්සේලා පාරේ වඩිනවා. වඩිනකොට අඹ ගස්වල අඹ වැටිලා තියෙනවා. අයිතිකාරයෝ නෑ. දැන් ඉතින් මේ ස්වාමීන් වහන්සේලා අඹ අහුලා ගන්නවා. නමුත් කවුරුත් පිළිගන්වලා නෑනේ. ඒ නිසා වළඳන්න බෑ. අරගෙන යනකොට කෙනෙක්ව ඉස්සරහට හම්බවෙනවා. හම්බ වෙනකොට අඹ ටික අත්හරිනවා. අත්හැරලා, "පින්වත, පාරේ අඹ ගහක අඹ වැටිලා තිබුණා. අපි ඇහුලුවා. පිළිගන්වන්න කෙනෙක් නෑ. අපට මේක පූජාකරන්න" කියලා පිළිගන්වා ගෙනයි වළඳන්නේ. එතැන කවදාවත්

හොරකමක් වෙන්නේ නෑ. මොකද, සොර රහිත වූ සිතින්නේ ගත්තේ. එතැන (**අථේනේන සුචිභූතේන අත්තනා විහරති**) සොර නොවූ සිතින් වාසය කරන්න පුළුවන්කම තියෙනවා.

සොරකම හරි සියුම් එකක්...

බුදුරජාණන් වහන්සේගේ ධර්මය තුළ ඒක විස්තර කරලා තියෙන විදිහ හරි පුදුමයි. දැන් මේ ඔරලෝසුව මෙතැන මේසේ උඩ තියෙනවා. දැන් මේක අනුන්ගේ කියලා අපි දන්නවනේ. ඔන්න අපට හොරකම් කරන්න හිතෙනවා. මේක අල්ලනවා. ආයෙමත් "නෑ, ඕන නෑ" කියලා අත ගන්නවා. හොරකම වෙන්නේ නෑ, කිට්ටුවට ගිහින් නැවතුණා. ඊට පස්සේ "නෑ මේක ගන්නමයි ඕන. තියෙන මිනිහෙකුගෙන්නේ මම මේ ගන්නේ" කියලා අල්ලලා සොලවනවා. නමුත් තාම මේසෙන් උඩට ඉස්සිලා නෑ. ආයෙමත් තියනවා. ඒත් හොරකම සිද්ධවෙලා නෑ.

ඊළඟට තිබූ තැනින් උස්සලා ගන්නවා. එතකොට හොරකමට අහුවෙනවා. මොකද, ඉස්සුවට පස්සේ ඕන දෙයක් කරන්න පුළුවන්. එයාට ඕනෙ නම් ආයෙමත් ඒක තියන්න පුළුවන්. නමුත් හොරකමට අහුවුණා. ඔන්න බලන්න, අපි මේ දේවල් ඉගෙනගන්න ඕන කියන්නේ ඒකයි. මෙයාට මෙතැනින් ඉස්සුවාට පස්සේ ඕන දෙයක් කරන්න පුළුවන්නේ. නමුත් මේක මේසේ තියෙනකම් එයාගේ නෙවෙයි. අතින් අල්ලලා ගත්තට පස්සේ, ඒක එයා ගත්තා. හොරකම කළා. ඊට පස්සේ එයා ඒක තියනවා කියමු. නමුත් හොරකම සිද්ධවුණා. බලන්න, සොරකම කොයිතරම් සියුම් එකක්ද?

සීලය පුරුදු කරන්නේ මාර්ගාංගයක් හැටියට...

බුදුරජාණන් වහන්සේගේ ශ්‍රාවකයා සීලය ආරක්ෂා කිරීමේදී ඒ සීලය, සෝතාපත්ති අංගයක් වෙන්නේ එයාට සම්මා දිට්ඨිය, සම්මා වායාම, සම්මා සතිය තියෙන නිසයි. සම්මා දිට්ඨියෙන් යුක්ත ශ්‍රාවකයා, සීලය පුරුදු කරන්නේ මාර්ග අංගයක් හැටියට. එයා අකුසලයක් හටගත්තාම සිහියෙන් ඒ අකුසලය ප්‍රහාණය කරනවා. මේක දන්නේ නැති කෙනාට සිහිය නෑ. මතක නෑ. එයාට හිතුණද ගත්තා.

එතකොට සොරකමෙන් වැළකීමෙන් භය වෛර ඇතිවෙන කාරණාව සංසිඳුණා වෙනවා. තමන් සොරකම් කරන්නේ නැත්නම්, තමන් ඒ පිළිබඳව අවබෝධයකින් යුක්ත නම්, එයා භය වෛරයට ලක්වෙන්න කාරණාවක් නෑ. එතකොට තමන් මෙලොව නිවැරදි සැපයක් විඳිනවා. පරලොව සුගතියේ උපදිනවා. දෙවියන් අතර උපදිනවා. මිනිසුන් අතර බොහෝම යහපත් කෙනෙක් වශයෙන් උපදිනවා. කවදාවත් එයාට තමන්ගේ දේපල, වස්තුව විනාශ වෙන දෙයක් සිද්ධ වෙන්නේ නෑ. මොනවා හරි වෙලා බේරෙනවා. සොරකමින් වැළකීමෙන් මේ ඔක්කෝම සිද්ධ වෙනවා.

ඒ නිසා තථාගත ශ්‍රාවකයා අවබෝධයෙන්ම සොරකමින් වැළකීමේ සිල්පදය ආරක්ෂා කරනවා. බුදුරජාණන් වහන්සේගේ ශ්‍රාවකයාට කර්ම, කර්මඵල ගැන අවබෝධයක් තියෙනවානේ. ඒ කර්ම, කර්මඵල ගැන අවබෝධයක් තියෙන නිසා තමයි, එයා දන්නේ, 'මං මේක කළොත්.... මේකෙ විපාකය මේකයි' කියලා. දැනගෙන එයින් වැළකී වාසය කරනවා. **(අදින්නාදානා වේරමණී)** 'නොදුන් දෙයක් ගැනීමෙන් වැළකීම' නම් වූ සිල්පදය සමාදන් වෙලා වාසය කරනවා.

සිහියත්, වීරියත් ඕන...

සිහිය නැතුව මේ සිල් එකක්වත් රකින්න බෑ. සිහිය ඕනමයි. ඒ වගේම වීරිය නැතුවත් සිල් රකින්න බෑ. වීරියත් ඕන. වීරිය කියන්නේ අකුසල් ප්‍රහාණය කිරීමේ, කුසල් ඉපැද්දවීමේ වීරිය. සොර සිතක් හටගත්තාම ඒක අකුසලයක්නේ. ඒක අකුසලය හැටියට හඳුනාගන්න එයාට සිහිය තියෙන්න ඕන. එතකොට තමයි එයා ඒක ප්‍රහාණය කරන්නේ.

ඒ විදිහට හික්මුණොත් එයා ළඟ රත්තරන් කෝටි ගාණක් ගෙනල්ලා තිබ්බත් ප්‍රශ්නයක් නෑ. මොකද, එයාට නොදීපු එකක් එයා කවදාවත් ගන්නේ නෑ. එයාට යම් වෙලාවක සිත අසංවර වෙලා සොර සිතක් පහළ වුණොත්, සැණෙකින් ඒක ප්‍රහාණය කරනවා. එයා දන්නවා, 'ඒක අකුසලයක්. අනුන් සතු දෙයක්' කියලා. එයා ඒ විදිහට අදින්නාදානා වේරමණී සිල්පදය ආරක්ෂා කරනවා.

කාමයෙහි වරදවා හැසිරීම...

ඊළඟ සිල්පදය **"කාමේසු මිච්ඡාචාරා වේරමණී."** එතකොට ඒකේ දුෂ්චරිතය තමයි, **කාමේසු මිච්ඡාචාරා.** 'කාමේසු මිච්ඡාචාරී' කියලා කියන්නේ කාමයන්හි වරදවා හැසිරීම. සමහරු මේ සිල්පදයත් අර පාණාතිපාතා වැරදි විදිහට තෝරනවා වගේ වැරදි විදිහට තෝරනවා. සමහරු "බැරි වෙලාවත් කරවල කෑල්ලක් හැපුණොත් මේ සිල්පදය කැඩෙනවා" කියලා කියනවා. ඒවා සම්පූර්ණ අසත්‍යය.

ධර්මයේ කාමේසු මිච්ඡාචාරා කියන සිල් පදය තෝරන්නේ මෙහෙමයි. (**යා තා මාතු රක්ඛිතා**) මව් විසින් රකින්නා වූ යම් ස්ත්‍රියක් සිටීද, (**පිතු රක්ඛිතා**) පියා

විසින් රකින්නා වූ යම් ස්ත්‍රියක් සිටීද, **(මාතුපිතු රක්ඛිතා)** මව්පියන් විසින් රකින්නා වූ ස්ත්‍රියක් සිටීද, **(භාතු රක්ඛිතා)** සහෝදරයා විසින් රකින්නා වූ ස්ත්‍රියක් සිටීද, **(භගිනි රක්ඛිතා)** සහෝදරිය විසින් ආරක්ෂා කරන ස්ත්‍රියක් සිටීද, **(ඤාති රක්ඛිතා)** නෑදෑයින් විසින් රකින්නා වූ ස්ත්‍රියක් සිටීද, **(ගොත්ත රක්ඛිතා)** කුල පරම්පරාවෙන් ආරක්ෂා කරන්නා වූ ස්ත්‍රියක් සිටීද, **(ධම්ම රක්ඛිතා)** සීලාදී ගුණධර්ම රකිමින් ඉන්නා වූ ස්ත්‍රියක් සිටීද, **(සස්සාමිකා සපරිදණ්ඩා)** විවාහක ස්ත්‍රියක් සිටීද, **(අන්තමසෝ මාලාගුණ පරික්ඛිතාති)** විවාහ වෙන්න කියලා වෙන්කරපු ස්ත්‍රියක් සිටීද, **(තථා රූපාසු)** එබඳු වූ ස්ත්‍රීන් සමඟ **(චාරිත්තං ආපජ්ජිතා හෝති)** නොමනා හැසිරීමේ හැසිරුණාද, එබඳු ස්ත්‍රීන් සමඟ කාම සේවනය කළාද, ඒ තමයි "**කාමේසු මිච්ඡාචාරා.**" බලන්න තෝරපු හැටි.

හරි භයානක අකුසලයක්...

එහෙම බලද්දී මේකට ලෝකයේ හැම ස්ත්‍රියක්ම අයිති වෙනවා. බේරුණ කෙනෙක් හොයාගන්න නෑ. එතකොට **(ඒවරූපං කායසමාචාරං සේවතෝ)** මෙබඳු වූ කාය සමාචාරයෙන්, වැරදි කාම සේවනයෙන්, දුෂ්චරිතයෙන් වාසය කළොත්, **(අකුසලා ධම්මා අභිවඩ්ඪන්ති)** අකුසල් තමයි හටගන්නේ. **(කුසලා ධම්මා පරිහායන්ති)** කුසල් දහම් පිරිහෙනවා. මේකෙදී සැහැසිව කියලා කතාවක් නෑ. බලහත්කාරයෙන් කියන කතාවක් නෙවෙයි තියෙන්නේ. යාළුවෙලා මේ විදිහේ වැරදීමෙහි යෙදුණත්, ඒත් වැරදි කාම සේවනයට අයිති වෙනවා. මේ වැරදි කාම සේවනය හරි භයානක එකක්. භය වෛර හටගන්නා එකක්. මේ නිසා පවුල් කඩාකප්පල් වෙලා සී සී කඩ යනවා.

සැකය නිසා දෙදරා ගිය පවුල් ජීවිත...

බොහෝ අවස්ථාවලදී අපි ළඟට තරුණ අයගේ ගැටලු අරගෙන එනවා. විවාහක අයගේ ප්‍රශ්න ගත්තොත් බොහෝ විට තියෙන්නේ මේ ප්‍රශ්නය. බොහෝ විට අපට කියන ප්‍රශ්නවලදී දෙන්නම සිල්වන්තයි. නමුත් එක්කෙනාට එක්කෙනා සැකයි. ඒ කියන්නේ ස්වාමියා මොකක් හරි කටයුත්තකට ගිහිල්ලා රෑ වෙලා ආවොත් බිරිඳ හිතනවා කාමයේ වරදවා හැසිරෙන්න ගියා කියලා. බිරිඳ ගමනක් ගිහිල්ලා මොනවා හරි වෙලා ප්‍රමාද වෙලා ආවොත්, ඔන්න කාමයේ වරදවා හැසිරෙන්න ගියා කියලා හිතනවා.

බැරි වෙලාවත් කවුරුහරි කෙනෙක් පත්තරයක්වත් ගෙනල්ලා මේසෙ උඩ තියලා ගියොත් හිතන්නේ වෙන මිනිහෙක්වත් ඇවිල්ලා මේ පත්තරේ තියලා ගිහිල්ලා කියලයි. මේ විදිහට පුදුම විදිහේ අර්බුදයක් තියෙනවා. සැකෙන් වාසය කරනවා. ඒ සැකය තුළම අසමඟියෙන්, අසතුටෙන් එකිනෙකාට අඬ බැන ගනිමින්, එකිනෙකාට නින්දා අපහාස කර ගනිමින් ඉන්න පවුල් අනන්තයි.

සීලය තුළින් විශ්වාසය ඇතිකර ගන්න...

ඒකට හේතුව, මේ පංච දුෂ්චරිතය ගැන අවබෝධයක් නැතිකමත්, සුචරිතය ගැන අවබෝධයක් නැතිකමත්. ඉතින් මං ඒ වගේ අයට මේ සිල්පද ටික තෝරලා සිල් සමාදන් කරවලා යවනවා. "ඔබ, මෙයා සිල්වන්තයි කියලා පිළිගන්නවද?" කියලා අහනවා. "පිළිගන්නවා" කියනවා. "ඔබ පිළිගන්නවාද මෙයා සිල්වන්තයි කියලා?" "පිළිගන්නවා" කියනවා. "එහෙනම් කාටවත් කවුරුහරි කේලමක් කිව්වොත් මොකද කරන්නේ?" කියලා අහනවා.

සාමාන්‍යයෙන් අඹු සැමියන් සිල්වන්තව සමඟියෙන්, සමාදානයෙන් ඉන්නවා දැක්කහම කොටවන අයත් ඉන්නවානේ. කේලාම් කියලා කඩාකප්පල් කරන අය ඉන්නවා. "අන්න අසවලත් එක්ක කතා කර කර හිටියා. ඕවා දැන්මම නවත්වා ගත්තොත් හොඳයි" කියලා කියනවා. ටෙලිෆෝන් කරලා "අන්න මනුස්සයා නොමඟ යනවා" කියලා කියනවා. එතකොට සිල්පද රකින්නේ නැත්නම් සිහිය පිහිටන්නේ නෑ. එක පාරටම සැකයට වැටෙනවා. එතකොට හිතන්නේම 'එහෙම නම් මෙහෙම එකක් ඇති' කියලයි. ඊළඟට 'ගින්නක් නැතුව දුමක් නගින්නේ නෑනේ' කියලා පටන් ගන්නවා. ඊට පස්සේ සැකයටම භාජනය වන දෙයක් තමයි කල්පනා කරන්නේ. මේක තමයි භය වෛර හටගන්නා තුන්වෙනි කරුණ. එතකොට මේ භය වෛර හටගන්නා තුන්වෙනි කරුණෙහි යෙදීම හේතුවෙන්, කාමයෙහි වරදවා හැසිරීමේ හේතුවෙන් මරණින් මත්තේ නිරයේ උපදිනවා.

මෙන්න වැරදි කාමසේවනයේ විපාක...

වැරදි කාම සේවනයේ ආදීනව දක්වන හොඳ සිදුවීමක් තියෙනවා. බුදුරජාණන් වහන්සේගේ කාලයේ '**ඉසිදාසි**' කියලා තැනැත්තියක් හිටියා. 'ඉසිදාසි' හරි ලස්සන රූපයක් තිබුණු ගැහැණු ළමයෙක්. මෙයාව බොහෝම වැදගත් පවුලක මහත්තයෙකුට, ලොකු දෑවැද්දක් එක්ක විවාහ කරලා දුන්නා. දැන් මේ ඉසිදාසි අලුත් ගෙදරට ගිහිල්ලා, ඒ නැන්දට මාමට වැඳගෙන, ස්වාමියාට ගරු සරු දක්වාගෙන දාසියක් වගේ ඉන්නවා. ටික කාලයයි ගියේ හේතුවක් නෑ, පවුල් අවුල්.

ඊට පස්සේ අර ස්වාමියා තමන්ගේ අම්මට කියනවා,

"අම්මේ මට මේ ගෑණිත් එක්ක පවුල් කන්න බෑ. මෙයාව වහාම ආපහු ගෙදරට ඇරලවන්න."

"පුතේ, මේ අපේ ගෙදරට ආපු ශ්‍රියා කාන්තාව. බලාපන් ඔබට කොච්චර ආදරේද? මේ ගෙදර ඔක්කෝටම කොච්චර හිතවත්ද? හොයලා බලලා කටයුතු කරනවා. මොකක්ද වැරැද්ද?"

"කතා කරන්න එපා මාත් එක්ක. අම්මේ, මට මෙයාව අප්පිරියයි, එක්කගෙන යන්න."

අපට නොපෙනෙන පැත්තක්...

බලන්න මේ වෙන්නේ අපට පේන්නේ නැති පැත්තක්. ඔන්න ඉතින් "අනේ ගෙදරට ආපු ශ්‍රියා කාන්තාව, අපේ ළමයා එළවගත්තා" කියලා ආපහු ගිහිල්ලා ගෙදරට ඇරලුවා. ඔන්න දූන් පවුල කැඩුණා.

මේ ගෙදර කට්ටියට ඉන්න එකම ළමයා. ඉතින් ඊට වඩා භාගයකට දැවැද්ද හරි ගස්සාගෙන දෙවැනි විවාහයක් කරදුන්නා. ටික කාලයක් ගියා. එතැන වුණෙත් ඒකමයි. "මට මේ ගෑණිත් එක්ක පවුල් කන්න බෑ" කියලා ආපහු එක්කන් ඇවිදින් ගෙදරට භාරදුන්නා.

"අනේ තාත්තේ, මට නම් ආයේ ඔය කසාද මතක් කරන්න එපා! මං මෙහෙම ඉන්නම්." ඉතින් දෙමව්පියෝ දහඅතේ කල්පනා කළා, 'මෙහෙම ඉඳලත් බෑනේ.... අපි නැතිවුණාට පස්සේ මෙයාට මොනවා වෙයිද කියලා කවුද දන්නේ. ආරක්ෂාවට කවුරු හරි පිරිමියෙක් ඕනනේ.'

හිඟාකෑම මීට හොඳයි...

එක තරුණයෙක් හිටියා, එයා හිඟන්නෙක්. මේ

හිඟන්නා පොල් කට්ටක් අරගෙන, කඩමලු ඇඳගෙන පාරේ ගියා.

"ළමයා මෙහෙ එනවා... උඹ කැමතිද හොඳට කාලා බීලා, මේ වතුපිටි බලාගෙන පවුලක් වෙලා ඉන්න?"

"කැමතියි."

"එහෙනම් අපේ ගෙදර නැවතියන්. මේ වතුපිටි ඔක්කෝම උඹට භාරයි. අපේ දුවක් ඉන්නවා. බලා හදාගෙන හිටපන්."

ඉතින් මේ හිඟන තරුණයා එක පයින්ම කැමති වුණා. එයත් ටික කාලයක් ගිහිල්ලා මාමට ඇවිල්ලා කියනවා, "මාමණ්ඩියේ, කෝ අර පොල්කට්ට? අර කඩමලු ටික කෝ? මට ඒ හිඟාකෑම හොඳයි." එහෙම කියලා යන්න ගියා.

ඉසිදාසි දිවි නසා ගන්න හැදුවා. ගෙදර කට්ටිය බේරගත්තා. දවසක් රහත් භික්ෂුණීන් වහන්සේ නමක් ඔය නිවසට දානෙට වැඩියා. ඒ වෙලාවේ ඉසිදාසිටත් පැවිදි වෙන්න හිත නැමුණා. "අම්මේ, මට නම් මේක කරන්න බෑ. මගේ පාපය මම ම දිරවා ගන්නම්. මේක වෙන කවුරුවත් දිරවන එකක් නෙවෙයි, මම ම මේක විඳවා ගන්නම්" කියලා පැවිදි වුණා. පැවිදි වෙලා, ටික කාලයකින් රහත් භික්ෂුණියක් බවට පත්වුණා.

පවුල් ජීවිතය අසාර්ථක වීමට හේතුව...

පස්සේ දවසක අර රහත් භික්ෂුණිය අහනවා,

"ඉසිදාසි, ඔබ හැබෑම රූප සුන්දරත්වයක් තියෙන කෙනෙක්. පුදුම විදිහට ඔබේ පවුල් ජීවිතය කඩාකප්පල් වුණා. ඒකට හේතුව මොකක්ද?"

"පින්වත් භික්ෂුණීය, මං මේක බැලුවා. (දැන් එයාට '**පුබ්බේනිවාසානුස්සති ඥාණය**' පෙර විසූ ජීවිත දකිනා නුවණ තියෙනවානේ) මම මීට ආත්ම හතකට කලින් පිරිමියෙක්. හොඳට ඇඟපත හයිය තිබුණු, සල්ලි බාගෙ තිබුණු පිරිමියෙක්. මම සල්ලි තිබුණ නිසා වල්කම් කළා."

එහෙනම් මෙයා කරලා තියෙන්නේ (**කාමේසු මිච්ඡාචාරා**) වැරදි කාම සේවනයේ යෙදීම. අදත් එහෙම පිරිමි ඉන්නවනේ. රූපය ලස්සනට තියෙනවා නම්, සල්ලිත් තියෙනවා නම් පස්සෙන් එන අයත් ඕනතරම් ඉන්නවනේ. ඉතින් මේකට අහුවුණා. මේකෙදී වෙන්නේ අකුසල් වැඩීම, කුසල් පිරිහීම.

කරන කලට පව් මිහිරිය මී සේ...

ඉතින් මෙයා ඒ පිරිමි ආත්මයෙන් චුතවෙලා කෙලින්ම නිරයේ ගියා. නිරයේ දුක් විඳලා... දුක් විඳලා... ඔන්න තිරිසන් අපායේ වඳුරු පැටියෙක් වෙලා ඉපදුණා. වඳුරු පැටියෙක් වෙලා ඉපදිලා ඉද්දී පොඩි කාලයේදීම මහ වඳුරෙක් ඇවිල්ලා ඒ වඳුරු පැටියගේ පුරුෂ නිමිත්ත ඇදලා කැඩුවා. ඉතින් ඒ තුවාලය වණ වෙලා, පණුවෝ ගහලා මැරුණා. ඊට පස්සේ හරක් පැටියෙක් වෙලා ඉපදුණා. අදටත් බර උහුලන්න පුළුවන් වෙන්න හරකාගේ කෝෂ තලනවානේ. මං අහලා තියෙනවා, ඒ වෙලාවට හරකාගේ අත් කකුල් බැඳලා, උං යටිගිරියෙන් කෑ ගහද්දි ලීවලින් තදකරලා... තදකරලා... තදකරලා... සම්පූර්ණයෙන් අර කෝෂ තලනවලු. ඉතින් මෙයාගෙත් මෙහෙම තලද්දී තුවාල වුණා. ඔන්න ආයෙමත් එතැන කුණු වෙන්න පටන් ගත්තා. සැරව පිරෙන්න ගත්තා. පණුවෝ ගැහැව්වා. ඒ අසනීපයෙන්ම මළා. අදටත් සත්තු එහෙම මැරෙනවා.

ඒකෙන් චුතවෙලා, ඔන්න ඊට පස්සේ එළුවෙක් වෙලා උපන්නා. ඒ කාලයේ එළුවන්ගෙත් කෝෂ තලනවා. ඒකම වුණා. බලන්න, වැරදි කාම සේවනයක් කරන්න ගිහිල්ලා, කොච්චර කාලයක් විඳවනවද? "කරන කලට පව් මිහිරිය මී සේ - විඳින කලට දුක් දැඩි වෙයි ගිනි සේ" කියන්නේ ඒකයි.

අපටත් මෙවැනි අනතුරු වෙන්න පුළුවන්...

මෙයා එතැනිනුත් චුත වුණා. චුත වෙලා පරම්පරාගත දාසියකගේ කුසේ උපන්නා. සතර අපායේ වින්ද යුතු කර්ම විපාක ගෙවිලා දාසියකගේ කුසේ උපන්නට පස්සේ මේ පරම්පරා අයිතිකාරයෝ බලහත්කාරයෙන් මෙයාව අරගෙන ගිහිල්ලා බිරිඳ වශයෙන් තියාගත්තා. ඊට පස්සේ ඉතින් එතැන කරලා තියෙන්නෙත් ඉරිසියාව, පවුල් කඩාකප්පල් කිරීම ආදී දේවල් තමයි. ඒ කර්ම විපාක දෙකම එකතුවෙලයි මේ ජීවිතය අසාර්ථක වුණේ.

බුදුරජාණන් වහන්සේ නමක් පහළ වූ කාලයක, රහත් භික්ෂුණීන් වහන්සේලාව මුණගැහිලා, සම්මා සම්බුදුරජාණන් වහන්සේ වදාළ ධර්ම මාර්ගයේ ගමන් කළ නිසා ඉසිදාසි ගැලවුණා. ඉසිදාසිට ඒ අවස්ථාව නොලැබෙන්න තවමත් සංසාරේ විඳවනවා. සසර ගමන් කරන තාක් අපටත් මේ ප්‍රශ්නය තියෙනවා. අපි මේ ජීවිතයේ නම් හොඳට ඉඳියි. ධර්මය අවබෝධ නොකළොත් අපි ඊළඟ ජීවිතයේ කාමයෙහි වරදවා හැසිරෙයිද, නැද්ද කියලා අපට සහතිකයක් තියෙනවාද? මේ සංසාරයේ තියෙන භයානකකම ඒකයි.

නමුත් ලබන ජීවිතයේ...?

අපි හොඳ බෞද්ධ පවුල්වල ඉපදුණ නිසා මේ

ජීවිතයේ සතුන් මරන්නේ නෑ. නමුත් අපි ළඟ ජීවිතේ වෙනත් ආගමක ඉපදුණොත් සතුන් නෙවෙයි, ආගමේ නාමයෙන් මිනිස්සුත් මරයි. ඒ අය මරණින් මත්තේ නිරයේ. අපි මේ ජීවිතයේ හොරකම් කරන්නේ නෑ කියමු. නමුත් ලබන ජීවිතයේ මොකක් වෙයිද කියලා කවුද දන්නේ? ඔන්න මේ ජීවිතයේ වැරදි කාමසේවනයෙහි යෙදෙන්නේ නෑ. නමුත් ලබන ජීවිතේ...? මේ අනතුරෙන් වළකින්න නම්, ආර්ය අෂ්ටාංගික මාර්ගයට බැසගන්න ඕන. එහෙම නැතුව ගැලවෙන්න බැහැ.

වැරදි කාම සේවනයෙන් වැළකීම නිසා ඒ හේතුවෙන් හටගන්නා වූ භය වෛර ප්‍රහාණය වෙනවා. වැරදි කාමසේවනයෙන් හටගන්නා වූ යම්තාක් අකුසල් ඇද්ද ඒ අකුසල් ප්‍රහාණය වෙනවා. කුසල් වැඩෙනවා.

වීරියක් නැතුව කරන්න බෑ...

අපි බටහිර සමාජය ගනිමු. බටහිර කියන්නේ වැරදි කාම සේවනය තදින්ම තියෙන සමාජයක්නේ. වැරදි කාම සේවනයත් තියෙනවා, විකෘති කාමසේවනයත් තියෙනවා. කොයිතරම් බරපතල විදිහට මිනිසුන්ගේ මනස විකෘති වෙලාද? මේවා කොහෙන් ඉවර වෙයිද? ඒ අය බොහෝ විට උපදින්නේ එක්කෝ නිරයේ, එහෙම නැත්නම් ඉතින් තිරිසන් ලෝකයේ.

බුදුරජාණන් වහන්සේ පැහැදිලිව පෙන්වා දෙනවා, ඒ දේවල් තුළ අකුසල් වැඩෙනවා, කුසල් පිරිහෙනවා. එයින් වැළකීම තුළ කුසල් වැඩෙනවා, අකුසල් පිරිහෙනවා. බුදුරජාණන් වහන්සේගේ ශ්‍රාවකයා මේවා දැනගෙන තමයි වීරියෙන් යුක්තව, සිහියෙන් යුක්තව, සම්මා දිට්ඨිය තුළ,

එයින් වැළකී වාසය කරන්නේ. වීරියක් නැතුව මේක කරන්න බැහැ.

බොරුව බැහැර කර සත්‍යයට පැමිණෙමු...

ඊළඟ එක බොරුකීමෙන් වැළකීම. (මුසාවාදා) 'මුසා' කියන්නේ බොරු. මුසාවාදී කියන්නේ බොරු කියන කෙනා. කොහොමද ඒක කරන්නේ? (**සභාගතෝ වා පරිසගතෝ වා ඤාතිමජ්ඣගතෝ වා පූගමජ්ඣගතෝ වා රාජකුලමජ්ඣගතෝ වා අභිනීතෝ සක්ඛිපුට්ඨෝ**) කෙනෙකුව සභාවක් මැද්දට, පිරිසක් මැද්දට, එහෙම නැත්නම් දෙමාපියන් නෑදයන් මැද්දට ගෙන්නලා "ඔබ දන්නවා නම් දන් ඉතින් කියන්න" කියලා කියනවා. එතකොට එයා දැනගෙන "මං දන්නේ නෑ" කියලා කියනවා. ඒක බොරුව. ඒ වගේම එයා දන්නේ නැති දේ "මං දන්නවා" කියලා කියනවා. දකින දේ "මං දකින්නේ නෑ" කියලා කියනවා. දකපු නැති දේ "මං දැක්කා" කියලා කියනවා. අහපු දේ "මං ඇහැව්වේ නෑ" කියලා කියනවා. අහපු නැති දේ "ඇහුවා" කියලා කියනවා. ඒවා සියල්ල අයිති වෙන්නේ බොරුවට.

බුදුසසුන අතුරුදහන් වෙන කරුණක්...

බොරුවත් එක්ක තවත් කරුණු කිහිපයක් බද්ධවෙලා තියෙනවා. ඒ තමයි, **පිසුණාවාචෝ**, **ඵරුසාවාචෝ**, **සම්ඵප්පලාපී**. බොරුවත් එක්ක තමයි මේ ඔක්කෝම තියෙන්නේ. අවබෝධයක් නැත්නම් එයා බොරුව නිසා හරියට පව් කරගන්නවා. මොකද, හැම තිස්සේම බොරුවෙන් ඇත්ත වහන්න පුළුවන්. ඇත්ත වහපු ගමන් ඇත්ත මතුවෙන්න විදිහක් නැතුව යනවා. ඊට පස්සේ සම්පූර්ණයෙන්ම බොරුව තමයි යන්නේ.

බුදුරජාණන් වහන්සේ පෙන්වා දෙනවා, බොරුව, බුද්ධ ශාසනය අතුරුදහන් වෙන කරුණු වලින් එකක් කියලා. ඒ තමයි, කෙනෙක් බුදුරජාණන් වහන්සේ නොවදාළ දේ, වදාළා කියලා කියනවා නම්, බුදුරජාණන් වහන්සේ වදාළ දේ, වදාළේ නෑ කියලා කියනවා නම් ඒක බොරුවනේ. එය බුද්ධ ශාසනය අතුරුදහන් වෙන්න, බොහෝ පව් රැස්වෙන්න හේතුවක්.

බොරුවෙන් වළකින්න නම් සිහිය තියෙන්න ඕන. සම්මා දිට්ඨි, සම්මා වායාම, සම්මා සති කියන තුනම නැත්නම් බොරුවෙන් වළකිනවා කියන එක අමාරු වැඩක්.

මරණින් මත්තේ නිරය උරුම කරන දෙයක්...

බුදුරජාණන් වහන්සේ දේශනා කරනවා, "(**ඉති අත්තහේතු වා පරහේතු වා ආමිස කිංචික්ඛහේතු වා සම්පජානමුසා භාසිතා හෝති**) යමෙක් බොරු කියන්නේ එක්කෝ තමා උදෙසා. එක්කෝ තමන් ප්‍රසිද්ධ වෙන්න හිතාගෙන. එහෙමත් නැත්නම් තමන්ට පිරිසක් ගොඩනගාගන්න. එක්කෝ අනුන් උදෙසා, එක්කෝ මොනවා හරි ලාභයක් ලබාගන්න. මේ නිසයි දූන දූන බොරු කියන්නේ.

නමුත් බුදුරජාණන් වහන්සේගේ ශ්‍රාවකයා බොරුවෙන් වැළකී වාසය කරන කෙනෙක්. එයා බොරු කියන්නේ නෑ. එයා (**මුසාවාදං පහාය**) බොරු කීම අත්හැරපු කෙනෙක්. ඒක කරන්නේ කොහොමද? එයා බොරු කීමෙන් වැළකිලා, සත්‍ය වචන කතා කරනවා. විශ්වාසවන්ත වචන කතා කරනවා. ඒ වගේම ඇදහිය යුතු වචන කතා කරනවා. ඇත්තෙන් ඇත්ත ගලපා කතා

කරනවා. බුදුරජාණන් වහන්සේගේ ශ්‍රාවකයා බොරුවෙන් වැළකීම තුළ කරන්නේ ඒකයි. බොරුව තුළ භය වෛර දෙකම හටගන්නවා. බොරුව තුළින් ලොකු රටවල් වුණත් විනාශ කරන්න පුළුවන්. ඒ වගේම බොරුව කියන්නේ මරණින් මත්තේ අපායේ ඉපදීමට හේතුවෙන දෙයක්.

බොරු කියන කෙනා යම් ආකාරයකට මිනිස් ලෝකයට ආවා නම් කවුරුවත් එයාගේ වචනය පිළිගන්නේ නෑ. සමහර විට එයා කතා කරන්න බැරි කෙනෙක් වෙලා උපදිනවා. ඒ විදිහට බොරුව තුළ අකුසල් වැඩෙන බවත්, කුසල් පිරිහෙන බවත් දන්නා වූ ශ්‍රාවකයා බොරු කීමෙන් වැළකී වාසය කරනවා.

බොරුව අත්හැරලා දියුණු වෙන්න බැරිද...?

මට මේක කිව්වාම මතක් වුණේ, මම ටික කාලයක් මෙල්බර්න්වල හිටියා. එහිදී ලංකාවේ මහත්තයෙක්ව මුණගැසුණා. එයා වැඩකරන්නේ ඉඩම් විකුණන ආයතනයක. ඒ මහත්තයා තමයි ඒකේ ප්‍රධානියා. එයා ඒ කාලයේ මතයක් දරලා තියෙනවා, 'බොරු කියන්නේ නැතුව දියුණු වෙන්න බැහැ. දියුණු වෙන්න නම් බොරු කියන්න ඕන' කියලා. ඉතින් එයා ව්‍යාපාරවලදී වටිනාකමට වඩා කරුණු කියලා කේවල් කරලා ඕන ගාණට මිල බස්සනවා.

මෙයා අපෙන් ධර්මය අහන්න ඇවිල්ලා, ධර්මයට පැහැදිලා කල්පනා කරලා තියෙනවා, 'මට මේ බොරු කීම හරියන්නේ නෑ. වෙළඳාම් කොච්චර පාඩු වුණත් කමක් නෑ, මම බොරු කීමෙන් වළකින්න ඕන' කියලා. ඉතින් එයා අවබෝධයෙන් සීලය සමාදන් වුණා. සමාදන් වෙලා ඊට පහුවදා ඉඳලා අලුත් විදිහකට ව්‍යාපාර පටන්

ගත්තා. අලුත් විදිහ තමයි, දැන් එයා ඇත්තම කියනවා. එයා කියනවා, "මේකේ ඇත්ත වටිනාකම මෙච්චරයි. මම ඉස්සර ඉඩම් ගන්න අයට මේකේ වටිනාකම මෙච්චරයි කියලා මේ ගාණට බස්සනවා. නමුත් මම දැන් එහෙම කරන්නේ නෑ. මේකේ වටිනාකම මෙච්චරයි." දැන් මෙයා මේ විදිහට වෙළඳාම කරනවා.

සිල්පදත් රැකුණා... ව්‍යාපාරයත් සාර්ථකයි...

දවස් කීපයකින් මෙයා ආයෙත් ආවා. ඇවිල්ලා මට කිව්වා, "ස්වාමීන් වහන්ස, මට පුදුම සතුටුයි. මම හිටියේ මිථ්‍යා දෘෂ්ටියක. මම කලින් ව්‍යාපාර කරද්දී ඇත්ත ගාණට වඩා වැඩිපුර ගාණක් කතා කරලා, ඊට පස්සේ ඒ ගාන කේවල් කරලා අඩු කරලා බඩු විකුණුවා. ඒත් දැන් මම එහෙම කරන්නේ නෑ. මම ඇත්තම කියනවා. 'මම මේ ගාණට විකුණන්නේ, මට මේකෙන් සුළු ලාභයක් තියෙනවා. හැබැයි මේකෙන් නම් අඩු කරන්නේ නෑ. ඒක කිව්වට පස්සේ මිනිස්සු කලින්ටත් වඩා ගන්නවා."

එතකොට බලන්න, එයාට සිල්පදයත් රැකගෙන, තමන්ගේ හෘද සාක්ෂියට අනුව සතුටු වෙවී ව්‍යාපාර කරන්න අවස්ථාව තිබුණා. නමුත් එයා කලින් ව්‍යාපාර කළේ සිල්පද මොකවත් නැතුව, හැම තිස්සේම මනුස්සයන්ව වංචා කරන අදහසින්. නමුත් තෙරුවන් සරණේ පිහිටීම නිසා එයා වංචා නොකොට, ඇත්ත කතා කරලා ව්‍යාපාර කරන මට්ටමට ආවා. ඔන්න බලන්න වෙනස. එතකොට බොරුවෙන් වැළකී වාසය කිරීම කුසල් වැඩෙන, අකුසල් ප්‍රහාණය වන දෙයක්.

කේලම තුළ සමඟිය අතුරුදහන් වෙනවා...

ඊළඟට කේලමෙන් වැළකීම. කේලමෙන් කරන්නේ, මෙතැනින් අහගෙන ගිහිල්ලා එතැන කියනවා. එහෙම කිව්වහම පිරිස බිඳෙනවා. ඊළඟට එතැනින් අහගෙන ඇවිල්ලා මෙතැන කියනවා. කිව්වාම මෙතැන බිඳෙනවා. මේකට කියන්නේ කේලම් කීම කියලා. කේලාම් කීම තුළ, සම්පූර්ණ සමඟිය නැතුව යනවා. මේකේ කේලමේ ස්වභාවය තියෙනවා. කේලමේ ස්වභාවය තමයි, (**සමග්ගානං වා භෙත්තා**) සමගි වූ අය බිඳිලා යනවා. (**භින්නානං වා අනුප්පදාතා**) බිඳුණු අය තවත් බිඳෙනවා. (**වග්ගාරාමෝ**) එයා ඒක කරන්නේ බිඳවන්න කැමැත්තෙන්. (**වග්ගරතෝ**) පිරිසව කඩාකප්පල් කරන්න කැමැත්තෙන්. (**වග්ගනන්දී**) පිරිසව කඩාකප්පල් කිරීමේ සතුටු වෙලා. (**වග්ගකරණිං වාචං භාසිතා හෝති**) ඒ පිරිසව විනාශ කරන්න තමයි ඒක කරන්නේ.

වචනයෙන් කරන පින්කම්...

යමෙක් එයින් වැළකී වාසය කරනවා නම් එයා (**භින්නානං වා සන්ධාතා**) බිඳුණ අය සමගි කරනවා. (**සහිතානං වා අනුප්පදාතා**) සමගි වූ අයට සමගියට අනුබල දෙනවා. සමගිය ගැන සතුටු වෙනවා. සමගියට ඇලී වාසය කරනවා. සමගිය ඇතිවන්නා වූ වචන කතා කරනවා. ඒක වචනයෙන් කරන පින්කමක්.

ඊළඟ එක තමයි නපුරු වචන. පරුෂ වචන කියන්නේ (**යා සා වාචා කණ්ඩකා**) දරුණු (**කක්කසා**) කර්කෂ, කණට අමිහිරි, ක්‍රෝධය හටගන්නා වූ, සිතේ තැන්පත්කම නැතිවෙන්නා වූ වචන.

ඊළඟට **සම්ඵප්පලාප.** සම්ඵප්පලාප කියන්නේ වුවමනා නැති, අසත්‍ය වූ, අයහපත පිණිස පවතින දේවල් කියව කියවා ඉන්න එක. මේවායින් වැළකී වාසය කිරීම තුළ, බොරුවෙන් වැළකී වාසය කරන කෙනෙක් බවට පත්වෙනවා.

ප්‍රකෘති සිහිකල්පනාව නැතිවීම විතරයි...

ඊළඟ සිල්පදය තමයි, "**සුරාමේරය මජ්ජපමාදට්ඨානා වේරමණී සික්ඛාපදං.**" ඒ කාලයේ වර්තමානයේ තරම්ම මත්ද්‍රව්‍ය තිබුණේ නෑනේ. ඒ කාලයේ තිබුණේ ඔය එක එක දේවල් අරගෙන පෙරලා ගන්න රා, කසිප්පු වගේ දේවල්නේ. දැන්නේ එක එක නම් වලින්, එක එක ජාති තියෙන්නේ. මේ නිසාත් භය වෛර හටගන්නවා කියලා බුදුරජාණන් වහන්සේ පෙන්වා දුන්නා. භය, වෛර හටගන්න නිසා ශ්‍රාවකයා මත්ද්‍රව්‍ය, මත්පැන් පාවිච්චියෙන් වැළකී වාසය කරන්න ඕන. මත්පැන්, මත්ද්‍රව්‍ය පාවිච්චියෙන් වෙන්නේ ප්‍රකෘති සිහි කල්පනාව නැතිවීමයි.

එහෙම නම් මත්පැන්, මත්ද්‍රව්‍ය පාවිච්චි කරන්නේ ප්‍රකෘති සිහිය කල්පනාව නැති වෙනවාට කැමති අයයි. ඒ තුළ එයා ඉන්නේ අකුසල් වැඩෙන ප්‍රතිපදාවක, කුසල් නැතිවෙන ප්‍රතිපදාවක. බුදුරජාණන් වහන්සේ පෙන්වා දෙනවා මත්පැන්, මත්ද්‍රව්‍ය පාවිච්චි කරන කෙනා මරණින් මත්තේ දුගතියේ උපදිනවා කියලා. ඒ වගේම දුගතියේ ඉපදිලා ඒ කර්ම විපාකය අවසන් වෙලා මනුෂ්‍ය ලෝකයට ආවට පස්සේ එයාට මානසික ආවේග දරාගන්න බැරිවෙනවා.

මත්පැන් පානයේ විපාක...

අපි හැම කෙනෙකුටම ජීවිතයේ එක එක ප්‍රශ්න

ඇති වෙනවනේ. ප්‍රශ්න ඇති වෙනකොට අපි ඒවාට මුහුණ දෙනවනේ. සසරේ මත්ද්‍රව්‍ය පාවිච්චි කළ කෙනාට ඒක කරන්න බැහැ. එයාට පිස්සු හැදෙනවා. එක්කෝ උපතින්ම මන්ද බුද්ධික වෙනවා. කල්පනාව දුර්වල වෙනවා. වටහා ගැනීමේ ශක්තිය නැතුව යනවා. තේරුම් ගැනීමේ ශක්තිය නැතුව යනවා. සිහිය පිහිටන්නේ නැතුව යනවා. මේ ඔක්කෝම මත්පැන්, මත්ද්‍රව්‍ය පාවිච්චි කිරීමේ විපාක.

තථාගත ශ්‍රාවකයා මෙලොව පරලොව අයහපත පිණිස පවතින, භය වෛර හටගන්නා වූ මේ කරුණු අවබෝධ කරගෙන ඒවායින් බැහැර වෙනවා. ශ්‍රාවකයා භය වෛර හටගන්නා වූ කරුණු වලින් අවබෝධයෙන්ම බැහැර වෙලා පංච සීලයෙහි වාසය කරනවා. එයා පංච සීලය ආරක්ෂා කරන්නේ නිවන් මගේ මාර්ග අංගයක් හැටියට.

අපි ආර්යකාන්ත සීලය කියලා වචනයක් පාවිච්චි කළානේ. ආර්යකාන්ත සීලය කියලා කියන්නේ ආර්ය අෂ්ටාංගික මාර්ගයේ ගමන් කිරීමට හේතුවන්නා වූ, ආර්යයන් වහන්සේලාගේ ප්‍රියමනාප බව ඇතිකරන්නා වූ සීලය. ඒ තුළ ශික්ෂාපද කඩාගන්නේ නෑ. ඒ ශික්ෂාපද අඛණ්ඩව පවත්වා ගන්නවා. ශික්ෂාපදවල දුර්වලතා තියාගන්නේ නෑ. සිදුරු ඇති කරගන්නේ නෑ. සමහරු එකක් අයින් කරලා එකක් විතරක් පුරුදු කරනවා. නමුත් මෙයා එහෙම කරන්නේ නෑ.

වීරිය නැති වී ගිය තැන අකුසලය හිස ඔසවනවා...

ඔන්න කෙනෙක් 'මං බොන්නේ නෑ' කියලා කල්පනා කරනවා. නමුත් එයා ශික්ෂා පදයක් හැටියට

ශක්තිමත්ව පිහිටලා නෑ. ඔන්න එයා පාටියකට යනවා. ඒ ගියහම බොන්න තියෙනවා. දැන් මෙයා "මං බොන්නේ නෑ..." කියලා කියනවා. යාළුවෝ ටික, "අද විතරක් බීපන්..." කියලා බල කරනවා. එහෙම වෙලාවට මෙයාගේ හිතේ සම්මා වායාම, සම්මා සති නැත්නම් එයට යටවෙනවා. මෙයා 'ඔව්.. එහෙනම් මං අද විතරක් බොනවා' කියලා බොන්න පටන් ගන්නවා. දැන් එයාගේ වීරිය නැතුව ගිහින්. ඊට පස්සේ එයා ආයෙත් පරණ තත්ත්වයට වැටෙනවා. ඊට පස්සේ එයා තව තව බොනවා. බීලා වෙරි හිඳුණහමයි එයාට සීලය මතක් වෙන්නේ. "අනේ මට මේ සිල්පදය රැකගන්න බැරිවුණා" කියලා ඔන්න ආයෙමත් සමාදන් වෙනවා. "මං ආයෙ නම් බොන්නෙ නෑ" කියනවා. ඒ ආර්යකාන්ත සීලය නෙවෙයි.

ආර්යකාන්ත සීලය කියලා කියන්නේ, ඒ සිල්පදයේ පිහිටලා ඉන්නවා. ඒ සිල්පදයේ ස්ථාවරව ඉන්නවා. එයාට සිල්පදයකට අනතුරක් වෙනවා කියලා තේරුණොත් එතැන මගහැරලා යනවා. එයා ඒ සිල්පදය තුළ ස්ථාවරව ඉන්නවා. එතකොට අපි ප්‍රාණඝාතයෙන් වැළකීම, සොරකමින් වැළකීම, වැරදි කාමසේවනයෙන් වැළකීම, බොරු කීමෙන් වැළකීම, මත්පැන් මත්ද්‍රව්‍ය පාවිච්චියෙන් වැළකීම කියන සිල්පද ඉගෙන ගත්තා.

පරම අවිහිංසාවාදී කෙනාගේ වැඩ...

බුදුරජාණන් වහන්සේගේ කාලයේ සීහ කියලා සෙන්පතියෙක් (හමුදා නායකයෙක්) හිටියා. හැබැයි, එයා නිගණ්ඨ නාතපුත්‍රගේ ශ්‍රාවකයෙක්. මෙයා දවසක් බුදුරජාණන් වහන්සේව මුණගැහෙන්න ගිහින් කතාබස් කළා. බුදුරජාණන් වහන්සේ එයාගේ කලින් තිබුණ

අදහස් නිවැරදි වෙන විදිහට ධර්මය දේශනා කළා. මේ විදිහට බුදුරජාණන් වහන්සේගේ ධර්මය අහලා, මෙයා සෝතාපන්න ශ්‍රාවකයෙක් වුණා.

නිගණ්ඨ නාතපුත්‍රගේ බණේ තියෙන්නේ 'පරම අවිහිංසාවාදී' කියලනේ. ඒ අය පරම අවිහිංසාව කියලා මොණර පිල් කළඹක් තමයි අරගෙන යන්නේ. යන යන තැන්වල මොණර පිල් කළඹින් බිම පිහිදලා තමයි වාඩිවෙන්නේ. ඒ විදිහට මොණර පිල් කළඹින් පිහිදන්නේ කුඹියෙකුටවත් රිදෙයි කියලයි. ඒ අය කටේ යම්කිසි සත්තු ඉන්නවා නම් උන්ට ජීවත් වෙන්න කියලා දත් මදින්නේ නෑ. සීහ කියන්නේ මේ වගේ කල්පනා කරපු ආගමික නායකයෙකුගේ ප්‍රධාන ශ්‍රාවකයෙක්.

ආර්ය ශ්‍රාවකත්වයේ අභිමානය...

එයා බුදුරජාණන් වහන්සේගේ ශ්‍රාවකයෙක් බවට පත්වුණේ නිකන් නෙවෙයි, එයා සෝතාපන්න වුණා. සෝතාපන්න වුණාට පස්සේ එයාට සෝතාපත්ති අංග හතර පිහිටියා. තෙරුවන් කෙරෙහි අවෙච්ච ප්‍රසාදයත්, ආර්යකාන්ත සීලයත් පිහිටියා. ඊට පස්සේ බුදුරජාණන් වහන්සේටයි, භික්ෂු සංඝයාටයි පහුවදා දානයට ආරාධනා කළා. ආරාධනා කරලා මෙයා කරපු වැඩේ බලන්න. මෙයා නිර්භීත මනුෂ්‍යයෙක්. සේවකයකුට කතා කරලා, "කඩේ විකුණන්න තියෙන මස් අරන් එන්න" කියලා දානයට හැදුවා.

දැන් ඔන්න සීහ සේනාපති බෞද්ධයෙක් වුණා කියලා නිගණ්ඨ නාතපුත්තටයි පිරිසටයි ආරංචි වුණා. මෙයා අසවල් කඩෙන් මස් ගෙනාවා කියලත් ආරංචි වුණා. ඊට පස්සේ බුදුරජාණන් වහන්සේයි, රහතන් වහන්සේලායි

දානයට වැඩම කළා. දැන් මේ මාර්ගඵල ලාභී ශ්‍රාවකයා දන් බෙදනවා. පෙළපාලියක් යනවා ඇහෙනවා. නිගණ්ඨ නාතපුත්‍රගේ ශ්‍රාවකයෝ ටික කෑ ගගහා යනවා, "ශ්‍රමණ ගෞතමයන් වහන්සේ තමන් උදෙසා ලොකු සතෙක් මරවලා. ආන්න වළඳනවෝ..." කියලා කෑ ගහගෙන ගියා. දැන් පාරේ පෙළපාලියක්. (බලන්න බුදුරජාණන් වහන්සේ මුහුණ දීපු දේවල්) මේකට මේ සීහ සේනාපතිතුමාගේ මාළිගාවේ සේවකයෝ භයවුණා. භයවෙලා ඇවිල්ලා කණට කරලා කිව්වා,

"හරි වැඩේනේ සේනාපතිතුමනි, අන්න නිගණ්ඨ පිරිස පෙළපාලි යනවා."

"ආ.... උන්දැලගේ හැටි ඔහොම තමයි. උන්දැලා ඒ කාලෙත් බුදුරජාණන් වහන්සේටම බැන්නා මිසක් වෙන දෙයක් කළාද? දැනුත් ඒකනේ කරන්නේ. අපි එහෙම නෑ. අපි පංච සීල ප්‍රතිපත්තියේ පිහිටලයි ඉන්නේ. අපි සතුන් මරණ අය නෙවෙයිනේ."

දානය සම්බන්ධ ත්‍රිකෝටි පාරිශුද්ධිය...

අන්න බලන්න වෙනස. ඒ සිද්ධිය මුල් කරගෙන තමයි, බුදුරජාණන් වහන්සේ භික්ෂූන්ට දේශනා කළේ, "මහණෙනි... (**අදිට්ඨ, අසුත, අපරිසංඛිත**) තමා උදෙසා මරණ බවට තමන් දැක්කේ නැත්නම් (අදිට්ඨ), තමා උදෙසා මැරුවා කියලා ඇහුවේ නැත්නම් (අසුත), තමා උදෙසා මරණ ලද දෙයක්ද කියලා සැකයක් නැත්නම් (අපරිසංඛිත), කෙලවර තුනකින් පිරිසිදු (**ත්‍රිකෝටි පාරිශුද්ධි**) මාංශය වැළඳීම අනුදනිමි" කියලා.

එහෙම නම් කවුරුහරි කෙනෙක් 'තථාගතයන් වහන්සේට හෝ තථාගත ශ්‍රාවකයන් වහන්සේලාගේ

දානය පිණිස අර සතාව අල්ලාපන්' කියූ පමණින් පව් රැස්වෙනවා. 'ඒ සතාව මෙහෙට අරගෙන වරෙන්' කියූ පමණින් පව් රැස්වෙනවා. 'ඒ සතා මරපන්' කියූ පමණින් පව් රැස්වෙනවා. ඊළඟට ධාර්මිකව දන් වළඳන්නා වූ තථාගතයන් වහන්සේට හෝ ශ්‍රාවකයන් වහන්සේලාට 'තමන් උදෙසා මරපු සත්තුන්ගේ මස් දන දන වළඳනවා' කියලා කිව්වොත් ඒකත් ඒ විදිහේම පාපයක් කිව්වා.

සීලය සසරින් එතෙරවීම පිණිසයි...

මේ සිල්පද ගැන අපි අවබෝධයකින් ඉන්න ඕන කියන්නේ ඒකයි. මේ සිල් පදවල තව වචනයක් තියෙනවා, "**භුජිස්ස**" කියලා. ඒ කියන්නේ එයා ආර්යකාන්ත සීලයේ පිහිටියාට පස්සේ, ඒ සීලය ආරක්ෂා කරන්නේ, 'මගේ සීලයෙන් හෝ ව්‍රතයෙන් හෝ මම දෙවි කෙනෙක් වෙම්වා!' කියලා හිතාගෙන නෙවෙයි. 'මගේ මේ සීලයෙන් හෝ ව්‍රතයෙන් හෝ මට වෙන වෙන දේවල් ලැබේවා!' කියලා හිතාගෙනත් නෙවෙයි. එයා පංචසීලයේ වාසය කරන්නේ සසර දුකින් මිදීමට හේතුවන්නා වූ අංගයක් හැටියටයි.

ඊළඟ එක එයා, (අපරාමට්ඨං) තමන් සීලයට බැඳිලා, ඒ සීලය මුල් කරගෙන තමන්ව හුවා දක්ව දක්වා අනෙක් අයව හෙළා දකින්නේ නෑ. එතකොට සීලය තියෙන්නේ තමන්ව හුවා දක්වා ගන්නත් නෙවෙයි. අනිත් අයව හෙළා දකින්නත් නෙවෙයි.

සිල්වත්බව තුළ පසුතැවිල්ලක් නෑ...

(සමාධිසංවත්තනිකං) එතකොට ප්‍රාණඝාතයෙන් වැළකී වාසය කිරීම තුළ, සොරකමින් වැළකී වාසය කිරීම තුළ, වැරදි කාම සේවනයෙන් වැළකී වාසය කිරීම තුළ,

බොරු කීමෙන් වැළකී වාසය කිරීම තුළ, මත්පැන් හා මත්ද්‍රව්‍ය පාවිච්චියෙන් වැළකී වාසය කිරීම තුළ මෙයාට මහත් සංතෝෂයක් හටගන්නවා. සතුටක් හටගන්නවා. ප්‍රීතියක් හටගන්නවා. අන්න ඒ ප්‍රීතිය හටගන්න කොට, යම් වේලාවක එයා බුද්ධානුස්සතිය වඩනවාද, යම් වේලාවක ධම්මානුස්සතිය වඩනවාද, යම් වේලාවක සීලානුස්සතිය වඩනවාද, යම් වේලාවක චාගානුස්සතිය වඩනවාද ඒ හැම අවස්ථාවකදීම එයාගේ සිතේ පසුතැවිල්ලක් ඇතිවෙන්නේ නෑ. "අනේ මේ... මේ... ශික්ෂාපදය මගෙන් කැඩෙනවා නේද? මට මෙයින් හානියක් වෙලා තියෙනවා නේද?" කියලා පසුතැවිල්ලක් ඇතිවෙන්නේ නෑ.

'සංඛධම සූත්‍රය' කියලා බුදුරජාණන් වහන්සේගේ දේශනාවක් තියෙනවා. එකේ නිගණ්ඨ නාතපුත්‍රගේ ප්‍රකාශයක් ගැන තියෙනවා. නිගණ්ඨ නාතපුත්‍ර කියලා තියෙනවා, "යමෙක් ප්‍රාණඝාත කරනවාද, සොරකම් කරනවාද, වැරදි කාමසේවනයේ යෙදෙනවාද, බොරු කියනවාද, මත්පැන් පානය කරනවාද, යමෙක් යමක් බහුල වශයෙන් කරනවාද ඒ හේතුවෙන් අනිවාර්යයෙන්ම අපාගත වෙනවා" කියලා.

එහෙම නම් එක් කෙනෙක්වත් නිරයේ යන්නේ නෑ...

දවසක් නිගණ්ඨ නාතපුත්තගේ ශ්‍රාවකයෙක් බුදුරජාණන් වහන්සේ ගාවට ආපු වෙලාවේ බුදුරජාණන් වහන්සේ, "නිගණ්ඨ නාතපුත්‍ර කොයි විදිහටද ශ්‍රාවකයන්ට කියන්නේ?" කියලා ඇහුවා. "ස්වාමීනී, මෙන්න මේ විදිහටයි කියන්නේ, 'යමෙක් ප්‍රාණඝාතය කරනවාද, සොරකම් කරනවාද, වැරදි කාම සේවනයේ යෙදෙනවාද,

බොරු කියනවාද, මත්පැන් බොනවාද, යමෙක් යමක් බහුල බහුල වශයෙන් කරනවාද, ඒ නිසා ඒ හේතුවෙන් එයා ඒකාන්තයෙන්ම නිරයේ උපදිනවා' කියලා."

එතකොට බුදුරජාණන් වහන්සේ වදාළා,

"පින්වත, නිගණ්ඨ නාතපුත්‍ර කියන්නේ එහෙම නම් එක්කෙනෙක් වත් නිරයේ යන්නේ නෑ."

මොකද, මේකේ තියෙන්නේ යමෙක් ප්‍රාණඝාතය කිරීම, සොරකම් කිරීම, බොරු කීම, වැරදි කාමසේවනයේ යෙදීම, මත්ද්‍රව්‍ය පාවිච්චි කිරීම කියන අකුසල් බහුල වශයෙන් කරනවාද ඒ අය දුගතිගාමී වෙනවා කියලනේ.

වැඩිපුර කරන්නේ මොකක්ද...?

බුදුරජාණන් වහන්සේ අහනවා,

"ප්‍රාණඝාතය කරන කෙනා දවසේ වැඩිපුර කාලයක් කරන්නේ ප්‍රාණඝාතය කර කර ඉන්න එකද, ප්‍රාණඝාතය නොකරන එකද?"

"ප්‍රාණඝාතය නොකරන එක."

"සොරකම් කරන කෙනක් දවසේ වැඩිපුර ඉන්නේ සොරකම් කරන අවස්ථාවේද, සොරකම් නොකරන අවස්ථාවේද?"

"සොරකම් නොකරන අවස්ථාවේ."

"වැරදි කාමසේවනයේ යෙදෙන කෙනා පැය විසිහතරෙම වැරදි කාමසේවනයේ යෙදෙනවද, නැත්නම් වැරදි කාමසේවනයේ නොයෙදෙන අවස්ථාද වැඩි?"

"නොයෙදෙන අවස්ථායි වැඩියි."

"බොරු කියන කෙනා බොරු කියන වෙලාවද වැඩි බොරු නොකියන අවස්ථාද?"

"බොරු නොකියන අවස්ථා වැඩියි."

"මත්පැන් බොන කෙනා මත්පැන් බොන කාලයද වැඩි, මත්පැන් නොබොන කාලයද?"

"මත්පැන් නොබොන කාලය"

"එහෙම නම් ඒ විදිහට යමෙක් යමක් බහුල වශයෙන් කරනවා නම් ඒකෙන් නිරයේ යනවා කියලා කිව්වොත් කවුරුවත් නිරයේ යන්නේ නෑනේ."

නිරයේ යන්නේ මිථ්‍යා දෘෂ්ටිය නිසයි...

බුදුරජාණන් වහන්සේ දේශනා කළා, "හැබැයි එයා ඒ හේතුවෙන් නෙවෙයි නිරයේ යන්නේ. කෙනෙක් නිගණ්ඨ නාතපුත්‍ර කෙරෙහි පහදිනවා. පැහැදිලා ඔය දේවල් අහලා මේ විදිහට හිතනවා, 'මේ මාගේ ශාස්තෘන් වහන්සේයි. අහෝ..! මා අතින් ප්‍රාණඝාතය කෙරුණා. සොරකම් කෙරුණා. මම වැරදි කාම සේවනයෙහි යෙදුණා. යමෙක් මේ දේවල් කරනවා නම් ඒ ඔක්කෝම අපායේ යනවා. එහෙනම් මං අපායේ යාවි' කියලා. බුදුරජාණන් වහන්සේ දේශනා කළා, එයා අපායේ යන්නේ එයාගේ ක්‍රියාව නිසා නෙවෙයි, අර මතයට ආපු නිසයි" කියලා.

මේ වගේ සමහරුන්ව මට මුණගැහිලා තියෙනවා. කරවල මාළු අනුභව කරලා, "අනේ මට ප්‍රාණඝාතය වුණා" කියලා පසු තැවි තැවී ඉන්න අය ඉන්නවා. එයා ඒ මතයේ සිටීම අපායේ යන්න හේතුවක්. එයා ඒ මතයේ සිටීමෙන් අපායේ යනවා. එහෙම වෙන්නේ අධර්මයක් කෙරෙහි සිත පිහිටුවා ගෙන සිටීම නිසයි.

අකුසලයෙන් මිදිලා කුසල් වඩන්න...

"තථාගතයන් වහන්සේ දේශනා කරන්නේ එහෙම නෙවෙයි. තථාගතයන් වහන්සේ ප්‍රාණඝාතයට ගරහනවා. ප්‍රාණඝාතය එපා කියනවා. සොරකමට ගරහනවා. සොරකම එපා කියනවා. වැරදි කාම සේවනයට ගරහනවා. වැරදි කාම සේවනය එපා කියනවා. බොරු කීමට ගරහනවා. බොරු කීමට එපා කියනවා. මත්පැන්, මත්ද්‍රව්‍ය පාවිච්චියට ගරහනවා. එපා කියනවා. එයින් මිදිලා වාසය කරලා, කුසල් වඩන්න" කියලා කියනවා.

එතකොට ශ්‍රාවකයෙක් ධර්මය අහන්න එනවා. එයා ප්‍රාණඝාතය කරපු කෙනෙක්. එයා ධර්මය ශ්‍රවණය කළාට පස්සේ ප්‍රාණඝාතය සිහි නොකොට, ප්‍රාණඝාතයෙන් වැළකීමේ සිල්පදය සමාදන් වෙනවා. සමාදන් වුණාට පස්සේ එයා "මම ප්‍රාණඝාතය කළා" කියලා සිහි කර කර, පසු තැවි තැවී ඉන්නේ නෑ. එයා හිතනවා, "මම ප්‍රාණඝාතය කෙරුවා තමයි. ඒක මගේ අතින් සිදුවුණු වැරැද්දක්. මං දැන් ඒකෙන් අත්මිදුණු කෙනෙක්. මම ඒකෙන් ගොඩ පැමිණි කෙනෙක්. මං අකුසලය බැහැර කරලා, කුසලයට පැමිණි කෙනෙක් වුණා." ඒ විදිහට එයා අකුසලයෙන් මිදීම ගැන සන්තෝෂයක් ලබනවා. එතකොට එයාගේ හිතේ බලපවත්වන්නේ අකුසලය නෙවෙයි, කුසලය.

කුසලයෙන් සතුටු වෙන්න...

ඔන්න කෙනෙක් සොරකම් කර කර හිටියා. මෙයාට බුදුරජාණන් වහන්සේ "සොරකමින් වළකින්න" කියලා කළ අවවාදය අහන්න ලැබුණා. දැන් එයා සොරකමින් වැළකීමේ සිල්පදය ආරක්ෂා කරනවා. දැන් එයාට කලින්

කළ සොරකම මතක් වෙනවා. එතකොට මෙයා හිතනවා, 'සොරකම අකුසලයක්, මගේ අතින් ඒ අකුසලය වුණා. මම දැන් ඒ අකුසලයෙන් අත්මිදිලා සොරකම් කිරීමෙන් වැළකීම නම් වූ කුසලයට පැමිණුනා. මම දැන් ඒ කුසලය තුළ වාසය කරනවා' කියලා. ඒ විදිහට එයා සොරකම ගැන සිහි නොකොට කුසලය සිහිකරනවා.

ඊළඟට කෙනෙක් වැරදි කාම සේවනයේ යෙදෙමින් හිටියා. එයාට ධර්මය අහන්න ලැබුණා. එයා කල්පනා කරනවා, 'වැරදි කාම සේවනය අකුසලයක්. මගේ අතින් මේ අකුසලය කෙරුණා. නමුත් මම දැන් මේ අකුසලය බව හඳුනාගෙන, අකුසලයෙන් බැහැරවෙලා කුසලයේ පිහිටියා. එයින් වැළකුණා. කුසලයේ පිහිටියා.' එයා ඒ විදිහට කුසලය සිහිකරනවා. අකුසලය අත්හරිනවා.

මම දැන් කුසල් වඩන කෙනෙක්...

ඊළඟට බොරු කියමින් සිටින කෙනෙක් හිටියා. එයා බුදුරජාණන් වහන්සේගේ ධර්මය අහලා ශ්‍රාවකයෙක් බවට පත්වෙනවා. පත්වෙලා කල්පනා කරනවා, 'මම ඉස්සර බොරු කියමින් සිටි කෙනෙක්. දැන් මම බොරුවෙන් වැළකුණා. සත්‍යය කතා කරන, සත්‍යයෙන් සත්‍ය ගලපා කතා කරන, ඇත්ත කතා කරන යහපත් කෙනෙක් වුණා. මං අකුසලය ප්‍රහාණය කළා. කුසලයට පැමිණුනා.'

ඒ වගේම කෙනෙක් මත්පැන් මත්ද්‍රව්‍ය බිබී හිටියා. මෙයාට බුදුරජාණන් වහන්සේගේ ධර්මය අහන්න ලැබෙනවා. අහන්න ලැබිලා ඒක අකුසල් කියලා අවබෝධ කරගෙන ඒකෙන් වළකිනවා. පස්සේ එයාට මතක් වෙනවා, 'මං මෙච්චර කාලයක් බිව්වා නේද?' නමුත් එයා ඒක සිහිකරමින් ඒ මත්තේම පසු තැවි තැවී ඉන්නේ

නෑ. එයා හිතනවා, 'මත්පැන්, මත්ද්‍රව්‍ය භාවිතා කිරීම අකුසලයක්. මගේ අතින් මේ අකුසලය සිදුවුණා. නමුත් දැන් මං ඒ අකුසලය ප්‍රහාණය කළා. කුසලයට පැමිණුනා. මම දැන් කුසල් වඩන කෙනෙක්.'

මෙත් සිත වඩන්නේ මේ විදිහට...

බුදුරජාණන් වහන්සේ පෙන්වා දෙනවා, ඊළඟට එයා මෙත් සිත වඩනවා. වඩන්නේ මේ විදිහට කියනවා. මනුෂ්‍යයෙක් හක් ගෙඩියක් අරගෙන උතුරු දිශාව බලාගෙන හක්ගෙඩිය පිඹින කොට ඒ ශබ්දය යන්නේ උතුරු දිශාව පැත්තට. දකුණු පැත්තට හැරිලා හක් ගෙඩිය පිඹින කොට ශබ්දය යන්නේ දකුණු දිශාව පැත්තට. නැගෙනහිර පැත්තට හැරිලා හක් ගෙඩිය පිඹින කොට ශබ්දය යන්නේ නැගෙනහිර පැත්තට. බටහිර පැත්තට හැරිලා හක් ගෙඩිය පිම්බහම ශබ්දය යන්නේ බටහිර පැත්තට.

බුදුරජාණන් වහන්සේ පෙන්වා දෙනවා "ශ්‍රාවකයා මේ වගේ උතුරු දිශාවට, දකුණු දිශාවට, නැගෙනහිර දිශාවට, බටහිර දිශාවට, අනු දිශාවලට, උඩට, යටට මෛත්‍රියෙන් වාසය කරනවා" කියලා. ශ්‍රාවකයා අන්න ඒ විදිහට අකුසල් ප්‍රහාණය කරලා, කුසලයට පැමිණෙනවා. එතකොට අපට තියෙන්න ඕන, "මගේ අතින් අකුසල් වුණා. ඒක අකුසලයක්. නමුත් මම ඒ අකුසලය ප්‍රහාණය කළා, කුසලයට පැමිණියා" කියන අවබෝධය.

වද දෙන ප්‍රශ්නයක්...

දවසක් අවුරුදු ගාණක් අට සිල් ගන්න අම්මා කෙනෙක් දුරකතනයෙන් මට කතා කරලා කියනවා,

"අනේ ස්වාමීනී, මට වද දෙන ප්‍රශ්නයක් තියෙනවා." මං ඇහුවා "මොකක්ද?" කියලා. "මගේ අතින් ප්‍රාණඝාතයක් වුණා." "කොයි කාලෙද?" "ගොඩාක් කල්...." කාලයකට කලින් මීයෝ මරලා. දැන් ඒක හිත හිත ඉන්නවා.

දැන් එතකොට බලන්න අවුරුදු ගාණක් සිල් සමාදන් වෙලා, සීලය රැකලා. නමුත් තමන් සමාදන් වුණේ මොකක්ද කියලා දන්නේ නෑ. 'සිල් සමාදන් වීමෙන් තමන් පැමිණුනේ මොකේටද? ප්‍රහාණය වුණේ මොනවද?' ඒ මොකුත් දන්නේ නෑ. ඒකෙන් තේරෙන්නේ අර ශික්ෂාපද ටික කියන්නන් වාලේ කිව්වා. සිල් රෙද්ද පොරොවා ගන්නන් වාලේ පොරොව ගත්තා. කාලය ගත කරන්නන් වාලේ ගතකළා. නමුත් අකුසල් මතුවෙන කොට ඒක අකුසලයක් හැටියට හඳුනාගෙන, තමන් දැන් ඒ අකුසල් ප්‍රහාණය කරලා තිබෙන බවත්, කුසලයට පැමිණි බවත් සිහිකරන්න දන්නේ නෑ. ඔන්න වෙනස...

ධර්ම ඤාණය නැතුව ශ්‍රද්ධාවට එන්න බෑ...

අපට සීලය ගැන මේ අවබෝධය තිබ්බොත් තමයි, සෝතාපත්ති අංගයක් හැටියට සීලය පුරුදු කරන්න පුළුවන් වෙන්නේ. මේ විදිහට සීලය පුරුදු කරනකොට ඔබේ ජීවිතය ශ්‍රද්ධාවෙන් වැඩෙනවා. සීලයෙන් වැඩෙනවා. එහෙම නම් දැන් ඔබට තේරෙනවාද ධර්ම ඤාණය නැතුව ශ්‍රද්ධාවට එන්නත් බෑ, සීලයට එන්නත් බෑ. ඒ ධර්ම ඤාණයට පාළියෙන් කියන්නේ 'සුත.' සුත කියන්නේ ශ්‍රවණයෙන් ලත් දැනුම.

දැන් බලන්න, බුදුරජාණන් වහන්සේගේ දේශණා ඇසුරෙන් අපි මේවා විග්‍රහ කරගත්තේ නැත්නම්, අපට මේක අවබෝධයකින් කරන්න හම්බවෙන්නේ නෑනේ.

එහෙම වුණොත් අපි සිල් පදත් සමාදන් වෙයි. නමුත් අපට කුසල් අකුසල් වෙන් කරගන්න බැරුව යනවා. දැන් අපි කුසලයේ පිහිටියා. අකුසලය ප්‍රහාණය වුණා. එතකොට ශ්‍රද්ධාවෙන් වැඩෙනවා. සීලයෙන් වැඩෙනවා. ශ්‍රැතයෙන් වැඩෙනවා. අනිවාර්යෙන්ම එහෙම කෙනෙක් දානාදී පින්කම් කරනවා. ත්‍යාගයෙන් වැඩෙනවා. ඊළඟට එයා ප්‍රඥාවෙන් වැඩෙන්නත් ඕන. ප්‍රඥාවෙන් වැඩීම පිණිස ජීවිතය ගැන අනිත්‍ය වශයෙන් බලන්න ඕන.

උත්තරීතරම කාරණා හතර...

අපි ගත්තොත් ශ්‍රාවකයෙක් ඉස්සර වෙලාම (**බුද්ධේ අවෙච්චප්පසාදේන සමන්නාගතෝ හෝති**) බුදුරජාණන් වහන්සේ කෙරෙහි නොසෙල්වෙන පැහැදීමෙන් යුක්ත වෙනවා. (**ධම්මේ අවෙච්චප්පසාදේන සමන්නාගතෝ හෝති**) ධර්මය කෙරෙහි නොසෙල්වෙන පැහැදීමෙන් යුක්ත වෙනවා. (**සංඝේ අවෙච්චප්පසාදේන සමන්නාගතෝ හෝති**) ආර්ය සංඝයා කෙරෙහි නොසෙල්වෙන ප්‍රසාදයෙන් යුක්ත වෙනවා. ඊළඟට භය වෛර ඇතිවන කරුණු පහ සංසිඳවූ කෙනෙක් වෙනවා. භය වෛර ඇතිවෙන කරුණු පහ කිව්වේ පංච දුෂ්චරිතයට. එයා පංච දුෂ්චරිතයෙන් අත්මිදුණු කෙනෙක් වෙනවා. එතකොට එයා පංච සීලයට පැමිණි කෙනෙක්. එතකොට එතැන කරුණු හතරක් තියෙනවා.

ප්‍රඥාවට සම්බන්ධ එක තමයි, එයා (**අරියෝ ඤායෝ පඤ්ඤාය සුදිට්ඨෝ හෝති සුප්පටිවිද්ධෝ**) ආර්ය න්‍යාය අවබෝධ කරන්න ඕන. ආර්ය න්‍යාය අවබෝධ කරනවා කියලා කියන්නේ පටිච්චසමුප්පාදය අවබෝධ කිරීමයි.

ඔබ මේ දවස්වල ඉගෙන ගත්තේ සෝතාපත්ති අංග

ගැනයි. මේ අංග මොන විදිහටද පවත්වන්න ඕන කියලා දැන් ඔබටම තේරුම් ගන්න පුළුවන් වේවි.

ගිහි ශ්‍රාවකයෙකුගේ පෞරුෂය...

බුදුරජාණන් වහන්සේගේ කාලයේ ඉසිදත්ත කියලා කෙනෙක් හිටියා. එයා ගිහි ශ්‍රාවකයෙක්. මෙයා සෝතාපන්න කෙනෙක්. එයා රස්සාව හැටියට කළේ කොසොල් රජතුමාගේ අන්තඃපුර කුමාරිකාවන්ව ඇතා පිටේ නග්ගන එකත්, ඇතා පිටින් බස්සවන එකත්. බලන්න, බුදුරජාණන් වහන්සේගේ ශ්‍රාවකයන්ගේ අභිමානය. දවසක් මෙයා බුදුරජාණන් වහන්සේට කියනවා,

"ස්වාමීනී, භාග්‍යවතුන් වහන්ස, මම මේ ධර්මයට ආපු දවසේ ඉඳලා දුෂ්කර දෙයක් කළා. ස්වාමීනී භාග්‍යවතුන් වහන්ස, අන්තඃපුර කුමාරිකාවන් ඇතාගේ පිටේ නගින්නට එනකොට, එවෙලේම පියන ඇරපු සඳුන් කරඬුවක සුවඳයි එන්නේ. මං මගේ හිත ඒකට සම්බන්ධ කළේ නෑ. ඒ වගේම ස්වාමීනී, මම ඒ කුමාරිකාවන්ව අතින් අල්ලලා ඇතාගේ පිටේ නග්ගවන කොට මගේ අත් දෙකට දැනෙන්නේ, සියක් වාරයක් පොළාපු සිනිඳු පුළුන්වල පහස. නමුත් මම කවදාවත් ඒ නැගණිවරුන් කෙරෙහි රාග චිත්තයක් ඉපැද්දුවේ නෑ. (බලන්න මේ මේ කියන්නේ බුදු සසුනේ ගිහි ශ්‍රාවකයින් ගැන) ස්වාමීනී, මං ඔය විදිහටයි මගේ සිත ආරක්ෂා කළේ."

ආදර්ශයට ගත යුත්තේ කාවද...?

බුදුරජාණන් වහන්සේගේ ගිහි ශ්‍රාවකයන්ගේ ජීවිත ගැන එවැනි විස්මිත කරුණු බුද්ධ දේශනා තුළ තියෙනවා. ඔබ මේවා ඇහැව්වේ නැත්නම්, බුදුරජාණන් වහන්සේගේ කාලයේ ගිහි අය කොහොමද ජීවත් වුණේ කියලා දන්නේ

නැනේ. මොකද, අපි හැමදාම අහලා තියෙන්නේ විශාඛා ගැනයි, අනාථපිණ්ඩික සිටුතුමා ගැනයි විතරනේ. (ඒවත් හරියට නෙවෙයි)

නමුත් මේවා තමයි අපි අහගෙන, අවබෝධ කරගෙන, තේරුම් ගන්න ඕන දේවල්. බුදුරජාණන් වහන්සේ කාටවත් විශාඛා වගේ වෙන්න කියලා කියලා නෑ. කාටවත් අනාථපිණ්ඩික සිටුතුමා වගේ වෙන්න කියලා කියලා නෑ. බුදුරජාණන් වහන්සේ පෙන්වා දීලා තියෙන්නේ, යම්කිසි ගිහි ශ්‍රාවිකාවක් ඉන්නවා නම්, තමන්ගේ දියණියකට මෙහෙම උපදෙස් දෙන්න කියලයි. ඒ සෝවාන් වූ ශ්‍රාවිකාව තමන්ගේ දුවට කිව යුත්තේ "දුවේ, ඔයා ඛුජ්ජුත්තරා වගේ කෙනෙක් වෙන්න, නැත්නම් වේළුකණ්ටකී නන්දමාතා වගේ කෙනෙක් වෙන්න" කියලයි. කාටවත් විශාඛා වගේ වෙන්න කියලා නෑ. ඛුජ්ජුත්තරා වගේ වෙන්න කියලා නම් තියෙනවා.

කහවුණු හතරේ සොරකම...

ඛුජ්ජුත්තරා කියන්නේ, බුදුරජාණන් වහන්සේගේ කාලයේ චණ්ඩ පජ්ජෝත උදේනි නුවර 'උදේනි' රජ්ජුරුවන්ගේ මාළිගාවේ හිටපු බිසවුන් වහන්සේලාට මල් ගෙනියපු දාසිය. ඒ සඳහා මෙයාට දවසකට කහවණු අටක් හම්බවෙනවා. මෙයා ඒකෙන් කහවණු හතරක් ඉණේ ගහගන්නවා. ඉතිරි කහවණු හතරකට තමයි මල් ගෙනියන්නේ. එහෙනම් මෙයා කලින් සොරකම් කර කර හිටපු කාන්තාවක්.

දවසක් මෙයාට බුදුරජාණන් වහන්සේ මුණ ගැහුණා. බුදුරජාණන් වහන්සේගේ ධර්මය ඇහුවා. අහලා සෝතාපන්න ශ්‍රාවිකාවක් වුණා. ඔන්න සෝතාපත්ති අංග

හතර පිහිටියා. බුදුරජාණන් වහන්සේ කෙරෙහි අවෙච්ච ප්‍රසාදය, ධර්මය කෙරෙහි අවෙච්ච ප්‍රසාදය, ආර්ය සංඝයා කෙරෙහි අවෙච්ච ප්‍රසාදය, ආර්යකාන්ත සීලය පිහිටියා.

වෙනස මොකක්ද...?

එදා එයා කෙලින්ම මල් කඩේට ගියා. කහවණු අටේම මල් ගත්තා. අරගෙන ගිහිල්ලා 'සාමාවතී' ප්‍රධාන බිසවුන් වහන්සේලාට දුන්නා. සාමාවතිය ඒ මල් දැකලා, ඛුජ්ජුත්තරාගෙන් අහනවා,

"ඛුජ්ජුත්තරා, මොකද මේ අද වෙනද දෙන මල් වගේ දෙගුණයක්?"

"බිසවුන් වහන්ස, මම මීට කලින් හැමදාම කහවණු හතරක් හොරකම් කළා. මම දැන් ඒ ජීවිතයෙන් අත්මිදුණා. මගේ අතින් ආයේ කිසි දවසක එහෙම වෙන්නේ නෑ."

මෙයා මේ විදිහට විවෘතව, අවංකව කතා කරපු එකට සාමාවතී පැහැදුණා.

"ඛුජ්ජුත්තරා, උඹ කොහොමද එකපාරට මේ තත්ත්වයට පත් වුණේ? උඹේ මේ වෙනස මොකක්ද?"

"දේවීන් වහන්ස, මම ගෞතම බුදුරජාණන් වහන්සේගේ ධර්මය ඇහුවා. මං ගෞතම බුදුරජාණන් වහන්සේගේ ධර්ම මාර්ගය අනුගමනය කරන ශ්‍රාවිකාවක් බවට පත්වුණා. මගේ අතින් ආයේ ඕක වෙන්නේ නෑ."

"අනේ ඛුජ්ජුත්තරා, මීට පස්සේ මං නුඹට කහවණු දහසයක් දෙන්නම්. මල් ගේන්න අටයි, නුඹට අටයි. නුඹ ගිහින් බුදුරජාණන් වහන්සේගෙන් බණ අහලා අපට ඇවිල්ලා කියාදෙන්න."

කලණ මිතුරිය වුණේ සේවිකාව...

ඊට පස්සේ ඛුජ්ජුත්තරා මල් ගේන්න යන ගමන් බුදුරජාණන් වහන්සේගෙන් ධර්මය අහනවා. අහලා මාළිගාවට එනවා. සාමාවතී ප්‍රධාන බිසවුන් වහන්සේලා මේ විස්තර දන්නේ නෑනේ. ඒගොල්ලෝ ඉතින් ලොකු පුටුවල වාඩිවෙලා ඛුජ්ජුත්තරාට "ධර්මය කියන්න" කිව්වා. ඛුජ්ජුත්තරා කියනවා,

"ධර්මය එහෙම කියන්න බෑ. ධර්මය කියනවා නම්, ධර්මය කියන කෙනා උස ආසනයක ඉන්න ඕන. ධර්මය අහන ඔබලා මිටි ආසනවල ඉන්න ඕන." (බලන්න මේ මල් ගෙනාපු දාසිය) "හොඳයි" කිව්වා. දැන් දාසිය උස ආසනයක ඉඳගෙන, අරගොල්ලෝ බිම වාඩිවෙලා. දැන් ඛුජ්ජුත්තරා තමයි ධර්ම දේශනා කරන්නේ. මේ අර කලින් හොරකම් කර කර හිටපු ගෑණු කෙනා. දැන් එයා තමයි පන්සීයක් අන්තඃපුර කුමාරිකාවන්ට ධර්ම දේශනා කරන්නේ. ඛුජ්ජුත්තරාගෙන් බණ අහලා ඒ ඔක්කෝම අය ශ්‍රද්ධාවට පැමිණුනා. සීලයට පැමිණුනා. ආර්ය අෂ්ටාංගික මාර්ගයට පැමිණුනා.

ධර්මයේ රැකවරණය...

ඔබ දන්නවා ඇතිනේ, මාගන්දියා කියලා බොහෝම රූපයේ ලස්සන කාන්තාවක් බුදුරජාණන් වහන්සේ කෙරෙහි වෛර බැඳගෙන, උදේනි රජ්ජුරුවන්ගේ අගබිසව බවට පත්වෙලා සාමාවතී ප්‍රධාන පන්සීයක් අන්තඃපුර ස්ත්‍රීන්ව සම්පූර්ණයෙන්ම තෙල් වක්කරලා ගිනි තියලා පණ පිටින් මැරුවනේ. මාගන්දියා එයාගේ පවුලේ කට්ටිය සම්බන්ධ කරගෙන, මාළිගාවේ ඔක්කෝම කණුවල තෙල්

පාංකඩ ඔතලා මේගොල්ලන්ව ඇතුළට දාලා, දොරවල් වහලා, ගිනි තියලා මැරුවා.

බලන්න රූපය ලස්සන වුණාට හිත ලස්සන නැතිවුණාම වෙන දේ. ඒ වෙනකොට ඛුජ්ජුත්තරාගෙන් ධර්මය අහලා එතැන පෘථග්ජන කවුරුවත් හිටියේ නෑ. ඒගොල්ලෝ ඔක්කොම කතා වුණා, "දැන් අපට මැරෙන්නයි සිද්ධ වෙන්නේ. අපි කුසල් සිත පිහිටුවා ගෙන මැරෙමු." ඒ සියලු දෙනාම මාර්ගඵල ලාභීන් හැටියට මැරුණා. ඒගොල්ලන්ගේ ජීවිතවලට සංසාරයේ ඒ ප්‍රශ්නය නැවත ආවේ නෑ.

අද එවැනි අය හීනෙන්වත් දකින්න නෑ...

එතකොට ඛුජ්ජුත්තරා කියන්නේ ගෞතම බුදුරජාණන් වහන්සේගේ ධර්මය දරාගෙන, ඒ ධර්මය පැතිර වූ කෙනෙක්. ඒ විතරක් නෙවෙයි, ඇය බුදු සසුනේ අනාගාමී ශ්‍රාවිකාවක්. අන්න ඒ නිසයි බුදුරජාණන් වහන්සේ ඛුජ්ජුත්තරා වගේ කෙනෙක් වෙන්න කියලා ගිහි ශ්‍රාවිකාවන්ට උපදෙස් දුන්නේ. අද අපට එහෙම අය දකින්නවත් ඉන්නවාද? හීනෙන්වත් පේන්නේ නෑනේ. බලන්න කොයිතරම් වෙනස්ද?

ඊළඟට 'වේළුකණ්ටකී නන්ද මාතා' වගේ වෙන්න කිව්වා. වේළුකණ්ටකී නන්ද මාතාව කියන්නෙත් අනාගාමී ඵලය දක්වා හිත දියුණු කරපු කෙනෙක්.

ගිහි කෙනාටත් ලොකු ඉලක්කයක්...

ඊළඟට බුදුරජාණන් වහන්සේ ගිහි උපාසක මහත්වරුන්ට චිත්ත ගෘහපති වගේ වෙන්න කිව්වා. අනාථපිණ්ඩික සිටුතුමා වගේ වෙන්න කිව්වේ නෑ. මොකද, චිත්ත ගෘහපති කියලා කියන්නේ ගිහි ශ්‍රාවකයෙක්

හැටියට බුදුරජාණන් වහන්සේගේ ධර්මය අහගෙන, බ්‍රහ්මචාරී ජීවිතයක් ගෙවාගෙන අනාගාමී ඵලයට පත්වෙලා ප්‍රඥාවෙන් අගතැන්පත්ව වාසය කරපු උපාසක මහත්මයෙක්.

ඊළඟට හත්ථාලවක උග්ග සිටුවරයා වගේ වෙන්න කිව්වා. එයත් අනාගාමී තත්වයට පත්වූ කෙනෙක්. එතකොට අපට පේනවා, බුදුරජාණන් වහන්සේ ගිහි ශ්‍රාවකයන්ගෙන් බලාපොරොත්තු වුණේ බඹලොව ඉපදීමක්. ඒ වගේ ලොකු ඉලක්කයක් දෙන්නේ, එතකොට එයා උත්සාහ කරන නිසයි.

පැවිදි දිවියේ පරමාදර්ශය...

පැවිදි අයට දේශනා කළේ, "සැරියුත් - මුගලන් වහන්සේලා වගේ වෙන්න" කියලයි. භික්ෂුණීන්ට දේශනා කළේ ඛේමා - උප්පලවණ්ණා වගේ වෙන්න කියලයි. බලන්න බුදුරජාණන් වහන්සේගේ තේරීම. බුදුරජාණන් වහන්සේ දේශනා කළා, "මේක තමයි තුලාව. මේක තමයි මිම්ම. දැන් අපි ඒකට සිංහලෙන් කියන්නේ 'පරමාදර්ශය' කියලා. පරමාදර්ශය කියලා කියන්නේ අපි අසවල් කෙනා වගේ වෙනවා කියලා තෝරා ගැනීමට. එතකොට ධර්මයට ආපු ශ්‍රාවකයාට, 'මම චිත්ත ගෘහපති වගේ වෙනවා. මම හත්ථාලවක උග්ග වගේ වෙනවා' කියලා හිතන්න කිව්වා. එහෙම හිතන්න නම් ඒගොල්ලෝ ගැන දැනගන්න එපැයි. ගිහි ශ්‍රාවිකාවන්ට 'මම ඛුජ්ජුත්තරා වගේ, වේළුකණ්ටකී නන්දමාතා වගේ වෙනවා' කියලා හිතන්න කියලා කිව්වා.

එතකොට මේකෙන් අපට පේනවා, බුදුරජාණන් වහන්සේගේ ධර්මය තුළට පැමිණි අයගෙන් උන්වහන්සේ බලාපොරොත්තු වුණ දේ.

අද බුදුසසුන නිවී යන පහනක් වගෙයි...

දැන් මේ යුගයේ මේ වෙනකොට බුද්ධ ශාසනය කියන්නේ නිවීගෙන යන පහනක් වගේ දෙයක්. නිවීගෙන යන පහන එළිය දෙන්නේ බොහෝම ටික කාලයයි. ඒ එළිය දෙන ටික කාලෙදී ලෝකය බැලුවොත් විතරයි. ඊට පස්සේ නෑ. ඒ නිසා අනාගතයේ තියෙන්නේ ගෞතම බුදු සසුන බබලන ලෝකයක් නෙවෙයි. අද පොඩ්ඩක් හරි මේ මට්ටමෙන් ධර්මය කතා කරනවා. නමුත් මීට අවුරුදු ගණනාවකට කලින් අපි ගත්තොත් එහෙම, මීට අවුරුදු සීයකට කලින් අපි මනුස්ස ලෝකයේ හිටියා නම් අපි කොයි වගේ ජීවිතයක් ගෙවාවිද? මීට අවුරුදු සීයකට කලින් අපි ලංකාවේ හිටියා නම් (ඒ කිව්වේ 1900 වගේ) අපිට මොකුත් නෑ. මීට අවුරුදු දෙසීයකට කලින් හිටියා නම්, ඒත් මුකුත් නෑ. මීට අවුරුදු තුන්සීයකට කලින් හිටියා නම්, ඒත් මුකුත් නෑ. මීට අවුරුදු පන්සීයකට කලින් හිටියා නම්, ඒත් එච්චරයි. ඒ ඔක්කෝම කාල, ලංකාව යුද්ධවලට මුහුණ දීපු කාල පරිච්ඡේද. මීට අවුරුදු දාහකට කලින්, ඒත් පොළොන්නරු යුගයේ යුද්ධ කාලේ.

එහෙම නම් අපට ඒ වගේ කාලයක ඉපදිලා, මාර්ගය ගැන කතා කරන්න කවුරුවත් ඉඳලා නෑ. එතකොට මේ ඒ ඔක්කෝගෙන්ම අත්මිදිලා ආපු කාලයක්. අපේ ඉතිහාසය අරගෙන හොඳට බැලුවොත් එහෙම මේ කරදර අඩුවෙන් තියෙන කාලයක්.

ගෙවී ගිය අඳුරු යුගය...

එතකොට මේ කාලයේ තුළ තමයි ලෝකයේ මිනිස්සු වැඩිපුරම දැනුමෙන් වැඩි කාලය. වාසනාවට මේ කාලයේ තමයි ධර්මය පොඩ්ඩක් හරි මතුවුණ කාලෙත්.

මොකද, අපි ගත්තොත් පොළොන්නරු යුගය කියන්නේ, ගෞතම බුදුරජාණන් වහන්සේගේ ශාසනයේ ධර්මය අවබෝධ කරන්න ඕන කියන අදහස අත්හැරපු යුගයක්. ඒ කාලයේ ජනප්‍රිය වුණේ බුදුබව පැතීම. මොකද, ඒ වෙනකොට ඉන්දියාවෙන් ඇති වූ මහායාන බලපෑම ආවා.

ඊට පස්සේ කාලයක් යනකොට කුරුණෑගල යුගයේ ජනප්‍රිය වුණේ මෛත්‍රී වර්ණනාව. මෛත්‍රී බුදුරජාණන් වහන්සේ දකින්න පුළුවන් කියන අදහස. ගෞතම බුදුරජාණන් වහන්සේගේ ධර්මය ගැන ආපු අදහස ඉවර වුණා. 'ධර්මය අවබෝධ කරන යුගය ඉවරයි. ඉවර වුණේ මලියදේව මහරහතන් වහන්සේගෙන්. මලියදේව මහරහතන් වහන්සේ තමයි අන්තිම ශ්‍රාවකයා. එතැනින් පස්සේ ඉවරයි. ඒනිසා අපට එතැනින් පස්සේ කතා කරන්න බෑ' කියලා පැතිරුණා.

අවස්ථාව ලැබුණේ බොහෝ සුළු පිරිසකටයි...

ඔහොම තමයි අපි අහගෙන හිටියේ. නමුත් ඊට පස්සේ 2500 බුද්ධ ජයන්තියත් එක්ක ලෝකයේ යම්කිසි ප්‍රබෝධයක් ඇති වුණානේ. ඊට පස්සේ තමයි බුද්ධ දේශනා පරිවර්තනය වුණේ. ඊට පස්සේ මේ පොත්පත් හැමතැනම පැතිරෙන්න පටන් ගත්තා. මේ පොත්පත් පරිවර්තනය වී නොතිබුණා නම් අපි දන්නෙත් නෑනේ. අපට කියවන්න අවස්ථාවක් ලැබෙන්නෙ නෑනේ. දූන් තමයි අපට තේරෙන්නේ.

එහෙම නම් ගෞතම බුදුරජාණන් වහන්සේගේ මේ ධර්මය, මේ යුගයේ බොහෝම සුළු පිරිසකටයි නිවැරදිව අහන්න ලැබුණේ.

ඉතින් ඒ නිසා මේ පින්වතුන් කල්පනා කරගන්න

ඕන, අපට දුර්ලභ අවස්ථාවක් ලැබිලා තියෙනවා. දුර්ලභ ධර්මයක් ඉගෙන ගන්න, ධර්මය ප්‍රගුණ කරන්න, සෝතාපත්ති අංග ඇති කරගන්න දුර්ලභ අවස්ථාවක් ලැබිලා තියෙනවා. 'මේ දුර්ලභ අවස්ථාවේදී ගෞතම බුදුරජාණන් වහන්සේ කෙරෙහි නොසෙල්වෙන පැහැදීමට පත්වෙලා, ශ්‍රී සද්ධර්මය කෙරෙහි නොසෙල්වෙන පැහැදීමට පත්වෙලා, ශ්‍රාවක සංඝරත්නය කෙරෙහි නොසෙල්වෙන පැහැදීමට පත්වෙලා, ආර්යකාන්ත සීලය ප්‍රගුණ කරගෙන මේ ගෞතම බුද්ධ ශාසනයේම චතුරාර්ය සත්‍යය ධර්මය අවබෝධ කරගන්නවා' කියලා අධිෂ්ඨාන කරගන්න.

සාදු! සාදු!! සාදු!!!

මහාමේඝ ප්‍රකාශන

● ත්‍රිපිටක පොත් වහන්සේලා :

01. දීඝ නිකාය 1 කොටස
    (සීලක්ඛන්ධ වර්ගය)
02. දීඝ නිකාය 2 කොටස
    (මහා වර්ගය)
03. දීඝ නිකාය 3 කොටස
    (පාථික වර්ගය)
04. මජ්ඣිම නිකාය 1 කොටස
    (මූල පණ්ණාසකය)
05. මජ්ඣිම නිකාය 2 කොටස
    (මජ්ඣිම පණ්ණාසකය)
06. මජ්ඣිම නිකාය 3 කොටස
    (උපරි පණ්ණාසකය)
07. සංයුත්ත නිකාය 1 කොටස
    (සගාථ වර්ගය)
08. සංයුත්ත නිකාය 2 කොටස
    (නිදාන වර්ගය)
09. සංයුත්ත නිකාය 3 කොටස
    (ඛන්ධක වර්ගය)
10. සංයුත්ත නිකාය 4 කොටස
    (සළායතන වර්ගය)
11. සංයුත්ත නිකාය 5 කොටස
    (මහා වර්ගය - 1)
12. සංයුත්ත නිකාය 5 කොටස
    (මහා වර්ගය - 2)
13. අංගුත්තර නිකාය 1 කොටස
    (ඒකක, දුක, තික නිපාත)
14. අංගුත්තර නිකාය 2 කොටස
    (චතුක්ක නිපාත)
15. අංගුත්තර නිකාය 3 කොටස
    (පඤ්චක නිපාත)
16. අංගුත්තර නිකාය 4 කොටස
    (ඡක්ක, සත්තක නිපාත)
17. අංගුත්තර නිකාය 5 කොටස
    (අට්ඨක, නවක නිපාත)
18. අංගුත්තර නිකාය 6 කොටස
    (දසක, ඒකාදසක නිපාත)
19. ඛුද්දක නිකාය 1 කොටස
    (ඛුද්දකපාඨ පාළි, ධම්මපද පාළි, උදාන පාළි, ඉතිවුත්තක පාළි)
20. ඛුද්දක නිකාය 2 කොටස
    (විමාන වත්ථු , ප්‍රේත වත්ථු)

● ධර්ම දේශනා ග්‍රන්ථ :

01. කියන්නම් සෙනෙහසින් මිය නොයන් හිස් අතින්
02. තෝරාගනිමු සැබෑ නායකත්වය
03. පැහැදිලි ලෙස පිරිසිදු ලෙස දෙසූ සේක සිරි සදහම්
04. දම් දියෙන් පණ දෙව් විමන් සැප
05. බුදුවරුන්ගේ නගරය
06. සයුර මැද දූපතක් වේ ද ඔබ...?
07. ගිහි ගෙයි ඔබ ඇයි?
08. මෙන්න නියම දේවදූතයා
09. ආදරණීය වදකයා
10. සයුරේ අසිරිය ධර්මයේ
11. විෂ නසන ඔසු
12. සසරක ගමන නවතන නුවණ
13. විස්මිත හෙළිදරව්ව
14. දිළිසෙන සියල්ල රත්තරන් නොවේ
15. අනතුරින් අත්මිදෙන්නට නම්...
16. අතරමං නොවීමට...
17. සුන්දර ගමනක් යමු
18. කවදා නම් අපි නිදහස් වෙමුද?
19. ලෙඩ දුක් වලින් අත්මිදෙමු
20. ලෝකය හැදෙන හැටි
21. යුද්ධයේ සුළමුල
22. රහතන් වහන්සේ මරණින් මතු ඇත නැත
23. නුවණැස පාදන සිරි සදහම්
24. මරණය ඉදිරියේ අසරණ නොවීමට නම්
25. අපේ නව වසර බුද්ධ වර්ෂයයි
26. හේතුවක් නිසා
27. අවබෝධ කළ යුතු ධර්මය මෙයයි
28. සැබෑ බිරිඳ කවුද?
29. පහන් සිළ නිවෙන ලෙස පිරිනිවී වැඩි සේක
30. සසරට බැදෙමුද සසරින් මිදෙමුද?
31. රහතුන්ගේ ධර්ම සාකච්ඡා
32. සැබෑ දියුණුවේ රන් දොරටුව
33. බලන් පුරවරක අසිරිය
34. මමත් සිත සමාහිත කරමි බුදු සමිඳුනේ...
35. එළිය විහිදෙන නුවණ
36. සැබෑ ශ්‍රාවකයා ඔබද?
37. අසිරිමත් ය ඒ භාග්‍යවතාණෝ...
38. නුවණැත්තෙක් වෙන්නට නම්
39. බුද්ධියේ හිරු කිරණ
40. නිවන්නට භව ගිමන් දෙසූ සදහම් ගිමන්

41. ඒ භාග්‍යවතුන් වහන්සේගේ ශ්‍රාවකයා වෙමි මම
42. සසරක රහස
43. නුවණින් ලොව එළිය කරනා මහා ඉසිවරයාණෝ
44. ස්වර්ණමාලී මහා සෑ වන්දනාව
45. සොඳුරු හුදෙකලාව
46. මග හොඳට තිබේ නම්...
47. මගේ ලොව හිරු මඬල ඔබයි බුදු සමිඳුනේ
48. නුවණැත්තන් හට මෙලොවේ - දකින්ට පුළුවනි සදහම්
49. සිත සනසන අමා දහම්
50. අසිරිමත් සම්බුදු නුවණ
51. ගෞතම සසුනේ පිහිට ලබන්නට...
52. බුදුරජාණන් වහන්සේ කුමක් වදාළ සේක්ද?
53. පින සහ අවබෝධය
54. සැබෑ බසින් මෙම සෙත සැලසේවා !
55. සැපයක්ය එය නුඹට - සැනසෙන්න මෙත් සිතින්
56. අසත්‍යයෙන් සත්‍යයට...
57. කවුරුද ලොව දැකගත්තේ - ඒ සම්බුදු සිරි සදහම්
58. පිරිනිවුණි ඒ රහත් මුනිවරු
59. බාධා ජයගත් මගමයි යහපත්
60. භව පැවැත්මේ සැබෑ ස්වභාවය
61. සුගතියට යන සැලැස්මක්
62. බුදුමුවින් ගලා ආ - මිහිරි දම් අමා දුන්
63. යළි යුගයක් ආවා ලොව සම්බුදු
64. පිනක මහිම
65. බුදු නෙතින් දුටු හෙට දවසේ ලෝකය
66. ජීවිතය දකින කැඩපත ධර්මයයි
67. අකාලික මුනි දහම
68. නිවී පහන් වී සිත් සැනසේවා
69. සුසුමක විමසුම නිවනක ඇරඹුම
70. පිනෙන් පිරුණු සොඳුරු ජීවිතයක්
71. අසිරිමත් දම් රස අමාවන්
72. ලොව දමනය කළ මුනිඳාණෝ
73. නැසෙන වැනසෙන පිනිබිඳුව
74. ගෞතම මුනිඳු මගෙ හිරු සඳු වන සේක
75. දහම් ඇස පහළ විය
76. ශ්‍රේෂ්ඨත්වය සොයා යාම
77. ලෝකයෙන් නිදහස් වීම

● සදහම් ග්‍රන්ථ :

01. පිරුවානා පොත් වහන්සේ
02. ඔබේ සිත සමඟ පිළිසඳරක්
03. සිතට සුවදෙන භාවනා
04. පින් මතුවෙන වන්දනා
05. ශ්‍රී සම්බුද්ධත්ව වන්දනා
06. සිරි ගෞතම බෝධි වන්දනාව
07. අසිරිමත් පසේබුදු පෙළහර
08. අනේ..! අපේ කථාවත් අහන්න...

● සදහම් සිතුවම් පොත් පෙළ :

01. ඡත්ත මාණවක
02. බාහිය දාරුචීරිය මහරහතන් වහන්සේ
03. පිණ්ඩෝල භාරද්වාජ මහරහතන් වහන්සේ
04. සුමන සාමණේර
05. අම්බපාලී මහරහත් තෙරණියෝ
06. රට්ඨපාල මහරහතන් වහන්සේ
07. සක්කාර නුවර මසුරු කෝසිය
08. කිසාගෝතමී
09. උරුවේල කාශ්‍යප මහරහතන් වහන්සේ
10. සංකිච්ච මහරහතන් වහන්සේ
11. සුප්පබුද්ධ කුෂ්ඨ රෝගියා
12. නිවී ගිය සේක බුද්ධ දිවාකරයාණෝ
13. සුමන මල් වෙළෙන්දා
14. කාලි යක්ෂණිය
15. මුගලන් මහරහතන් වහන්සේ
16. ලාජා දෙවඟන
17. ආයුවඩ්ඪන කුමාරයා
18. සන්තති ඇමති
19. මහධන සිටුපුත්‍රයා
20. අනේපිඬු සිටුතුමා
21. නන්ද මහරහතන් වහන්සේ
22. මණිකාර කුළුපග තිස්ස තෙරණුවෝ
23. විශාඛා මහෝපාසිකාව
24. පතිපූජිකාව

● ඉංග්‍රීසි භාෂාවට පරිවර්තනය වී ඇති ධර්ම දේශනා ග්‍රන්ථ :

01. The life of Buddha for children
02. The Wise Shall Realize
03. Stories of Ghosts
04. Stories of Heavenly Mansions

● ඉංග්‍රීසි භාෂාවට පරිවර්තනය වී ඇති සදහම් සිතුවම් පොත් :

01. Chaththa Manawaka
02. Sumana the Novice monk
03. Stingy Kosiya of Town Sakkara
04. Kisagothami
05. Kali She-devil
06. Ayuwaddana Kumaraya
07. Sumana The Florist